# VIE

## DE

# FRANÇOIS DE LORRAINE

## DUC DE GUISE

## SURNOMMÉ LE GRAND

## PAR CH. CAUVIN

ORNÉ DE QUATRE GRAVURES

## TOURS

ALFRED MAME ET FILS

ÉDITEURS

# VIE

## DE

# FRANÇOIS DE LORRAINE

François de Lorraine, duc de Guise,
d'après une gravure de la Bibliothèque nationale.

# VIE

## DE

# FRANÇOIS DE LORRAINE

## DUC DE GUISE

## SURNOMMÉ LE GRAND

## PAR CH. CAUVIN

DEUXIÈME ÉDITION

## TOURS

ALFRED MAME ET FILS, ÉDITEURS

1878

# PRÉFACE

————

## A MONSIEUR JULES DE MONICAULT

A PRIVAS

Mon cher ami,

A qui dédicrais-je ce livre si ce n'est à vous? Votre femme est Lorraine, et l'amour qu'elle porte à son pays natal, qui fut le berceau des Guises, s'est accru dans son noble cœur de toute l'étendue de nos désastres. Quant à vous, vous êtes de ceux qui ne répudient aucune des pages glorieuses que la monarchie nous a léguées.

En écrivant l'*histoire de François de Lorraine*, qui mérita de ses contemporains le titre de GRAND, titre que la postérité lui a confirmé, je n'ai pas eu la prétention de réfuter toutes les erreurs qui ont été répandues sur les origines de nos discordes civiles du XVI° siècle, ni de laver le nom de Guise de toutes les souillures dont il a été l'objet. J'ai voulu seulement, puisque ce livre est surtout destiné à la jeunesse, présenter au lecteur un des plus grands héros que la France ait connus, une des gloires les plus pures de notre histoire.

Notre unité nationale, dont nous sommes si fiers et que

tous les peuples nous envient, s'est faite lentement, péniblement. Le duc de Guise y a puissamment contribué en arrêtant Charles-Quint sous les murs de Metz, et en chassant les Anglais de Calais. Et cependant ce ne sont pas là les services les plus grands qu'il rendit à sa patrie d'adoption.

Le maréchal Strozzi aurait pu défendre Metz, peut-être ; Senarpont aurait pu s'emparer de Calais ; mais si tout autre capitaine, même moins habile que lui, aurait pu chasser l'étranger, nul autre, à cette époque, n'avait assez de prestige et assez de génie pour défendre la France contre les ennemis de l'intérieur.

Qui pourrait prévoir ce qui serait avenu si la conjuration d'Amboise avait réussi, et si, plus tard, Condé et Coligny avaient gagné la bataille de Dreux et opéré leur jonction avec les Anglais, à qui ils avaient rouvert les portes de la France ?

L'Angleterre rentrait en possession de Calais et même de Boulogne ; c'était le prix de son alliance avec Condé, et les princes et les seigneurs protestants imposaient à Charles IX, encore enfant, leur implacable et ambitieuse volonté. Devant eux, l'astucieuse Catherine de Médicis et l'intègre chancelier Michel de l'Hôpital étaient obligés de s'incliner.

Dès lors c'en était fait de notre unité nationale : la France en un seul jour perdait le fruit de ses conquêtes et retournait à la féodalité.

Elle s'était constituée par le catholicisme, elle s'effondrait sous les premiers coups du protestantisme naissant !

Dieu ne voulut pas que la fille aînée de son Église pérît par la main des sectateurs de Calvin ; il suscita les Guises comme de nouveaux Machabées, et la France se releva.

Les crimes restent des crimes, et je ne suis nullement

tenté d'excuser ceux qui les ont commis, quelle que soit la cause qu'ils aient servie. Mais les événements qui se sont passés au XVI<sup>e</sup> siècle veulent être jugés de haut. Si nous embrassons dans son ensemble la situation politique de la France, lorsque, malheureusement, éclatèrent les guerres de religion, nous voyons d'une part les catholiques groupés autour du pouvoir royal pour défendre leurs croyances et le principe d'autorité ; et d'autre part des factieux qui conspirent avec l'étranger contre leur roi et contre leur patrie. Guise venait à peine de chasser les Anglais et les Impériaux que déjà Condé et les Châtillon sollicitaient l'appui d'Élisabeth et des princes luthériens allemands.

Si donc, plus tard, les massacres appelèrent d'autres massacres, si les catholiques à leur tour appelèrent Philippe II à leur aide, est-ce que la responsabilité de toutes ces représailles ne doit pas retomber sur ceux qui les premiers levèrent l'étendard de la révolte ?...

Certes, François de Guise fut, comme tous ceux de sa race, un grand ambitieux. Au début de sa carrière militaire et politique, son regard hardi semblait embrasser à la fois l'Écosse, l'Italie et la France. Ce cadet de Lorraine ne voulait rien moins qu'une couronne royale pour lui et la tiare pour son frère. Mais Dieu l'avait fait naître et l'avait comblé de tous ses dons pour être le soldat de la foi, et non pour courir les aventures comme un vulgaire usurpateur.

Il a pu se faire illusion, un moment, sur la possibilité de reconquérir une partie de l'héritage de la maison d'Anjou ; mais ce ne fut qu'un rêve. La conduite qu'il tint en Italie témoigne que jamais l'idée de trahir la France ne se présenta à son esprit. Son assassinat, qui est un des plus grands malheurs qui soient arrivés à la France, peut être considéré comme un crime de lèse-nation. S'il avait vécu quelque temps encore, Orléans était pris, l'armée royale marchait contre Coligny, qui ne pouvait lui opposer aucune résistance sérieuse, et l'heure de la pacification sonnait enfin !

Que de larmes, que de sang, que de hontes eussent été épargnés !

Après sa mort, il y eut, il est vrai, comme un moment de répit ; mais les haines et les vengeances n'étaient qu'endormies, et vous savez si le réveil fut terrible.

Trois siècles se sont écoulés depuis cette époque, et cependant on ne peut évoquer le souvenir de ces guerres fratricides sans en être troublé. Il semble que les blessures qu'elles ont faites à la France ne sont pas encore cicatrisées. C'est qu'en effet la lutte continue entre la vérité et l'erreur, entre ceux qui sont restés fidèles à l'Église et ceux qui l'ont abandonnée.

Mais aujourd'hui, malgré de récents et douloureux excès, cette lutte est, grâce à Dieu, plus pacifique... Le sang ne coule plus du moins.

Ne nous endormons pas, toutefois, dans une fausse sécurité. Souvenons-nous des leçons du passé et restons sur la brèche, en soldats de la foi, toujours prêts à combattre pour la gloire de Dieu et pour l'honneur de la patrie.

Ch. Cauvin.

# VIE

D E

# FRANÇOIS DE LORRAINE

## CHAPITRE PREMIER

Les Guises. — Claude de Lorraine, premier duc de Guise, et le cardinal
Jean, son frère. — Les enfants de Claude à la cour de Henri II. — Duel
entre Jarnac et la Châtaigneraie. — La cour de Henri II. — François
de Lorraine, second duc de Guise, surnommé le Grand. — Son portrait,
son caractère, ses premiers exploits. — Sa brillante conduite dans le
Luxembourg. — La blessure qu'il reçut dans une escarmouche qui eut
lieu contre les Anglais, près de Boulogne. — Catherine de Médicis et
Diane de Poitiers. — Situation politique de l'Europe. — Le cardinal
Charles de Lorraine à Rome. — Les Guises prennent leur essor.

Le nom des ducs de Guise ne peut être prononcé sans
réveiller le souvenir de nos discordes civiles au xviᵉ siècle.
Tous les services qu'ils rendirent à la patrie, les villes
qu'ils défendirent, celles dont ils s'emparèrent, les batailles
qu'ils gagnèrent, tout s'efface devant le terrible tableau des
guerres de religion, devant la Saint-Barthélemy et devant
la Ligue.

Si les membres de la branche cadette de la maison de
Lorraine furent, un moment, plus puissants que les rois de
France ; si la double croix qu'ils portaient dans leurs armes
devint le signe de ralliement de tous les catholiques, c'est
que, depuis longtemps, ils s'étaient acquis, par leur bravoure, par leur génie, par leur dévouement à leur patrie
d'adoption, des titres sacrés à l'admiration et à la confiance
du peuple.

Claude de Lorraine, que son père, René II, avait fait natu-
raliser Français à l'âge de onze ans, épousa Antoinette de
Bourbon en 1513. Ami intime de François Iᵉʳ, alors que le
roi-chevalier ne portait encore que le titre de duc d'Angou-

lême, le prince lorrain se distingua de bonne heure à la cour de France. Après avoir été laissé pour mort sur le champ de bataille de Marignan, il suivit Bonnivet en Espagne (1521), et c'est sur lui qu'a rejailli toute la gloire de la prise de Fontarabie. Plus tard, après la trahison du connétable de Bourbon, il repoussa l'invasion anglaise en combattant contre le duc de Suffolk. Ce fut lui aussi qui défit les Impériaux à Neufchâteau.

Quand la capitale était menacée par les armées alliées de Charles-Quint et de Henri VIII, il accourait le premier pour la défendre, et les Parisiens, le voyant au milieu d'eux jurant de vaincre ou de mourir, reprenaient confiance.

Tandis que François Ier était prisonnier à Madrid, la France fut menacée d'être envahie par de fanatiques luthériens, sous la conduite d'Érasme Gerbert (mai 1525). Claude, avec l'aide de ses frères, leva toute une armée et refoula en Allemagne cette horde qui, après s'être emparée de Saverne, menaçait la Lorraine et comptait faire irruption en France par la Champagne. A la suite des victoires qu'il remporta sur ces fanatiques, il lui fut décerné le surnom de *Grand-Boucher*. Les troupes catholiques portèrent pour la première fois la double croix de Lorraine, depuis si célèbre dans nos guerres de religion.

Le règne de François Ier ne fut, on le sait, qu'une longue suite de guerres interrompues par des traités presque aussitôt violés que signés. Le duc Claude de Guise prit part à presque toutes les batailles livrées contre les Anglais et les Impériaux, et fut le seul de tous les généraux français de cette époque qui ne fut jamais battu. Ce fut lui qui, donné par François Ier au jeune duc d'Orléans pour être son principal lieutenant, conduisit, en 1542, la brillante campagne de Luxembourg.

François Ier, qui avait d'abord témoigné à Claude de Lorraine une affection et une reconnaissance dont il lui donna des preuves constantes en lui confiant le gouvernement de la Bourgogne et en élevant le comté de Guise en duché-pairie, manifesta vers la fin les craintes que lui inspirait l'ambition toujours croissante des princes lorrains. Les Guises se prétendaient légitimes héritiers du roi René par Yolande d'Anjou. Aussi, non contents de joindre à leurs armes celles de Sicile, de Naples, de Jérusalem, d'Anjou et de Provence, ils ne laissaient échapper aucune occasion de manifester leurs prétentions sur ces royaumes et sur ces provinces.

Le cardinal Jean de Lorraine, frère de Claude, fut l'un des

prélats les plus magnifiques et les plus célèbres de cette époque. François I<sup>er</sup> l'employa souvent dans ses négociations avec la cour de Rome et avec Charles-Quint. Mais, comme son frère, il revendiquait nécessairement l'héritage paternel, et son ambition était bien faite pour porter ombrage à la puissance royale. Voici un quatrain qui, dit-on, est de François I<sup>er</sup>, et qui se trouve relaté dans tous les mémoires du xvi<sup>e</sup> siècle :

> François premier prédict ce poinct
> Que ceulx de la maison de Guyse
> Mettoient ses enfants en pourpoinct
> Et son poulvre peuple en chemise.

Cependant Brantôme rapporte, d'après M<sup>me</sup> de Dampierre, que François I<sup>er</sup> disait souvent : « Foi de gentilhomme, je ne fais pas tant de bien à ces princes lorrains que je devrois; car quand je pense que le roi Louis XI les a expolliez des duchés d'Anjou, comté de Provence et aultres terres leurs vrais héritages et qu'on leur retient, j'en ai charge de conscience. »

Claude de Lorraine mourut le 12 avril 1550, à l'âge de cinquante-quatre ans. Son frère le cardinal Jean mourut la même année.

De son mariage avec Antoinette de Bourbon, Claude de Lorraine, duc de Guise, avait eu douze enfants : huit garçons et quatre filles. Ses deux premiers enfants, Pierre et Philippe, étaient morts en bas âge; François, le troisième, né à Joinville le 17 février 1519, prit le titre de duc d'Aumale et devint de la sorte le chef de la famille. Après François venait Charles, qui fut plus tard cardinal de Lorraine, archevêque et duc de Reims, né à Joinville le 17 février 1524; Claude, né le 1<sup>er</sup> août 1526, qui prit aussi le titre de duc d'Aumale et eut le gouvernement de la Bourgogne après la mort de son père; Louis, archevêque de Sens, né le 21 octobre 1527, élevé au cardinalat en 1552; François, né le 18 avril 1534, grand prieur de Malte en 1549 et général des galères de France en 1557; enfin René, marquis d'Elbeuf, qui fut aussi général des galères de France après son frère.

C'est avec ses six enfants que le duc de Guise se plaisait quelquefois à entrer dans l'appartement de François I<sup>er</sup>. Ils avaient tous fière mine, et formaient à leur père une escorte qui faisait dire au roi : « Vous n'avez pas peur qu'on vous oste la cape. » Justement fier de ses nobles rejetons, Guise répondait que « qui l'entreprendroit corroit fortune d'y laisser la sienne, et que ses compagnons ne l'endureroient pas ».

Les quatre filles de Claude étaient : Marie, née le 22 novembre 1515, qui épousa le duc d'Orléans, duc de Longueville, le 4 août 1534, et Jacques V (Stuart), roi d'Écosse, le 9 mai 1538. A cette époque de l'histoire, Marie est régente d'Écosse au nom de sa fille Marie Stuart. La seconde fille de Claude fut Renée, abbesse de Saint-Pierre de Reims, née le 22 septembre 1522. La troisième, Antoinette, abbesse de Farmoustier, née le 31 août 1531 ; enfin Louise, née le 10 janvier 1520, mariée en premières noces à René de Nassau et de Châlons, prince d'Orange, et en secondes à Charles de Croy ; elle mourut le 18 octobre 1542.

Claude avait eu également un fils naturel, dom Claude de Lorraine, qui mourut le 28 mars 1612, après s'être distingué surtout par la dépravation de ses mœurs et par les cruautés dont il se signala au massacre de la Saint-Barthélemy.

C'est sous le règne de Henri II que la puissance des Guises commence à s'imposer à la France. François I$^{er}$, en mourant (31 mars 1547), avait adressé à son fils de sages recommandations. Après s'être préparé à une mort chrétienne qui édifia toute la cour, il appela le Dauphin qui devait régner sous le nom de Henri II et lui rappela les devoirs que la couronne lui imposait par rapport à ses sujets, par rapport à la religion, et lui recommanda d'appeler dans ses conseils l'amiral d'Annebault, le cardinal de Tournon, les seigneurs de Grignon et de Lorgeval, le capitaine Paulin et le secrétaire d'État Bayard.

Sauf Brantôme, presque tous les historiens du temps s'accordent à dire que François I$^{er}$ redoutait l'influence que pouvaient exercer plus tard le connétable de Montmorency et la famille des Guises.

Montmorency était exilé, et si Claude de Lorraine ne se voyait pas frappé d'une disgrâce aussi apparente, il est hors de doute que le roi ne l'appelait plus dans la haute administration des affaires du royaume. Mais ses fils, l'archevêque de Reims surtout, avaient su, depuis longtemps, se mettre dans les bonnes grâces du futur roi, par le soin qu'ils avaient apporté en toute occasion à se déclarer ses partisans, et par l'influence qu'ils exerçaient sur l'esprit de Diane de Poitiers.

Henri II n'avait hérité de toutes les brillantes qualités de son père que d'une seule : le courage militaire. Faible d'esprit, plus propre à être conduit qu'à gouverner, selon les

propres expressions de Mézeray, il était incapable de résister
à l'ascendant que devaient exercer sur lui Diane de Poitiers,
le maréchal de Saint-André, le connétable de Montmorency
et les Guises, qu'il rappela immédiatement à la cour malgré
les conseils de son père.

« Soubs ce règne qui dura treize ans, non toutefois accom-
plis, et de l'entrée d'iceluy, la graine de nos guerres civiles
fut semée par ceux qui tenoient les premiers lieux en l'administration publique, et print avec le temps si profonde racine
qu'elle a mené le plus beau et le plus florissant Estat du
monde jusques au bord de sa ruine et précipitation, dont il
a esté préservé, non par prudence humaine, mais par une
spéciale faveur et grâce de Dieu [1]. »

Les funérailles du feu roi eurent lieu avec une pompe
inimaginable : cinq des fils du duc de Guise y figurèrent
parmi les princes du grand deuil. Derrière le légat et les
cardinaux venaient Charles, archevêque de Reims, et Louis,
évêque de Troyes. René, marquis d'Elbeuf, portait le sceptre ;
François, chevalier de Lorraine, cinquième fils de Claude,
portait la couronne. Les restes de François Iᵉʳ furent réunis
à ceux du Dauphin et inhumés à Saint-Denis.

Lorsque Henri II eut saisi le sceptre, ce fut, de la part de
ses courtisans, une véritable curée. François et Charles de
Lorraine obtenaient du roi et de Diane de Poitiers tous les
emplois et sinécures qui étaient vacants. D'autre part, le
maréchal de Saint-André recevait des dons considérables, et
Montmorency se faisait payer cent mille écus comme arré-
rages des appointements de sa charge de connétable et de
grand maître.

Au sacre du roi, qui eut lieu à Reims le 26 juillet 1547,
par les mains de l'archevêque Charles de Lorraine que le
pape nomma cardinal cinq jours après, les princes de Guise
prirent place au même rang que les princes du sang royal.
Il s'éleva même, à ce sujet, une vive querelle entre François
de Lorraine, duc d'Aumale, et le duc de Montpensier.

Ce fut à cette époque qu'eut lieu le duel, resté si célèbre
dans les chroniques, entre Guy Chabot de Jarnac, seigneur de
Montlieu, et François de Vivonne, seigneur de la Châtaigneraie. François de Lorraine fut un des témoins de Vivonne.
Lorsque Vivonne mourut des suites de la blessure qu'il reçut
au jarret, d'Aumale fit élever à son ami un monument sur
lequel il fit graver cette inscription : « Un grand prince

_______________
[1] Mézeray, *Histoire de France.*

« lorrain et français, grandement triste et fasché d'un tel
« événement inopiné, a dédié ce monument aux mânes de
« ce brave chevalier poitevin. »

Le cardinal Charles de Lorraine, voulant assurer par tous
les moyens la puissance de sa famille, négocia le mariage de
Claude de Lorraine, marquis de Mayenne, son frère, avec
Louise de Brézé, dame d'Anet, fille aînée de la trop célèbre
Diane de Poitiers.

Ce mariage attira à François de Lorraine cette verte apostrophe que lui fit Gaspard de Châtillon, alors son ami intime :
« Il vaut mieux, lui dit-il, avoir un pouce d'autorité avec
honneur qu'une brassée sans honneur. »

La cour de France avait complétement changé de face
depuis la mort du feu roi. La grande souveraine, la dispen-
satrice de toutes les faveurs royales, était Diane de Poitiers,
duchesse de Valentinois. Elle était alors âgée de quarante-
huit ans, et exerçait encore sur l'esprit du roi un ascendant
que la jeune et astucieuse Catherine de Médicis ne pouvait
contre-balancer.

L'amiral d'Annebault avait été remplacé par le connétable
Anne de Montmorency. Le connétable possédait de grandes
qualités militaires et administratives, et apportait dans
l'exercice de sa charge une inflexible rigueur. Ce fut grâce
à sa fermeté que la discipline put enfin être introduite dans
l'armée. Il institua les cours prévôtales à l'aide desquelles
il réprima les licences des gens de guerre. « On disoit dans
les armées qu'il falloit *se garder des patenôtres de M. le
connétable*; car en les disant et marmottant, lorsque les
occasions se présentoient, comme force débordements et
désordres y arrivent, maintenant il disoit : *Allez-moi pendre
un tel; attachez celui-là à un arbre; faites passer celui-là
par les piques tout à cette heure, et les arquebusez tous
devant moi. Taillez-moi en pièces ces marauds, brûlez-
moi ce village; boutez-moi le feu partout à un quart de
lieue à la ronde*; et ainsi tels et semblables mots de justice
et de police de guerre proféroit-il selon ses occurrences, sans
se débaucher nullement de ses *pater* jusqu'à ce qu'il les eût
parachevés[1]. »

Après le connétable, peut-être même avant, venait dans
le conseil François de Lorraine, duc d'Aumale, qui avait été
le compagnon d'armes du jeune roi et exerçait sur lui ce
prestige dont voudraient en vain se défendre les natures

---

[1] Brantôme.

vulgaires lorsqu'une fois elles ont été mises en rapport avec des hommes que la promptitude de leur jugement et la souplesse de leur esprit ont fait naître pour le commandement et pour la domination.

François de Lorraine, qui porta jusqu'à la mort de son père le titre de duc d'Aumale, est une des plus grandes et des plus nobles figures du xvi{{e}} siècle. Sa taille était majestueuse, et son regard fixe et pénétrant embarrassait même le roi Henri II, qui était obligé de baisser les yeux devant lui. Mais son sourire affable, ses paroles courtoises et son exquise politesse, corrigeaient ce qu'il y avait en lui de trop altier. Il avait le front large, les yeux bleus et la barbe blonde. Doué d'une force et d'une adresse incroyables à tous les exercices du corps, il aimait passionnément la chasse et les combats, où il se distinguait par une bravoure qui allait souvent jusqu'à la témérité. Quel que fût le rang qu'il occupait dans l'armée, il était toujours le premier pour marcher à l'assaut ou pour diriger une charge. Cependant sa prudence était excessive, et autant, si ce n'est plus, que le duc d'Albe, il était avare du sang de ses soldats, dont il était aimé à l'idolâtrie, ne négligeant aucune occasion de faire valoir leur mérite et de les récompenser quand ils avaient accompli quelque action d'éclat. Il faisait tout et voyait tout par lui-même. Qu'il entreprît un siége ou qu'il défendît une ville, il dressait lui-même les batteries, pointait les pièces et faisait des reconnaissances en personne. Son coup d'œil était prompt et hardi, et l'exécution était aussi rapide que la pensée.

S'il a été, sans conteste, le plus grand homme de guerre que la France ait possédé au xvi{{e}} siècle, il a été aussi le politique le plus habile et le plus généreux de son époque. Tous le redoutaient et tous étaient obligés de rendre hommage à la magnanimité et à la grandeur de son caractère. Même lorsqu'il semblait n'occuper à la cour qu'un rôle secondaire, ses ennemis le considéraient toujours comme l'âme de son parti. Catherine de Médicis, malgré toute son astuce, était obligée de céder devant lui et d'obéir à sa volonté.

Élevé par sa mère, la noble et vertueuse Antoinette de Bourbon, il faisait profession, comme tous ceux de sa race, d'un catholicisme ardent et convaincu. François de Lorraine ne se mit pas à la tête du parti catholique par ambition seulement, mais par amour pour la religion de ses pères. Son ambition, si grande qu'elle fût, ne parla jamais plus haut que son patriotisme. On peut regretter seulement dans sa carrière, si remplie d'événements militaires et politiques, qu'il se soit quelquefois laissé influencer par son frère Charles, archevêque de Reims, plus tard cardinal de Lorraine.

Tout jeune, on pourrait dire tout enfant, il suivait son père sur les champs de bataille. A l'âge de dix-sept ans, il était déjà dans l'armée de Champagne, et son père écrivait à François Ier « qu'il voulait bientôt lui céder son épée, comme plus capable de rendre des services entre ses jeunes mains qu'entre les siennes ». Il fit avec son père et le duc d'Orléans la campagne de Luxembourg (1542). Il avait alors pour compagnon d'armes et pour ami intime Gaspard de Châtillon, si célèbre depuis sous le nom de l'amiral de Coligny. L'année suivante, le jeune prince accomplit encore des prodiges de valeur dans la petite armée de Vendôme, qui était chargée principalement de ravitailler Thérouanne et de mettre cette place à l'abri d'un coup de main.

A la tête de quelques gentilshommes dont il était le chef, parmi lesquels il faut citer Laval, d'Esguilly, Saint-André, il faisait de fréquentes sorties et allait chercher l'ennemi, pour le forcer à livrer bataille, jusque sous les murs d'Aire et de Saint-Omer. Dans une de ces entreprises, appuyé par une escorte d'environ deux cents chevau-légers, commandée par des Cars, il battit quatre cents Impériaux entre Hesdin et Thérouanne, dans un lieu situé près d'un pont jeté sur l'Aquette. Il fit prisonniers à peu près la moitié des ennemis, et contribua aussi puissamment à la prise de Lillers.

Après avoir tenté quelques coups de main contre la place d'Avesnes, il vint s'enfermer avec enthousiasme dans Landrecies, que menaçaient les Impériaux. Avec lui s'était jetée dans cette place toute la fleur de la jeune noblesse française : le duc de Nevers, Gaspard de Châtillon, Dandelot son frère, les deux la Rochefoucauld, Bonnivet, les deux frères Maillé de Brézé, et leur témérité était si grande qu'elle fit craindre à François Ier qu'ils ne compromissent la sûreté de Landrecies. Sous ce prétexte, le roi les rappela auprès de lui pour qu'ils le suivissent dans le Luxembourg, persuadé, non sans raison, que lui seul aurait assez d'autorité sur eux pour les empêcher de commettre les coups de tête dont ils étaient familiers.

D'Aumale eut le commandement d'une partie de l'avant-garde de l'armée du Luxembourg. Ce fut lui qui s'empara du château de Sainte-Marie et des petites places environnantes qui, si elles étaient restées au pouvoir de l'ennemi, auraient pu empêcher le ravitaillement de l'armée.

Le 10 septembre 1543, les Français arrivaient devant la place de Luxembourg, et ce fut d'Aumale qui parvint le premier à mettre ses batteries en ligne une heure avant le jour. Afin d'être reconnu par ses soldats au milieu de l'obscurité, le prince était vêtu de blanc. Ce fut donc dans ce costume qu'il sortit de la tranchée pour aller reconnaître les remparts de la ville et indiquer l'endroit où il fallait faire brèche. Mais à peine fut-il à découvert qu'un coup de mousquet, ou arquebusade à crocs, lui fut tiré des murailles et lui perça le dessus du col du pied, près de la cheville. Les os furent fracturés et les nerfs lésés si fortement qu'on le transporta presque sans espoir, d'abord sous sa tente et ensuite à Longwy, à cinq lieues en arrière de Luxembourg. Il fut redevable de sa guérison aux prompts secours que lui prodiguèrent les chirurgiens mandés en toute hâte par le roi, et aux soins dont son père l'entoura. Dans la douleur que lui faisaient éprouver les pansements, le duc d'Aumale ne pouvait s'empêcher de laisser échapper des gémissements. En l'entendant ainsi se plaindre, son père lui dit un jour ces paroles dignes des anciens Spartiates : « Les personnes de notre rang ne doivent point ressentir les blessures, mais, au contraire, prendre plaisir à bastir leur réputation sur la ruine de leur corps. »

Après le traité conclu le 18 septembre 1544, entre Charles-Quint et François I<sup>er</sup>, traité contre lequel protestèrent le Dauphin, le duc de Vendôme, d'Aumale et une foule d'autres seigneurs de la cour, François I<sup>er</sup> tourna ses forces contre l'Angleterre.

Le jeune prince lorrain faisait partie de l'armée commandée par le maréchal du Biez. Avec lui se trouvaient le comte d'Enghien, le jeune et brillant vainqueur de Cérisoles, le duc de Nevers, le comte de Laval et la Trémoille. Il n'y eut pas de bataille réglée, mais les escarmouches étaient journalières entre nos troupes et celles de Henri VIII. Ce fut dans une de ces rencontres que d'Aumale reçut au visage la glorieuse blessure dont il porta la cicatrice le reste de ses jours.

Aux environs de Boulogne, près du mont Lambert, un vif engagement avait lieu entre les Français et les Anglais. Le jeune Lorrain était spectateur de la lutte, lorsqu'il vit que le combat commençait à tourner à notre désavantage, à la suite d'un renfort que recevait l'ennemi et qui nous chargeait en flanc. Sans s'inquiéter s'il était suivi par ses compagnons, il tira l'épée et se précipita au plus fort de la mêlée. Les Anglais fléchissent un moment; mais, le voyant presque seul, ils reviennent contre lui, l'entourent, le pressent et l'accablent sous leur nombre, et le forcent à se défendre avec la rage du désespoir. Le capitaine anglais qui commandait le renfort fond tout à coup sur lui et lui porte, au-dessus de l'œil droit, un rude coup de lance qui, déclinant vers le nez, passe entre l'oreille et la nuque avec une si grande violence qu'elle se brise dans la tête, où elle avait pénétré à plus d'un demi-pied. Le fer de la lance reste tout entier dans la plaie, ainsi que la douille et deux doigts de la longueur du bois. Ambroise Paré dit que « ledit seigneur allait toujours guerroyer à face découverte, voilà pourquoi la lance passa outre de l'autre part ».

Chose incroyable, d'Aumale ne fut point désarçonné sous ce rude coup! Il continua de se battre et joua même si bien de l'épée qu'avec l'aide seulement de son jeune frère Claude et de son ami de Vieilleville, qui ne l'avait point abandonné, il se dégagea des mains des ennemis et rentra à cheval dans son camp.

La blessure était horrible. Avec cette plaie béante d'où s'échappaient des flots de sang, le visage du jeune prince n'avait plus rien d'humain. Quand il apparut au milieu des siens, les chirurgiens furent si stupéfaits et si convaincus de l'inutilité des efforts qu'ils pourraient tenter pour sa guérison, qu'ils se refusèrent à faire subir au comte d'Aumale un surcroît d'inutiles souffrances. Le roi envoya immédiatement au jeune prince son meilleur chirurgien, le célèbre Ambroise Paré. Celui-ci, avec cette sûreté de coup d'œil de l'homme de génie et cette adresse remarquable qui a fait sa réputation de grand praticien, résolut de tenter une opération qui aurait suffi à sa renommée.

En présence d'une foule considérable de gentilshommes et d'officiers, et assisté de maître Nicole Lavernan, il fit coucher le prince lorrain par terre et lui demanda s'il ne trouverait point malséant qu'il lui posât le pied sur le visage. « Je consens à tout, travaillez, » dit le prince, qui se souvenait des stoïques recommandations de son père. Le grand chirurgien prit alors des tenailles de maréchal-ferrant, saisit avec cet instrument primitif le bois de la lance qui sortait de la plaie, et l'arracha de la blessure, « ce qui se fit non sans fracture d'os, de nerfs, de veines et d'artères. » Le prince soutint cette opération comme si on lui eût tiré un cheveu, dit Martin du Bellay. « Ah ! mon Dieu ! » exclama-t-il ; et ce fut tout le signe de douleur qu'il laissa échapper. Transporté à Pecquigny, d'Aumale fut trois jours en danger de mort. Mais la nature fit de si puissants efforts et le prince était si robuste, qu'il fut bientôt en complète guérison, ne conservant plus de cette blessure qu'une glorieuse cicatrice qui l'aurait fait surnommer le Balafré, comme son fils, si l'histoire ne lui eût décerné le titre de Grand. Ambroise Paré avait coutume de dire, en parlant de cette cure merveilleuse : « Je le pansay, et Dieu le guarit. »

A peine le comte d'Aumale fut-il en convalescence, qu'il s'empressa de faire parvenir au roi ce billet écrit d'une main mal assurée, mais qui témoigne d'une remarquable fermeté d'esprit : « Sire, je prendray la liberté de vous mander que je me porte bien, j'espérant n'estre point borgne. Vostre très-humble serviteur : LE GUIZARD. »

Le roi admira grandement l'énergie du jeune prince lorrain, et le récompensa des services qu'il avait déjà rendus, en lui donnant le gouvernement du Dauphiné par lettres expédiées le 9 mars 1546.

Antoinette de Bourbon, mère du comte d'Aumale, jouissait alors d'une réputation presque de sainteté : réputation qu'elle méritait, du reste, par ses grandes vertus et la noblesse de son caractère. Les partisans des Guises, très-nombreux déjà, attribuèrent aux prières de cette pieuse princesse le miracle de la conservation du comte d'Aumale. Il est dit, dans *la Conjonction des lettres et armes*, qu'Antoinette conserva pieusement, tout le reste de sa vie, le fer de la lance qui avait pénétré dans la tête de son fils.

Ce n'était pas seulement en France, c'était dans toute l'Europe que grandissait chaque jour la puissance des Guises. On se souvient de l'empressement qu'avait mis Claude de Lorraine à lever une armée à ses propres frais pour aller à la rencontre d'Érasme Gerbert lorsque celui-ci voulut envahir la France (1525). Depuis cette époque, la réforme avait fait d'immenses progrès. Les doctrines de Luther avaient triomphé dans une grande partie de l'Allemagne. Les Vaudois réfugiés dans le midi de la France s'étaient convertis à la confession de Calvin.

Henri VIII, autant pour satisfaire ses passions que ses goûts sanguinaires, s'était déclaré à son tour pour la réforme, et donnait contre les catholiques le signal des plus violentes et des plus infâmes persécutions.

Les Guises ne laissaient échapper aucune occasion de se

montrer les champions de la foi catholique. C'est sur leur vaillance et sur leur haute renommée que les papes faisaient reposer leur plus ferme appui. C'est sur eux que comptait leur sœur Marie de Lorraine, veuve de Jacques V, roi d'Écosse, pour maintenir contre Henri VIII les droits de sa fille Marie Stuart ; et c'est autour d'eux que commençait à se former le premier faisceau de catholiques qui devait plus tard tenir en échec la puissance royale, et d'où devait sortir un jour cette formidable conjuration qui s'appela LA LIGUE, mais à laquelle la France dut la conservation de sa foi séculaire et de sa puissante unité nationale.

A peine d'Aumale fut-il en convalescence, qu'il reprit sa place dans l'armée et vint de nouveau combattre sur la terre d'Oye et sur le bord de la mer, où le maréchal du Biez avait réuni toutes ses forces afin de s'emparer du bourg de la Marck, dans lequel les Anglais s'étaient solidement retranchés. Après quelques marches et contre-marches des deux armées, ayant pour objectif ou la ville de Mézières ou le bourg de la Marck, la paix fut enfin conclue entre la France et l'Angleterre. Les principaux articles de ce traité furent la restitution de Boulogne dans huit ans, moyennant une somme de deux millions d'écus d'or, à des échéances stipulées, et une pension de cent mille écus qui ne fut jamais payée.

Charles-Quint, qui gouvernait l'Allemagne et l'Italie en César, voyait se former contre lui une ligue qui aurait pu porter un coup terrible à sa puissance. L'électeur de Saxe, le landgrave de Hesse et plusieurs autres princes allemands, conjurés contre l'Empereur, demandaient l'appui de François I<sup>er</sup> ; mais la mort vint surprendre le roi de France (31 mars 1547) au moment où il faisait ses préparatifs pour cette nouvelle campagne.

A côté du roi Henri II, qui dissimulait l'indolence de son esprit sous une grande dépense de forces physiques, se dressait dans l'ombre, presque dans l'arrière-plan, la silhouette de la plus sombre et de la plus terrible figure de cette époque : Catherine de Médicis. Jeune, belle, spirituelle et instruite, habile dans l'art de la dissimulation comme tous ceux de sa race, ambitieuse et vindicative, elle se voyait dédaignée par le roi, son mari. Feignant d'être une épouse patiente et résignée, elle se fit la courtisane de la toute-puissante Diane de Poitiers, duchesse de Valentinois, afin d'obtenir d'elle quelques légères faveurs. Elle, la reine de France, devait se montrer satisfaite de la dédaigneuse protection que voulait bien lui accorder la maîtresse de son mari. On comprend tout ce qui s'amassait de colère et de haine dans cette âme ardente, qui devait plus tard ne reculer devant aucun crime pour satisfaire son ambition, pour venger les injures faites à son amour-propre, ou pour se débarrasser de ses ennemis.

Il est indispensable que nous jetions maintenant un rapide coup d'œil sur la situation politique de l'Europe, au moment où les Guises s'apprêtent à jouer en France un si grand rôle.

Henri VIII, qui était mort quelque temps avant François Ier, avait laissé la régence de son fils, Édouard VI, au duc de Somerset, qui prit le titre de protecteur. Le régent, qui était en même temps l'oncle du roi, s'arrogea une telle autorité que, sous son gouvernement, les discordes civiles ne tardèrent pas à éclater. La plupart des seigneurs anglais, justement irrités de l'arrogance tyrannique du protecteur, soulevèrent dans le sein de l'Angleterre des factions qui mettaient cette puissance dans l'impossibilité matérielle de porter la moindre atteinte à la sécurité de la France.

En Écosse, le cardinal de Saint-André, régent de la jeune Marie Stuart, était mort assassiné, victime aussi de l'antipathie de la noblesse et de sa sévérité envers les réformés. Marie de Lorraine, régente du royaume, était restée de cœur profondément attachée à la France. Comprenant tous les périls que faisait courir à l'Écosse la puissante rivalité de l'Angleterre, elle servait en toute occasion les intérêts de la France, et poussait les dispositions naturelles de son peuple à se mettre sous la protection de Henri II. Elle était soutenue dans cette politique par ses frères, qui voyaient tout l'avantage qu'ils pourraient retirer d'une alliance entre leur sœur et le roi de France. Marie Stuart était fiancée au fils de Henri VIII. La reine d'Écosse proposa la main de sa fille au jeune Dauphin, qui devait régner plus tard sous le nom de François II; et la princesse, alors âgée de six ans, fut envoyée à la cour de France, où elle fut élevée.

Charles-Quint avait en ce moment sur les bras la ligue de Smalkalde. Toute une partie de l'Allemagne, ayant embrassé la religion réformée, avait résolu de secouer son joug. La mort surprit François Ier au moment où ce monarque allait s'unir aux protestants pour porter un coup terrible à la puissance de Charles-Quint. Henri II aurait pu profiter de la situation où se trouvait l'ennemi séculaire de la France, pour exiger la révision de la plupart des traités conclus sous le règne précédent. Les ambassadeurs que le roi envoya auprès de l'Empereur se montrèrent si irrésolus dans leurs demandes, que Charles-Quint, comprenant qu'il n'avait rien à redouter du côté de la France, se borna à gagner du temps en leur faisant de vagues promesses.

En Italie, les affaires étaient plus embrouillées encore. Le pape Paul III (Alexandre Farnèse) avait investi des duchés de Parme et de Plaisance Pierre-Louis Farnèse, son fils, qu'il avait eu d'un mariage secret contracté dans sa jeunesse. Pierre s'était rendu odieux à ses sujets par ses exactions et par les déréglements de ses mœurs. Pour se mettre à l'abri des attaques de l'Empereur, il fit construire dans Plaisance une citadelle qu'il croyait imprenable. Mais il fut assassiné dans son propre palais par ses courtisans, qui jetèrent son cadavre au peuple. Ses restes sanglants furent traînés dans les rues de la ville.

Au même instant où ce crime s'accomplissait, les Espagnols qui étaient dans le Milanais se présentèrent aux portes de la ville et s'en emparèrent au nom de l'Empereur. Parme ne fut sauvée que par la vigilance d'un officier du pape, qui parvint à entrer dans la ville avant l'arrivée d'un détachement espagnol.

Bien que Charles-Quint s'en défendît ensuite auprès de Paul III, il est hors de doute que l'assassinat de Pierre-Louis Farnèse n'avait pas été médité seulement par les courtisans de ce prince. Si les Espagnols se présentèrent si inopinément devant les villes de Plaisance et de Parme, c'est qu'ils connaissaient de longue date la conjuration qui venait d'avoir un si dramatique résultat.

Le pape Paul III était donc dans une position des plus difficiles, lorsque le cardinal Charles de Lorraine vint à Rome pour lui porter l'hommage de l'obédience filiale du roi son maître. Le célèbre cardinal devait ensuite se rendre au concile qui se tenait en ce moment à Bologne; mais le véritable but de son voyage était d'engager le pape à devenir l'allié de la France.

Arrivé à Rome, le 31 octobre 1547, avec le marquis de Mayenne son frère, il fut reçu par le saint-père avec les marques de la plus grande affection, et eut sa chambre tout à côté de celle du souverain pontife. Dans sa correspondance, il se loue d'avoir trouvé à Rome une compagnie « d'affectionnés Français », et se félicite de ce que le peuple romain « parloit maintenant autant françois qu'italien et sçavoit du moins bien dire : Vive la France ! »

Dans le consistoire du 15 décembre, le cardinal Charles de

Guise se montra, malgré sa jeunesse, aussi habile ambassadeur et aussi grand diplomate que le cardinal Jean de Lorraine, son oncle.

Après avoir parlé en termes éloquents de l'amour des rois de France pour la religion et de leur respect et de leur soumission pour le successeur des apôtres, il demanda au souverain pontife de s'opposer de bonne heure « aux factions naissantes qui souvent, malgré leur faiblesse à leur origine, produisent des effets funestes », et lui indiqua, comme moyen le plus efficace à cet égard, le rétablissement d'une intime union avec le monarque très-chrétien. Car, « vous n'ignorez pas, très-saint Père, disait l'habile cardinal, dans quelles extrémités une trop grande sécurité réduisit autrefois les papes Jean XIII, Grégoire VII, Pascal II et Alexandre III, jusqu'à ce que leurs successeurs eussent, avec l'aide des Français, recouvré leur ancienne autorité que les empereurs avaient usurpée. »

Ce dernier trait était destiné à mettre en défiance le souverain pontife contre Charles-Quint, à faire tourner à l'avantage exclusif de la France les débats que le concile soulevait journellement entre eux, et préparait l'accomplissement de la mission réelle, secrètement donnée au cardinal, d'entraîner le pape dans une ligue contre l'Empereur [1].

Voici quelles furent les causes qui déterminèrent cette ligue.

L'empereur Charles-Quint, après avoir fait prisonnier l'électeur de Saxe et le landgrave de Hesse, avait lancé un édit appelé *interim*, rédigé par trois théologiens, deux catholiques et un protestant, et par lequel il accordait aux réformés l'exercice public de leur religion, le mariage des prêtres et la communion sous les deux espèces.

Cet édit devait rester en vigueur jusqu'à ce que le concile, réuni à Trente d'abord et ensuite à Bologne, eût fait connaître ses décisions sur les points controversés. Le pape les rejeta pour les catholiques et les toléra seulement pour les protestants, comme moyen de conciliation pour les ramener aux véritables croyances. Mais ni les catholiques ni les protestants ne se montrèrent satisfaits de ce compromis, qui blessait également leurs consciences. L'Empereur voulait que le concile fût de nouveau tenu à Trente ; mais le pape, qui redoutait la domination du puissant empereur, résolut de placer l'indépendance du concile sous la haute protection de

---

[1] *Histoire des ducs de Guise*, par René de Bouillé, t. I, p. 179.

la France en le maintenant à Bologne. Pour permettre aux Français de pourvoir à la sûreté du pape, il fut résolu que l'on profiterait des troubles qui venaient d'éclater dans le royaume de Naples pour y faire pénétrer les Français, et que le second petit-fils de Paul III, Horace Farnèse, épouserait Diane d'Angoulême, fille naturelle du roi de France et d'une demoiselle piémontaise. Le duc Urbain, le duc de Ferrare et le comte de la Mirandole, dont les États venaient presque jusque sous les murs de Rome, devaient entrer dans cette ligue contre Charles-Quint. Il fallait pour cela obtenir l'agrément du concile, où siégeaient plusieurs cardinaux favorables à Charles-Quint. Si la ligue réussissait, Charles-Quint était rejeté d'un seul coup hors de l'Italie ; les Français restaient maîtres de Naples, et les princes de Farnèse régnaient dans le Milanais.

Le cardinal de Guise déploya tant d'activité et promit aux cardinaux tant de bénéfices français, qu'il obtint l'accession solennelle du consistoire à ses projets. Mais était-ce bien pour le compte du roi de France que travaillait l'habile cardinal ? Le pape Paul III était alors âgé de plus de quatre-vingts ans. Un conclave était donc imminent. Tous les historiens du temps s'accordent à peu près à dire que Guise ne traitait pas seulement, dans le concile de Bologne, les questions politiques et religieuses que les cardinaux avaient à résoudre, mais qu'il préparait aussi l'élection de son oncle, le cardinal Jean de Lorraine, au siége de Saint-Pierre ; et après l'oncle celle du neveu.

Le cardinal insistait donc fortement auprès du roi pour qu'il sanctionnât ses projets et les mît promptement à exécution, en envoyant à Paul III un secours de vingt mille hommes, fournis pendant quatre mois et qui devaient servir à la conquête du royaume de Naples ; conquête dont il s'exagérait la facilité. « Quant à Naples, écrivait-il le 11 novembre, le pape m'a dit que les portes en étoient si ouvertes. qu'elles devoient donner envie d'y faire entreprise. Mais il faudroit savoir si nous pourrions faire venir le Grand Seigneur en querelle avec l'Empereur, ou pour le moins, si de lui ou du roi d'Alger on pourroit avoir quarante ou cinquante galères. Sire, il n'est pas croyable la quantité de *forusiens*[1] qui est par deçà, tous ne demandant qu'un aveu pour faire la guerre audit Naples ; et n'ai tous les jours autre offre sinon qu'ils vous supplient de permettre qu'ils vous fassent

---

[1] Mot emprunté à l'italien *fuori usciti*, émigrés.

leur roi. Les autres me disent que, si vous ne voulez entendre à cette entreprise, que *vous m'advouiez ou l'un de
mes frères ; qu'ils me bailleront gens et argent et me
mettront dans ledit royaume pour le bailler à un de mes
frères.* »

C'est un vrai labyrinthe d'intrigues, presque inextricable, que ce voyage du cardinal Charles de Lorraine à
Rome. Pour arriver à ses fins, le jeune et ambitieux cardinal
allait jusqu'à rêver une alliance entre la Sublime Porte et le
saint-siége. Dans sa vaste imagination, il avait combiné
toutes les chances de succès qui pouvaient assurer à sa
famille la possession presque complète de l'Italie, et cela en
se montrant toujours, autant par intérêt que par conviction,
le champion zélé du catholicisme. Par le cardinal de Farnèse,
neveu du pape, il se faisait donner l'assurance de l'élection
du cardinal son oncle au trône pontifical. Il voyait d'autre
part son frère aîné, François, duc d'Aumale, déjà roi de
Naples, et lui assurait en Italie une puissante alliance en
négociant son mariage avec Anne d'Este, fille d'Hercule II,
duc de Ferrare, et de Renée de France, fille de Louis XII;
mariage qui fut célébré un an après, en même temps que
celui d'Antoine de Bourbon, duc de Vendôme, avec Jeanne
d'Albret, fille de Henri, roi de Navarre, et de Marguerite,
sœur de François I<sup>er</sup>. C'est de cette union d'Antoine de
Bourbon et de Jeanne d'Albret que naquit le roi Henri IV.

Voilà donc les Guises prenant leur grand essor. L'union
constante de tous les membres de leur famille, les grandes
qualités qui semblent héréditaires chez eux ; l'audace, la
bravoure, le talent militaire, l'habileté, l'éloquence, tous ces
dons précieux dont l'ensemble constitue le génie, leur per-
mettent d'étendre la main à la fois sur la couronne et sur la
tiare. D'un coup d'œil hardi ils embrassent la France,
l'Écosse et l'Italie. Le roi de France et le pape subissent à
un égal degré cette domination qu'ils savent imposer à tous
ceux qui les entourent. Nul autant que le duc d'Aumale ne
sait se rendre populaire par sa libéralité envers les petits,
son caractère chevaleresque, sa familiarité envers le soldat,
dont il partage tous les périls et supporte toutes les fatigues.
Habile capitaine autant que brave, il a, comme le connétable de Bourbon, le rare mérite d'être sûr de trouver autour
de lui des soldats toujours prêts à se faire tuer à ses côtés.
Chef de parti, à son nom des milliers de croyants se lèveront,
arborant, en signe de ralliement, la double croix de Lorraine
qui brille dans ses armes.

# CHAPITRE II



Les habiles négociations du cardinal de Guise ne furent pas suivies des effets immédiats auxquels ce prélat s'attendait. Le roi ne fit que pénétrer en Italie. Mais une nouvelle révolte, qui éclata dans la Guyenne, l'Angoumois et la Saintonge, ayant, comme en 1542, la gabelle pour prétexte, l'obligea à envoyer ses troupes dans ces provinces. Les paysans insurgés venaient de massacrer, dans les conditions les plus barbares, le directeur général des gabelles et ses employés. Le lieutenant du roi de Navarre, appelé au secours des autorités françaises, après avoir été obligé de se renfermer dans le château de la Roche-Trompette, fut également massacré par la populace.

Montmorency, envoyé par le roi dans ces provinces soulevées pour réprimer l'insurrection, avait promis une répression aussi prompte qu'énergique. Il ne tint que trop parole. Ce fut par une brèche qu'il pénétra dans la ville de Bordeaux, et après cette victoire morale, car la ville n'avait opposé aucune résistance, il ordonna des exécutions auxquelles s'était refusé le roi François I<sup>er</sup> en 1542.

Cependant, un an après, le roi et son parlement reconnurent la nécessité de faire les concessions réclamées par les pro-

vinces insurgées, moyennant une compensation de deux
cent mille écus d'or pour les frais de la guerre et pour le
rachat des domaines aliénés.

Le prince lorrain avait suivi Montmorency dans les provinces révoltées. Sa présence fut saluée avec joie par les
populations de ces pays, qu'il ne songea qu'à rassurer en
leur faisant espérer le pardon. Partout sur son passage il
était fêté presque comme un libérateur. Les habitants d'Angoulême lui offraient leur ville, leur vie et leurs biens pour le service du roi et le sien. Guise savait se faire aimer autant que
Montmorency savait se faire haïr. Autant le connétable était
dur et hautain, autant François était affable et miséricor-
dieux. Le premier ne soumettait que par la terreur; le
second gagnait les cœurs et se faisait obéir avec docilité,
par l'esprit de justice et par l'inaltérable bonté dont il faisait toujours preuve envers le pauvre peuple. Aussi le parlement s'empressa-t-il de lui témoigner combien il était
joyeux de ce que le roi avait daigné l'envoyer dans ce pays
de l'Angoumois et de la Saintonge.

Ce fut à François de Lorraine, à sa haute protection, à son
intervention incessante que les habitants de ces provinces
durent de grands adoucissements aux peines prononcées
par le connétable. D'Aubigny dit dans la *Vie des hommes
illustres* « que cette conduite commença dès lors à acquérir
au jeune prince l'affection des peuples, qui s'augmenta tellement depuis, qu'on peut dire qu'elle a été jusqu'à l'excès, et
jusqu'à leur faire oublier la fidélité due au roi ».

Le roi était à Lyon, où eurent lieu, à propos de la pacification des provinces soulevées, de grandes fêtes qui furent
continuées à Moulins à l'occasion des noces d'Antoine de
Bourbon, duc de Vendôme, avec Jeanne d'Albret, fille et
unique héritière de Henri, roi de Navarre. Le 18 octobre 1548,
le roi écrivait à Guise : « Les choses estant en l'estat que
vous m'avez escrit, vous en pourrez en bref desloger, ce qui
me donne espérance de vous voir plus tost que je n'espérois
à Saint-Germain-en-Laye, où je pourray arriver environ le
quinzième du mois prochain, et là ce sera à vous à courre et
verra-on sy vous serez aussy gentil compaignon que mon cousin le duc de Vendosme, qui doit estre dimanche marié. »

En même temps que le roi, le cardinal de Guise écrivait à
son frère pour lui annoncer que sa future devait arriver à
Grenoble six jours après : « Elle est très-désirée du roi et
de toute la cour, ajoutait-il, et on voudroit qu'elle pust estre
arrivée pour assister aux noces de M. de Vendosme et de la

princesse de Navarre. Vous aviserez quand il vous semblera que les affaires du lieu où vous estes pourront endurer que vous vous en reveniez, affin que le roi vous mande, qui trouvera très-bon vostre retour en poste. »

Ce n'étaient pour François de Lorraine que présages de bonheur et félicitations qui lui arrivaient de toutes parts : « Mon filz, lui mandait de Joinville, le 23 septembre, le duc de Guise, j'ay cogneu toutes les despesches que vous avez faites en tous mes affaires dont vous avoys escript et donné charge, qui me faict bien cognoistre que estes bons enffans et dont j'ay grand contentement et plaisir. »

Guise, après son habile et clémente conduite dans le Sud-Ouest, arriva à Grenoble, le 27 octobre, avec le cardinal Charles, son frère ; et le lendemain, sa fiancée arrivait dans la même ville.

Anne d'Este, comtesse de Gisors, dame de Montargis, fille d'Hercule II, duc de Ferrare, et de Renée de France, était une princesse « austant belle que sage et vertueuse qu'il y en eussent au monde », dit Brantôme. Sigismond III, roi de Pologne, avait recherché sa main ; mais son amour pour la France et l'adresse du cardinal Charles firent préférer à Anne d'Este la couronne ducale du duc d'Aumale à la couronne royale de Sigismond. Si sa beauté fit une grande impression à la cour de France, cette princesse captiva surtout les esprits et gagna tous les cœurs par le charme de son caractère, sa vaste intelligence et son instruction aussi solide que brillante.

Son aïeule, la célèbre Lucrèce Borgia, que plusieurs historiens, entre autres Guichardin, ont présentée comme un monstre de perversité, avait fait de la cour de Ferrare le centre et le foyer de la renaissance italienne. La fille d'Alexandre VI, à qui certains auteurs ont refusé jusqu'à l'honneur de la maternité, après l'avoir présentée tour à tour comme épouse adultère, comme empoisonneuse et incestueuse à tous les degrés, eut six enfants, qu'elle éleva elle-même avec la plus grande intelligence et la plus haute piété, et dont un mérita par ses vertus le titre de saint (saint François de Borgia). Il est peu de grandes dames et de princesses qui, de nos jours, possèdent une instruction aussi solide que la plupart des grandes dames et des princesses de cette époque. Anne d'Este était versée, non-seulement dans la connaissance de plusieurs langues vivantes, mais aussi dans celle du grec et du latin. Elle fut dans sa jeunesse l'amie intime d'une femme aussi célèbre par la pureté de ses mœurs

que par son esprit et sa vaste érudition, Olympie-Fulvie
Moratic. La future duchesse de Guise était donc, autant par
sa naissance que par ses talents et la pénétration de son
esprit, la digne compagne du grand capitaine et du grand
politique auquel elle allait s'unir. Elle devait plus tard être
son conseiller le plus intelligent et le plus sûr, son intermédiaire le plus habile pour les relations délicates qu'il devait
avoir avec ses ennemis avoués ou cachés, comme sa constante affection devait le consoler et le soutenir dans les
heures de vicissitudes qu'il aurait à traverser dans le cours
de sa carrière si brillante et si glorieuse, mais toujours
semée de périls et de déboires.

Dans l'oraison funèbre d'Anne d'Este, Séverin Bertrand
dit qu'elle était « excellente entre les autres de son rang ;
c'est ce qui la fit choisir par honneur comme la plus méri-
tante, pour estre dame d'honneur de la Royne des lys ».
Ronsard, le gracieux poëte du xvie siècle, lui a consacré ce
quatrain :

> Vénus la sainte en ses grâces habite,
> Tous les amours logent en ses regards ;
> Pour ce à bon droit cette dame mérite
> D'avoir été femme de notre Mars.

Le mariage eut lieu à Saint-Germain, le 4 décembre, après
le retour de la cour. Il fut célébré avec grande pompe, et
donna lieu à des joutes et des tournois, qui étaient encore
en usage.

Par les divers contrats qui furent dressés par actes suc-
cessifs, les 14 et 26 août et 28 septembre 1548, à Ferrare et
à Paris, Anne d'Este apportait cent cinquante mille livres à
son époux, pour tout ce qui pouvait lui revenir de l'héritage
paternel et maternel. De plus, pour l'acquit de la somme de
cent cinquante mille livres tournois que la France devait
encore au duc de Ferrare, à la suite d'un emprunt contracté
par François Ier, après la bataille de Pavie, au feu duc
Alphonse, Henri II aliénait « du domaine dix mille livres
tournois de rente au prouffit du duc d'Aumale, en faveur du
mariage de luy et de la princesse Ferrare ». Ce qui n'empêchait pas, paraît-il, le duc d'Aumale de se trouver fort gêné
et d'être réduit à contracter des emprunts.

Dans les divers actes ou contrats dressés à l'occasion de
son mariage, François de Lorraine continua de prendre le
titre de duc d'Anjou, afin de maintenir toujours scrupuleusement les prétentions de sa famille sur ce duché, et d'affir-

mer qu'il descendait de la maison royale par Yolande, fille de René d'Anjou.

L'année suivante, de nouvelles fêtes eurent lieu à la cour de France, à l'occasion du couronnement de la reine.

« Cette solennité, qui s'accomplit à Saint-Denis le 10 juin 1549, avait été précédée (19 mai) par celle du baptême du duc d'Orléans, second fils de France, tenu sur les fonts par Constantin de Bragance, au nom du roi Jean de Portugal; par François de Lorraine, représentant le duc de Ferrare, et par Anne d'Este, pour sa belle-sœur, la reine douairière d'Écosse. A la cérémonie du couronnement, la queue du manteau de Catherine de Médicis fut portée par le duc de Guise et le duc de Nemours; celles des duchesses de Guise et d'Aumale, par le comte de la Rochefoucauld et le comte de Turenne, et ces deux princesses présentèrent à l'offrande le pain doré et le vin. Peu de jours après, le 16 et le 18 juin, le roi et la reine firent successivement leur entrée à Paris, en grande pompe, entourés de tous les membres de la maison de Guise. Au tournoi, qui commença le 23 juin et dura deux semaines, le duc d'Aumale figura magnifiquement comme un des douze tenants avec le roi, les princes du sang et les seigneurs « les plus apparents » de la cour. Puis de ces jeux guerriers, après lesquels, voulant donner des témoignages de sa piété, Henri II ordonna pour la « conservation « de l'ancienne croyance » une procession publique qu'il suivit lui-même, et où le cardinal de Guise porta le saint Sacrement.»

On s'attendait à passer promptement à une lutte plus sérieuse. [1]. La guerre était dans l'air.

La mort de Paul III, à la suite de la rébellion de son petit-fils Octavio Farnèse, avait mis de nouveau en présence les Français et les Espagnols en Italie.

A Boulogne, les Anglais construisaient de nouveaux travaux de fortifications, ce qui annonçait de leur part l'intention bien arrêtée de ne pas tenir les engagements qu'ils avaient contractés par le traité conclu entre Henri VIII et François Ier. Deux ans auparavant, Gaspard de Châtillon avait été chargé par le roi de défendre la ville d'Ardres et d'étendre ses forts jusqu'aux portes de Boulogne. C'est à cette même époque (1547) qu'une flotte faisait voile pour l'Écosse, ayant à bord l'élite de la noblesse française, qui, dans un élan chevaleresque, voulait aller défendre les droits de deux reines, l'une veuve, et l'autre jeune orpheline.

---

[1] *Histoire des ducs de Guise*, par René de Bouillé.

Sous la conduite de Montalembert, et plus tard de de Thermes, cette petite phalange de chevaliers français, aidés de montagnards écossais, tint tête à l'armée anglaise, quatre fois supérieure en nombre, la délogea des points qu'elle occupait dans le royaume, et s'empara de presque tous les forts qui gardaient la frontière anglaise. Ce fut alors que la jeune reine d'Écosse, Marie Stuart, fut fiancée au Dauphin, et qu'elle fut conduite en France. Cette nouvelle répandit en Angleterre une véritable panique. Le duc de Somerset voyait déjà le royaume envahi.

Henri II, à la tête d'une armée plus enthousiaste que solide, voulut aller en personne faire le siége de Boulogne pour donner satisfaction aux jeunes seigneurs de la cour, qui rougissaient, disaient-ils, de voir toujours la guerre contre les Anglais se terminer avec l'or de la France. Les premiers exploits de l'armée de Henri II furent brillants. Son impétuosité fut telle, que quatre forts, que les Anglais avaient construits autour de Boulogne, furent pris presque sans coup férir. Mais lorsqu'elle se trouva devant les remparts de la ville, il sembla qu'elle avait dépensé toute son énergie, et ce ne fut qu'avec une faiblesse inexcusable qu'elle entreprit les travaux du siége.

L'empereur Charles-Quint, qui était tuteur du roi Édouard, envoya au roi de France un messager porteur d'une lettre par laquelle ce puissant monarque se plaignait à Henri II du siége qu'il entreprenait contre une ville de son pupille. Cette missive souleva de grandes colères dans le camp royal, et peu s'en fallut que le messager ne fût maltraité. Cependant, soit que les menaces de l'Empereur eussent produit leur effet, soit que le roi Henri II se déclarât satisfait de la prise des quatre forts qui étaient devant la ville, le siége fut levé à la suite d'un ouragan où des chevaux furent noyés, et où l'armée française perdit presque tous ses bagages.

Le duc de Somerset, qui, ainsi que nous l'avons dit, avait ligué contre lui toute la noblesse anglaise, venait d'être renversé et livré aux bourreaux par des juges vindicatifs. Warwick, depuis comte de Northumberland, qui prit les rênes du pouvoir, vendit à la France la ville de Boulogne pour la somme de quatre cent mille écus. Le traité fut conclu le 24 mars 1550, et il y était stipulé en même temps que le roi d'Angleterre ne pourrait attaquer l'Écosse au sujet des précédents débats et sans cause nouvelle.

Claude de Lorraine, marquis de Mayenne, fut désigné

comme devant faire partie des six otages qui devaient être échangés des deux côtés, en garantie des engagements respectifs.

Ce traité souleva en France de vives oppositions, et ce fut sur le connétable qu'en rejaillit toute l'impopularité. Pour atténuer ce mauvais effet, on fit courir le bruit du mariage entre Élisabeth de France et le jeune Édouard VI. Un acte fut même rédigé ; mais la mort du jeune roi vint interrompre tous ces beaux projets.

La paix conclue entre la France, l'Angleterre et l'Écosse, permit enfin à la reine douairière, Marie de Lorraine, de mettre à exécution un projet cher à son cœur. Elle voulut revoir la France et sa famille. Tous les Guises, il faut bien le reconnaître, aimaient d'un amour ardent leur patrie d'adoption ; ils étaient plus Français que Lorrains ; ou, pour parler plus exactement, ils n'avaient jamais séparé dans leur cœur la Lorraine de la France. Pour la reine d'Écosse, revoir la France c'était revoir sa patrie. Lorsqu'elle débarqua à Dieppe, où tous ses frères étaient venus à sa rencontre, à l'exception de d'Aumale et du marquis d'Elbeuf, elle fut reçue avec les honneurs souverains. A Rouen, où elle se rendit ensuite, Henri II et Catherine de Médicis l'accueillirent eux-mêmes avec les marques de la plus grande distinction et de la plus cordiale sympathie.

Un certain pressentiment lui avait fait hâter les préparatifs de son voyage. Au milieu des honneurs et des hommages dont elle était entourée, elle reçut une dépêche de son frère François de Lorraine, lui annonçant la mort de leur père le duc Claude de Guise.

« Je ne vous dirai poinct, répondit Marie à son frère, quelle douleur je ressens, estant assurée que le sçavez par vous mesme, ayant perdu le meilleur père que jamais enfant perdit ; mais moy qui suis sans mari et sans père, n'ay plus recours, après Dieu, qu'à vous, messieurs mes frères, et principalement à vous qui estes nostre chef, vous priant m'avoir en recommandation, non comme sœur, mais comme fille, et pareillement mes enfants. »

A la mort de leur père, François de Lorraine prit le titre de duc de Guise, et Claude, marquis de Mayenne, celui de duc d'Aumale, comme, à la mort de son oncle, le cardinal Charles fut appelé le cardinal de Lorraine. Moins fastueux et moins libéral que le cardinal Jean, Charles a des mœurs plus douces et qui cadrent mieux avec le caractère sacerdotal dont il est revêtu. Il a su acquérir une instruction

solide et variée; son éloquence est facile et sûre, entraînante
même, grâce à sa belle physionomie et à la dignité de sa
personne. Sa mémoire est prodigieuse, et il a la réplique
prompte et l'esprit subtil.

Un célèbre protestant, Théodore de Bèze, disait, après
avoir conféré avec lui : « Si j'avois telle élégance que monsieur le cardinal de Lorraine, j'espèrerois convertir et rendre
moitié des personnes de la France à la religion de laquelle
je fais profession. »

Voici le portrait du cardinal tel que nous le trouvons dans
*la Conjonction des lettres et armes :* « Il avait le front largement développé, quoique son visage, assez brun et coloré,
eût plutôt une forme allongée; le regard tour à tour riant et
pensif, la taille haute, droite et bien proportionnée; la voix
pleine et claire sortant d'une bouche garnie de dents courtes,
unies et serrées; tout révélait en lui la supériorité, et commandait l'attention ou le respect. »

Coligny, au moment de la bataille de Dreux, se trouvant
en face des troupes royales prêtes à le combattre, disait :
« Je redoute moins toutes ces armes que le génie d'un seul
prêtre. »

Voilà donc les deux hommes qui allaient jouer un si grand
rôle dans les destinées de leur pays à cette époque de troubles, de passions et de haines.

Toute part faite aux exagérations dont se sont souillés tous
les partis pendant ces longues et terribles guerres de religion, il est impossible de ne pas reconnaître qu'au début la
mission des Guises fut en quelque sorte providentielle. Si la
France est restée le soldat de Dieu, comme devait l'appeler
un peu plus tard Shakespeare, c'est à ces puissants et intrépides ligueurs qu'elle le doit.

C'est sans parti pris de louange ou de blâme que nous
écrivons l'histoire de leur vie; mais aussi, nous l'avouons
en toute sincérité, c'est avec un sentiment mêlé d'admiration et de terreur que nous évoquons les souvenirs qu'ils
ont laissés dans ce xvi⁰ siècle, qui mériterait plus que tout
autre le titre de grand, si, à côté des vives lumières qu'il a
fait jaillir et des hommes illustres qu'il a vus naître, il n'eût
aussi laissé les pages les plus horribles et les plus sanglantes
que les peuples puissent lire dans leurs annales.

Comme le cardinal son oncle, Charles de Lorraine faisait
aussi partie du conclave qui fut tenu après la mort de
Paul III. Parmi les candidats agréables au roi de France se
trouvaient en première ligne le cardinal Jean de Lorraine.

ensuite les cardinaux de Ferrare et de Ridolfi ; en seconde ligne venaient les cardinaux de Salviati, del Monte et du Bellay. Ce fut le cardinal del Monte qui fut élu (Jules III).

Bien que le cardinal del Monte figurât sur la liste des candidats agréables au roi de France, Henri II ne reprocha pas moins cette élection au cardinal de Lorraine, qui, pour justifier sa conduite dans cette affaire, composa une *apologie* dans laquelle il expliqua ses actions depuis le jour de son entrée au conclave.

Lorsque Jules III fut sur le trône pontifical, ses premiers actes furent une alliance avec Charles-Quint contre le prince de Farnèse, qui tenait de son frère, Paul III, les duchés de Parme et de Plaisance, appartenant au domaine de l'Église. Farnèse appela les Français à son secours, et une insurrection qui venait d'éclater à Naples contre le vice-roi, Pierre de Tolède, détermina la faction des Guises à pousser le roi à une nouvelle expédition en Italie.

Les hostilités entre les Espagnols, qui étaient les alliés du saint-père, et les Français, qui étaient les auxiliaires de Farnèse, éclatèrent devant Parme. Les Espagnols s'emparèrent de la ville de la Mirandole, qui était en séquestre entre les mains de Henri II, et Horace Farnèse fit une incursion à Bologne.

Jules III, craignant les succès de Charles de Cossé, maréchal de Brissac, qui opérait en Piémont, écrivit directement au roi pour lui demander la paix. Le légat du pape et le cardinal de Tournon signèrent une trève de deux ans, d'après laquelle Ottavio Farnèse restait en possession provisoire des provinces qu'il détenait encore.

Ce fut sur mer que commencèrent les hostilités directes entre l'Empereur et les Français. Un capitaine qui commandait les galères en l'absence du baron de Lagarde, attaqua et prit dans la Méditerranée quatre vaisseaux impériaux. En même temps le baron de Lagarde s'emparait, par un coup de ruse, de vingt-quatre vaisseaux flamands qui revenaient d'Espagne. Ces deux événements inspirèrent à l'Empereur la pensée de mettre les Pays-Bas sous la protection de l'empire germanique ; mais les princes allemands ne voulurent pas consentir à se déclarer les protecteurs d'un État qui les mettrait toujours dans la nécessité de prendre part à toutes les querelles qui s'élèveraient entre l'Empereur, leur maître, et le roi de France. Du reste, après la victoire de Mülhberg, Charles-Quint vit de nouveau se dresser contre lui une alliance formée par les princes allemands qui avaient em-

brassé le protestantisme. A la tête de ceux-ci se trouvait
l'électeur Maurice de Saxe, qui désirait délivrer ou venger
de Hesse. Ces princes envoyèrent, au mois d'octobre 1551,
une députation au roi de France pour le gagner à leur
cause. C'est à Fontainebleau que fut reçue la députation. Le
comte de Nassau y prit la parole et fut soutenu par le maréchal de Vieilleville. Au conseil du roi, qui eut lieu le lendemain, et auquel assistaient le connétable de Montmorency,
le duc François de Guise, le duc Claude de Lorraine son
frère, Vieilleville, Nemours et les cardinaux de Lorraine et
de Guise, il fut décidé, malgré les oppositions du connétable, que l'armée se réunirait, le 10 mars (1552), à Châlons-
sur-Marne pour entrer immédiatement en campagne contre
Charles-Quint.

Gentilshommes et paysans se levèrent avec enthousiasme à
l'appel de leur roi. Guise et Coligny furent désignés comme
les principaux chefs.

C'était, il faut bien le reconnaître, le cardinal Charles de
Lorraine qui tenait d'une main ferme et sûre tous les fils de
la politique française. Il y a sans doute dans cette politique
bien des contradictions que nous serions les premiers à
blâmer, si nous ne nous rendions un compte moins exact
des difficultés auxquelles la France était aux prises à cette
époque par l'attitude que conservaient à son égard l'empereur Charles-Quint et le souverain pontife.

La plus choquante de ces contradictions est la sévérité du
cardinal de Lorraine envers les calvinistes français, par rapport à l'alliance qu'il ménageait à la France des empereurs
de Constantinople et des luthériens allemands. Cette arme à
deux tranchants préparait au cardinal la réalisation de projets enfantés par un génie plus vaste que scrupuleux. Riche-
lieu, plus tard, devait, avec plus de génie encore et avec
plus de ressources, tendre au même résultat en suivant la
même politique.

En décidant Soliman à rompre la trêve qu'il avait conclue
avec Charles-Quint et avec le roi des Romains, son frère,
l'habile cardinal forçait ainsi l'Empereur à diviser ses forces,
en tenant une armée continuellement prête contre toute invasion turque. Par l'appui que la France accordait aux luthériens allemands, le trône de Charles-Quint se trouvait
ébranlé dans sa base, tandis que la France voyait en Europe
s'agrandir sa toute-puissance. Par contre, en se montrant le
légitime défenseur de la foi à l'intérieur, le cardinal de
Lorraine préparait à sa famille cette souveraine autorité

qu'elle devait exercer plus tard, aux dépens même de l'autorité royale.

Ce fut sous l'inspiration du cardinal de Lorraine que furent lancés, en septembre 1551, deux édits : l'un qui interdisait, sous peine de lèse-majesté, de porter, pour quelque raison que ce fût, aucun argent à Rome; l'autre célèbre sous le nom de l'édit de Châteaubriant[1].

L'empereur Charles-Quint se montra fort irrité de la neutralité dans laquelle le pape s'était engagé sans son consentement. Il eut de plus le regret d'apprendre que son plus fidèle général en Piémont, Gonzague, venait d'éprouver de nombreux échecs, et que le maréchal de Cossé-Brissac, auquel était venue se joindre une nombreuse cavalerie, sous les ordres du duc d'Aumale, du prince de Condé, du comte d'Enghien, du duc de Nemours et d'autres seigneurs, s'était emparé de toutes les villes et châteaux forts que possédaient les Impériaux en Italie.

La guerre allait changer de théâtre. Henri II tint un lit de justice, dans lequel il développa les motifs qui le forçaient à entreprendre cette campagne contre un ennemi envenimé, qu'il comptait poursuivre dans le centre de sa domination, à l'aide des plus puissants princes de la Germanie, nos anciens confédérés. Il laissa la régence à la reine, au Dauphin et à un conseil, et la lieutenance générale de la capitale et de l'Ile-de-France au cardinal de Bourbon. Après la recommandation sur le fait de la justice de l'enregistrement de l'édit, il exhorta son conseil à être soigneux et vigilant sur ce qui concerne Dieu et l'honneur de la religion. Ceci se rapportait à l'édit de Châteaubriant contre les hérétiques et les novateurs.

La guerre qu'il allait entreprendre mettait le roi dans la nécessité d'augmenter les impôts et d'en créer de nouveaux. Au reste, il avait donné lui-même le premier l'exemple en sacrifiant au trésor la plus grande partie de ses épargnes, exemple qui fut suivi avec un magnifique empressement par tous les princes de la maison de Guise et de Lorraine, qui portèrent leur vaisselle et leur argenterie à la monnaie.

Henri II ordonna à son conseil qu'on eût les plus grands égards pour le pauvre peuple, déjà bien assez affligé par les circonstances, afin qu'il trouvât quelques soulagements dans la manière dont la justice serait rendue.

---

[1] L'édit de Châteaubriant, tour à tour confirmé et annulé, mais dont les catholiques demandaient sans cesse l'exécution, est le plus sévère qui ait été lancé contre les calvinistes.

Les préparatifs de la guerre furent aussi complets qu'on pouvait le souhaiter à cette époque. Les étendards royaux portaient fastueusement cette devise : « Henri, défenseur de la liberté germanique et protecteur des princes captifs. » Elle débuta comme une expédition formidable pour ne se traduire en fin de compte qu'en une marche plus ou moins triomphale, qui se serait changée en une retraite presque piteuse, si elle n'avait dû être soutenue par le duc de Guise, qui arrêta Charles-Quint sous les murs de Metz.

Il faut reconnaître, toutefois, que le but de cette campagne ne manquait pas d'une certaine hauteur de vues. Il ne s'agissait rien moins que de reformer l'ancien royaume d'Austrasie en s'emparant du pays Messin, en réduisant la Lorraine à l'état d'un grand fief de la France, en soumettant les villes et les forts du Luxembourg, en s'assurant une domination en Alsace, et enfin, en donnant au royaume la puissante frontière du Rhin.

En outre des troupes que commandaient Bourdillon dans le Luxembourg, et le duc de Vendôme dans le Hainaut et dans la Flandre, l'armée royale, qui devait se réunir à Vitry le 15 mars, était composée de quinze mille hommes de bandes françaises, neuf mille lansquenets, sept mille Suisses, quinze mille lances, la maison du roi, quatre cents archers de la garde, deux cents chevau-légers, douze cents arquebusiers à cheval, deux mille hommes des arrière-bans et cinq cents cavaliers anglais que le roi Édouard envoyait au secours de son beau-frère[1].

Les fantassins allemands étaient au nombre de quinze mille. Le duc de Guise avait placé sa compagnie sous les ordres du maréchal de Vieilleville ; elle accompagnait la cornette du roi. Huit mille gentilshommes environ s'étaient placés volontairement dans les rangs de l'armée.

En passant par Joinville, qui était la résidence des princes de la maison de Guise, le roi voulut donner des marques de l'affection singulière qu'il portait à son cousin ; il érigea sa baronnie aux titre, rang et qualité de principauté, et y joignit à perpétuité le nom et ancien titre de sénéchal, héritier de la Champagne et des terres et seigneuries d'Écluson, Roches, Doulevant, Chatourupt, Rochecourt, la Neuville-à-Bayard, Chevillon, Gondrecourt, Ribeaucourt, Dommartin-le-Franc, Courcelles, Ambrières, Attencourt, Treffontaines, etc. ; statuant de plus que « ladicte principauté et

---

[1] *Histoire de France,* par Lacretelle.

les terres unies à icelle feussent et seroient à toujours
tenues et possédées par ung seul, assavoir par l'aîné fils du
duc de Guise et en descendant de luy et de ladicte maison
successivement ». (Lettres patentes, avril 1552.)

Presque toute la cour avait accompagné l'armée jusqu'à la
frontière. La reine, les princesses, la duchesse de Valentinois se mirent en grands frais de coquetterie pour les capitaines et les seigneurs allemands qui étaient accourus dans
l'armée royale. C'était un étrange spectacle que celui qu'offrait cette cour à la fois si catholique et si mondaine, si
inflexible contre les calvinistes français et si tolérante envers
les luthériens allemands. De Paris à la frontière, c'est-à-dire
à l'extrême limite de la Champagne, ce ne furent donc tout
le temps que bals, fêtes, tournois, comme au beau temps de
la chevalerie. Le roi se fit précéder, dans les provinces qu'il
allait envahir, par un manifeste traduit en allemand, qui fut
répandu à profusion, et dans lequel il exposait tous les
griefs qu'il avait contre Charles-Quint, et déclarait qu'il
n'avait pris les armes que pour garantir la liberté des États
germaniques, ses alliés.

Ce fut devant Toul que l'armée se présenta tout d'abord,
sous le commandement du connétable, et la ville se rendit
le 13 avril. Un lieutenant de la compagnie du duc de Guise,
d'Esclarolles, y fut laissé avec le titre de gouverneur.

Tandis que le roi était à Joinville, la duchesse douairière
de Lorraine vint devers lui, tant pour se mettre, elle et son
fils et avec tout son peuple, sous sa protection, que pour se
décharger des intelligences qu'on la soupçonnait d'avoir avec
l'Empereur. Henri II l'accueillit avec bonté ; mais il n'en
exigea pas moins que le jeune duc de Lorraine fût désormais envoyé à la cour de France, pour y être élevé avec le
Dauphin.

Metz mit à se rendre plus de façons que Toul. Sa reddition fit plus honneur à la subtilité du connétable qu'à sa
loyauté. Toutes ces principales villes de la Lorraine et de
l'Alsace formaient autant de petites républiques ayant si
souvent changé de maîtres, qu'elles finissaient par n'en plus
reconnaître aucun.

Lorsque l'armée du connétable se présenta devant Metz,
le sénat refusa d'ouvrir les portes de la ville, et songea
même à armer les citoyens. Mais, à l'approche de l'armée
française, des rivalités éclatèrent dans la cité. Le cardinal de
Lelongcourt accusait, d'une part, le sénat d'avoir usurpé le
pouvoir aux dépens de la souveraineté du siége épiscopal.

D'autre part, le peuple accusait ses magistrats d'avoir porté atteinte aux franchises qu'il tenait des rois de France. Le rusé connétable profita de ces divisions pour menacer la ville de ses canons, si elle ne se rendait de gré. En vain les ambassadeurs messins objectèrent-ils que l'Empereur lui-même n'avait fait qu'y pénétrer de sa personne et sans escorte. Il fut convenu cependant que le connétable, les princes, quelques gentilshommes avec deux enseignes de gens de pied entreraient seuls. Mais, au lieu de six cents hommes, il en pénétra plus de quinze cents, et, quand on voulut fermer les portes de la ville, ceux qui venaient d'y pénétrer repoussèrent les gardiens, et le gros de l'armée entra à la suite (10 avril 1552).

Pour la première fois peut-être, depuis bien des siècles, un ferment de discorde se glissait entre les membres de la maison de Lorraine. La femme du dernier duc régnant, Christine, fille du cruel Christian III de Danemark, tenait de son père une indomptable fierté. Elle n'aimait pas la France, et en vain la politique et les intérêts de son fils lui ordonnaient de chercher son appui dans les princes de la branche cadette de sa famille; elle ne cherchait, au contraire, que l'alliance de Charles-Quint, et ne témoignait aux Guises que froideur et dédain. Lorsque les armes royales se furent emparées de Metz, de Toul, de Verdun et de Nancy, les Guises auraient pu facilement déposséder leur neveu. La régente n'était point aimée, tandis que leur nom était resté populaire dans leur ancienne patrie. Maîtres de la France par l'ancienne autorité dont ils jouissaient à la cour, maîtres de l'Écosse par leur sœur la reine Marie, ils se donnèrent le double bénéfice de se montrer les généreux protecteurs de la branche aînée de leur famille, et de prouver à la France que c'était sans arrière-pensée aucune qu'ils servaient leur nouvelle patrie. Les états lorrains, après une délibération solennelle, déchurent la régente de ses droits, et les Guises, à qui il convenait dans leurs vastes projets d'affecter jusqu'au bout le plus grand désintéressement, firent nommer régent du jeune duc le comte de Vaudemont, prince de la troisième branche de la maison de Lorraine.

Ce fut le 18 avril 1552 que le roi Henri II fit à Metz son entrée solennelle.

Les gentilshommes lorrains qui avaient pris parti pour la régente sollicitèrent tous l'appui des Guises pour rentrer en grâce auprès du roi, et vinrent les premiers lui prêter le serment de fidélité.

Après une délibération tenue entre le duc de Guise, le cardinal de Lorraine, le duc de Vendôme et le connétable, Artus de Cossé, seigneur de Gounarere, frère du maréchal de Brissac, fut nommé gouverneur de la ville de Metz.

L'armée prit ensuite la route de Strasbourg; mais les Strasbourgeois, craignant pour leur liberté, avaient enfermé dans leur ville une forte garnison, et résistèrent également aux flatteries et aux menaces du maréchal.

Ce fut sans difficulté, apparente du moins, que le roi délogea de devant Strasbourg. Henri n'avait ni la ténacité ni la vaste imagination de son père. Il aimait la guerre comme un passe-temps, parce qu'il était très-courageux par nature; mais il ne connaissait ni les devoirs qu'elle impose, ni les résultats politiques qu'elle peut procurer. La résistance qu'il rencontra devant Strasbourg commença à lui faire regretter son expédition, et dès lors il ne songea plus qu'à retourner dans ses États. Cette promenade triomphale à travers des provinces déjà gagnées à sa cause suffisait à sa gloire. Avec un peu plus d'énergie et de persévérance, il pouvait cependant renverser le trône impérial de Charles-Quint. C'était la seule occasion sérieuse qui se fût présentée pour la France d'abattre cet orgueilleux et dangereux rival; Henri II la laissa échapper.

L'Empereur se trouvait aux prises avec les plus cruelles vicissitudes. Le puissant dominateur de l'Europe pouvait craindre de voir se réaliser la prophétie dont il avait été menacé à Venise par le cardinal Jean de Lorraine. Privé d'hommes et d'argent, il se voyait de toutes parts en butte aux ennemis que lui avait suscités sa politique astucieuse et dominatrice.

En Italie, il n'avait point assez de troupes pour soumettre Parme et la Mirandole. Le roi de France s'était avancé à plus de quarante lieues au delà de ses frontières, sans avoir rencontré l'ennemi[1]. La plus grande partie de son armée était en Hongrie. Son manque de parole envers Soliman l'avait mis en présence d'une nouvelle invasion turque. C'est de ce côté surtout que se faisait sentir la politique du cardinal de Lorraine.

Il n'était pas jusqu'aux trésors du nouveau monde qui ne fissent défaut à l'Empereur, à cause des retards qu'éprouvèrent, dans l'année 1551, les vaisseaux qui devaient lui apporter l'or dont il avait besoin, sur le continent, pour sou-

---

[1] *Histoire de France*, par Lacretelle.

tenir ses guerres[1]. Traqué de toutes parts, le puissant triomphateur était en quelque sorte réduit à chercher un refuge dans les montagnes du Tyrol. L'électeur Maurice de Saxe feignait de ne marcher qu'à regret contre celui qu'il avait si souvent nommé son bienfaiteur et son père.

Charles-Quint se trouvait alors dans les montagnes du Tyrol, en complète déroute. A un certain moment, il était traqué de si près par Maurice et par le margrave de Brandebourg, qu'il se crut à la veille de tomber en leur pouvoir. Le château d'Ehremberg venait d'être pris par les princes confédérés, dont la cavalerie marchait sur Inspruck. Averti au milieu de la nuit du péril qu'il courait, il ne put pas monter à cheval à cause des souffrances que lui faisait éprouver la goutte, et il fut obligé de fuir en litière. Tout à coup il apprend qu'il a devant lui un corps d'armée qui lui coupe la retraite. Il attendait des secours de toute part, et il n'a, pour soutenir la lutte, que quelques valets porteurs de torches, et une faible escorte qui ne songe qu'à fuir. Dans cette nuit terrible, pleine d'angoisses et de périls, il lui sembla entendre les ricanements de l'Europe se réjouissant de sa chute. Les troupes qui lui barraient le chemin étaient une armée vénitienne que la sérénissime république envoyait à son secours.

Le propre des hommes de génie est de se relever avec autant d'éclat que de promptitude dans les moments où ils semblent écrasés sous les rigueurs de l'infortune. Charles-Quint tira immédiatement parti des secours inespérés qu'il regardait comme lui étant envoyés par la Providence. Il négocia immédiatement avec les princes confédérés, et signa la paix de Passau, qui fut nommée la *Paix de la religion*.

Débarrassé des controverses théologiques, il tourna toutes ses forces contre le pape, qu'il accusait d'être le principal auteur de ses revers, et contre Henri II, qu'il jura de réduire à merci comme il avait réduit François Ier.

Le roi de France aurait pu espérer quelques compensations, ou tout au moins quelques paroles d'excuses, de la part des princes du saint-empire, à l'appel desquels il avait

---

[1] Tout occupé, du reste, à la politique de l'Empire, Charles-Quint avait négligé longtemps de songer au profit que l'Espagne pouvait retirer des conquêtes faites en Amérique par Fernand Cortez, Almagro et Pizarre. Ce fut son fils Philippe II qui comprit toutes les ressources qu'il pouvait tirer de ce pays. Il est vrai que cette immense fortune devait être plus tard la cause de la ruine de l'Espagne. Tant il est vrai qu'il en est des nations comme des individus, et que la véritable prospérité ne s'acquiert que par le travail et de sages économies!

répondu avec tant d'empressement. Dans le traité de paix que ces princes signèrent avec l'Empereur, il ne fut pas plus question de Henri II que si la France n'existait pas. Dans les derniers articles seulement il y fut fait allusion; mais cela ressemblait trop à une réminiscence insultante. Lorsque Henri II voulut se plaindre de ce manque d'égards, l'Empereur lui fit répondre que la France n'avait pas à s'immiscer dans les affaires du saint-empire, et que, s'il avait des réclamations à élever, il eût à les adresser à l'électeur Maurice.

Les princes s'excusèrent comme ils purent d'avoir rédigé ce traité sans le consentement du roi de France, et le roi Henri II fit preuve à leur égard de plus de générosité qu'ils n'en méritaient, en leur rendant les otages qu'il détenait en garantie de leur alliance, et en leur donnant même l'assurance de sa sincère amitié.

Seul, le margrave de Brandebourg ne signa point le traité de Passau. Ce ne fut pas, ainsi que le font remarquer les historiens, par attachement pour la France, mais par suite d'une entente secrète entre lui et l'Empereur, qu'il continuait de se poser en unique défenseur des protestants d'Allemagne.

Pendant ce temps, l'Empereur, ayant sur le cœur sa défaite et sa fuite d'Inspruck, ramassait toutes ses forces pour relever avec éclat le prestige de ses armes. Le premier corps ennemi qui se présenta devant Metz, où Guise s'était déjà renfermé, fut celui que commandait le marquis de Brandebourg. Il n'avait pas voulu signer, nous l'avons dit, le traité de Passau. En arrivant à Metz, il demanda au duc de Guise à entrer dans la ville; Guise s'y refusa. Ensuite il exigea les munitions de bouche pour ses hommes. Guise lui ordonna de se tenir à trois lieues de la ville; mais, bien que soupçonnant une trahison, il n'osa point lui refuser les provisions qu'il réclamait en sa qualité d'allié du roi de France. Les soudards du marquis, ne se tenant pas pour satisfaits, pillaient la campagne et détroussaient les habitants en véritables bandits. Guise présenta au marquis ses observations; mais le luthérien lui répondit qu'il ne faisait qu'user de son droit, et que c'était bien le moins que ses troupes, qui n'étaient pas encore soldées, vécussent aux dépens du roi de France. Il revint vers Metz, usant de toutes les ruses qu'il pouvait imaginer pour se montrer bon serviteur du roi et du duc de Guise; il comptait surprendre ce dernier, et il eût mis ses opérations en danger, si la prudence de ce

prince n'avait su prévoir les desseins de ce faux allié.
(Commentaires de Rabutin.)

Voyant tous ses projets déjoués, le marquis manifesta à
Guise l'intention de se diriger vers la Franche-Comté. Heureux de débarrasser la Lorraine d'un ennemi aussi dangereux, Guise dépêcha auprès d'Albert un de ses gentilshommes, Gaspard de Haz, pour lui servir d'escorte. Mais à
peine les luthériens étaient-ils en marche vers leur nouvelle destination, que le marquis leur fit de nouveau rebrousser chemin, dans la crainte, disait-il, de se voir en-
veloppé par les ennemis, et fit derechef parvenir à Guise les
demandes les plus ridicules. Tout en feignant de satisfaire
aux exigences de ce déloyal auxiliaire, Guise restait sur une
défensive si clairvoyante, que le marquis vit chaque fois
toutes ses ruses déjouées. Comprenant qu'il ne pouvait, sans
se trahir, continuer plus longtemps cette comédie, il rede-
manda son artillerie, qu'il avait laissée près de Metz, et vint
camper à Pont-à-Mousson, c'est-à-dire entre Guise et l'armée
du connétable, et cela dans le but de pouvoir, au besoin, entraver les renforts qui seraient envoyés du camp royal à la
ville que Charles-Quint se préparait à assiéger. Ce fut alors
que divers ambassadeurs, entre autres l'évêque de Bayonne,
Lausac, la Chapelle, Biron et même Coligny, furent dépêchés
vers lui pour traiter de la solde de ses hommes, et obtenir
de franches et loyales explications. Les envoyés du roi en
furent pour leurs frais de négociations; le marquis était
bien décidé à continuer jusqu'au bout le rôle que lui avait
appris Charles-Quint.

La défense de la ville de Metz, qui revient tout entière à
la gloire du duc de Guise, est une des plus belles pages de
l'histoire militaire de la France.

Lorsque les projets de l'Empereur furent connus, lorsque,
après la paix de Passau, il fut à peu près certain que l'armée
que levait Charles-Quint en Allemagne, dans les Pays-Bas et
en Espagne, n'était pas destinée à marcher contre les Turcs,
mais à opérer dans la Lorraine, François de Guise, qui
s'était jusqu'alors effacé volontairement devant le connétable de Montmorency, revendiqua hautement l'honneur de
combattre « à la barbe » de l'Empereur dans ce noble pays
de Lorraine, qui était la patrie de ses ancêtres.

Revenons en arrière, afin de retrouver l'Empereur à
Inspruck, où, après avoir négocié avec les princes du
saint-empire, il lève cette formidable armée qui semblait
destinée à opérer contre les Turcs, tandis qu'il ne la concen-

trait que pour tenter une nouvelle invasion en France.
Les renseignements qui suivent, nous les puisons presque
tous dans les mémoires et journaux des ducs de Guise.

Ce fut le 8 août 1552 que l'Empereur quitta Inspruck pour
aller à Hille et ensuite à Munich, qui était le lieu assigné
pour la concentration de l'armée. En chemin il fut rejoint
par le prince de Piémont, qui emmenait avec lui « force
grands chevaulx, mulets, chariots avec tentes et pavillons ».
Les principaux seigneurs et capitaines qui devaient faire
campagne avec l'Empereur étaient le duc Maurice de Saxe, le
duc d'Albe, un des plus grands capitaines de l'époque ;
« monsieur d'Arras, monsieur de Roye, domp Ferrand de la
Nogia, domp Alme d'Avila, monsieur de Carmene, le comte
de la Mega, domp Jean Manriquez, chef et général de l'artillerie ; domp Francisque Guessara, commissaire des vivres ;
le duc de Brunswick, le bâtard de Bavière, le prince
d'Ascoly, le comte Francisque Darie, le comte Maximilien
de Grimbara, le comte Hannibal Visconti, le comte Albegne
de Lodion, le comte Carles de Gonzaga, le sieur Scipion
Venura, Napolitain ; le sieur de Darbez, de la chambre de
l'Empereur. »

Ce fut le 17 août que Guise, instruit, par les ambassadeurs
du roi et par ses émissaires particuliers, de tous les projets
de l'Empereur, fit son entrée dans Metz. Il arriva accompagné
du marquis d'Elbeuf et du grand prieur, ses frères, du comte
de la Rochefoucauld, des deux Randan, de Biron et de plusieurs autres seigneurs. Le gouverneur de Metz, seigneur
de Gounar, le duc de Nemours, le vidame de Chartres sortirent de la ville pour aller à sa rencontre, et l'accueillirent
comme le libérateur attendu de tous.

Il est impossible, du reste, de se faire une idée exacte
aujourd'hui de l'enthousiasme que souleva par toute la
France cette guerre nationale. Les princes du sang, comme
de simples soldats, tenaient à honneur de combattre contre
Charles-Quint, sous les ordres du vaillant duc de Guise. Les
mémoires du temps nous apprennent que jamais général ne
se vit à la tête de tant de princes et de tant de gentilshommes de la plus haute distinction. C'était à qui obtien-
drait la faveur d'aller rejoindre le prince lorrain, et l'on vit
Jean de Bourbon comte d'Enghien, le prince de Condé son
frère, le prince de la Roche-sur-Yon, le duc de Nemours,
Horace Farnèse, le duc de Castro, servir dans son armée
comme simples volontaires. Les gentilshommes qui, pour
leur bon plaisir, vinrent défendre Metz étaient si nombreux,

qu'ils purent former plusieurs compagnies d'élite, dont chacune fit choix de son capitaine.

Parmi eux se trouvait le prince de Condé, alors, comme Coligny, grand admirateur de Guise, et, plus tard, un de ses plus terribles adversaires.

Il y avait entre François et le connétable grande rivalité. Le prince lorrain savait bien qu'il n'avait pas de secours à attendre de l'irascible et orgueilleux Montmorency; mais cette difficulté de plus était un nouvel aiguillon qui piquait son amour-propre. Il était sûr d'avance que, devant la postérité, il aurait seul la gloire d'avoir arrêté l'armée de Charles-Quint, n'ayant à attendre de ressources que de son propre génie.

La ville de Metz était démantelée et sans défense. Les Messins avaient si souvent changé de maîtres qu'ils n'en reconnaissaient plus aucun, et leur attachement pour leur ancienne patrie avait depuis longtemps disparu de leur cœur. Le premier acte de Guise fut donc de réveiller en eux leur ancien amour pour la France.

« Prenez votre rang, leur dit-il, dans une nation dont vous faisiez autrefois partie. Quand on a eu le bonheur d'être Français, peut-on cesser de l'être? Le roi veut vous traiter en père, l'Empereur veut vous traiter en maître; soyez l'honneur de la France et non la proie d'Allemagne[1]. »

La Moselle et la Seille, qui entourent en partie la ville, étaient les fortifications les plus naturelles contre l'assiégeant. Les remparts de Metz consistaient en une simple muraille et en un maigre bastion; les fossés étaient comblés ou occupés par des constructions particulières. Dans les magasins, point de poudre en état de servir, point de vivres, et une artillerie incomplète et hors de service; hors la ville, d'immenses faubourgs dont l'ennemi pouvait s'emparer et faire des camps retranchés. Tout autre que Guise aurait désespéré de la défense d'une ville aussi dépourvue de ressources. Le prince lorrain se mit immédiatement à l'œuvre. Il fit raser quatre faubourgs où s'élevaient de magnifiques monuments, presque tous ayant servi de palais aux rois de la première race et aux descendants de Charlemagne.

Dans l'un de ces monuments, l'église Saint-Arnould, reposaient les corps d'Hildegarde, épouse de Charlemagne; de Louis le Débonnaire, son fils, et dix ou douze autres princes

---

[1] Lacretelle.

du sang royal que les ducs de Lorraine se plaisaient à compter parmi leurs aïeux. Force lui fut de faire démolir également plusieurs monastères et maisons religieuses en grande vénération dans tout le pays. Pour prouver au peuple tout le regret qu'il éprouvait le premier à détruire ces antiques et pieux monuments, il ordonna non-seulement que les pierres ne fussent enlevées qu'une à une, afin de les conserver intactes pour des jours plus heureux, mais il se fit encore un devoir d'assister processionnellement, un cierge à la main, au transport de ces saintes reliques et des vases sacrés, qui furent déposés dans la cathédrale.

La ville n'avait pour défenseurs que douze enseignes d'infanterie nouvellement levée. Guise n'hésita pas. Il se fit sergent instructeur de ces nouvelles recrues. Ce ne fut qu'au commencement de septembre que la place fut renforcée par sa propre compagnie, par celle du duc de Lorraine, du prince de la Roche-sur-Yon, et par sept autres enseignes et par trois compagnies de chevau-légers.

Le 25 août, le roi lui écrivait pour lui manifester le contentement qu'il éprouvait. Guise s'était vu dans la nécessité d'avancer pour le roi une somme de cinq mille livres, afin d'obtenir des marchands mille pièces de vin et « certaine quantité d'autres vivres et munitions »; de plus, une somme de trois mille neuf cents livres pour achat de bœufs; enfin il engagea pour plusieurs mois son traitement de lieutenant général des Trois-Évêchés à divers fournisseurs. Il fallait relever les bastions et les remparts, déblayer les fossés, mettre enfin la ville en état de défense. A ce rude labeur de pionnier, il est encore le premier à se dévouer; dans son infatigable ardeur, on le voit sans cesse aux travaux de terrassement, donnant ordre à ses secrétaires de porter la hotte et de charrier les sacs de terre.

Il fit ensuite sortir de la ville toutes les bouches inutiles; mais, avant de forcer les habitants de quitter leur logis, il eut soin de faire dresser devant eux l'inventaire des objets qu'ils ne pouvaient emporter, afin qu'ils les trouvassent au retour dans le même état. Il garda avec lui soixante-dix prêtres et douze cents ouvriers de divers états pour pourvoir aux besoins de la ville. A tous les seigneurs il régla le nombre de valets et de chevaux dont ils avaient besoin. Une discipline des plus sévères fut mise en vigueur pour garantir les habitants qui restaient contre toute agression de la part des soldats. Défense fut faite, sous peine d'avoir le poing coupé, de mettre l'épée à la main pour querelle particulière. Toutes ces précautions, enfin, prises par le duc de Guise, tant au point de vue de la stratégie militaire que sous le rapport de la discipline des troupes, seraient dignes d'être conservées de nos jours, comme des exemples à suivre par les commandants des places assiégées.

Une triste et douloureuse nouvelle vint le frapper tandis qu'il était tout entier à ses préparatifs de défense.

Son frère le duc d'Aumale avait reçu ordre du roi et du connétable de surveiller le marquis de Brandebourg. Ce dernier, se sachant désormais hors d'atteinte de l'armée française, qui était à Reims, et reconnaissant l'impossibilité de pénétrer dans Metz ou d'entraver les projets du duc de Guise, allait opérer sa jonction avec l'armée de Charles-Quint, dont l'avant-garde était commandée par le duc d'Albe. D'Aumale devina ce projet, et il écrivit au roi pour lui demander un renfort de deux cents hommes d'armes. Quand il eut reçu ce renfort, que commandait de Bordillon, le duc d'Aumale envoya un trompette au marquis de Brandebourg, qui était au bourg Saint-Nicolas, près de Neufchâteau; mais le marquis, au lieu de faire la réponse qui lui était demandée, retint pendant deux jours auprès de lui le trompette prisonnier, afin qu'il ne pût rendre compte de ce qu'il avait vu dans le camp, et se prépara ouvertement à passer à l'ennemi. D'Aumale voulut alors lui barrer le chemin.

Le 28 octobre, le duc d'Aumale vint mettre sa cavalerie en ligne de bataille sur le haut de la petite montagne appelée la Croix-du-Moustier. Le marquis, voyant ses projets déjoués et dans l'impossibilité matérielle de fuir sans livrer combat, adressa une harangue à ses soudards pour les engager à passer sur le corps de la cavalerie française. La bataille eut lieu le lendemain, 29 octobre.

« Mes compagnons et mes amis, bataille! bataille! » s'écria d'Aumale en voyant les soudards allemands fondre sur sa cavalerie; et à la tête de ses gens d'armes et de ses gentilshommes, sans respect de sa vie, et l'épée au poing, il donna dans cette mêlée[1]. Mais ses troupes étaient insuffisantes et mal armées. D'Aumale, ayant eu un cheval tué sous lui, fut fait prisonnier. Sa compagnie fut faite également presque toute prisonnière, et un grand nombre de gentilshommes et d'enseignes furent tués dans cette défaite.

Dès lors la trahison du marquis de Brandebourg devint chose connue de tous, et ses troupes renforcèrent l'un des

_______________
[1] Aubertin.

camps impériaux qui devaient investir Metz. Guise aimait profondément son frère; et la nouvelle de cette défaite lui causa une grande douleur; mais son courage n'en fut point ébranlé; et il n'en mit que plus de persévérance et de ténacité à défendre la ville dont le commandement lui était confié. Voici en quels termes le cardinal Charles de Lorraine annonçait au duc la nouvelle de la défaite de d'Aumale. Cette lettre est datée de Reims, du 8 novembre 1552. « Monsieur mon frère, vous verrez ce que monsieur le connétable vous escrit présentement, en chiffres, à quoy je ne vous diray autre chose sinon que, puisqu'il a pleu à Dieu envoyer cet inconvénient à nostre frère, il le fault prendre en patience, vous assurant qu'il a faict sy grand devoir et acte d'homme de bien, qu'on ne luy sçauroit imputer qu'il y ayt eu de sa faulte; mais il a esté mal servy. »

Le connétable de Montmorency écrivit à Guise (Reims, 8 novembre 1552) une lettre pour lui raconter en détail la défaite de d'Aumale, et lui annoncer que le marquis Albert de Brandebourg avait rejoint l'Empereur le lendemain de cette bataille.

Guise était tenu au courant, presque au jour le jour, de tous les mouvements de Charles-Quint. Il savait que l'Empereur avait quitté Augsbourg le 30 août pour se rendre à Ulm, où il n'avait fait que passer deux à trois jours, et qu'ensuite il était allé à Spire, où il devait, avec les ducs de Saxe, d'Albe, de Nassau, et les princes et seigneurs allemands, se mettre en personne à la tête de l'armée qui devait assiéger Metz, envahir la Lorraine et ensuite la France.

# CHAPITRE III



Charles-Quint ne manquait pas d'une certaine fanfaronnade; il en avait fait preuve maintes fois dans ses discours contre François I⁰ʳ. On rapporte qu'en parlant de la ville qu'il allait assiéger avec toutes les forces de l'Empire, « il se proposoit de la battre de façon à la mettre sur la tête de M. de Guyse, faisant aussi peu d'estat de toutes les autres places que le roi pouvoit avoir par deçà. »

Le 15 septembre, Guise était prévenu que l'Empereur, avec toute son armée, était à quinze lieues de Metz, sur le territoire de Deux-Ponts (Bavière rhénane). Guise fit alors évacuer les troupes de cavalerie commandées par d'Entragues, de la Brosse et Biron, et les fit rentrer dans la ville après avoir donné ordre d'emporter tout le fourrage qui se trouvait dans le pays et de brûler le reste des récoltes ainsi que les granges, pour que rien ne tombât aux mains de l'ennemi. Toutes ces mesures, ainsi que celles qu'il prit plus tard pour faire pénétrer de nouveaux défenseurs dans la ville, lui méritèrent les vives félicitations de Henri II.

Le roi, du reste, nourrissait le secret dessein de se porter de sa personne au-devant de l'Empereur. « J'ai mandé mes pensionnaires, écrivait-il à Guise qui lui avait demandé des renforts, les deux cents gentilshommes de ma maison et les archers de ma garde, et dépesché vers mon cousin le duc de Vendomois, pour lui faire retirer son armée en France, affin de faire acheminer mes forces du costé où vous estes, en délibération de m'y trouver moy-même en personne. »

Guise reçut enfin, fort à propos, un envoi d'argent qui lui était devenu d'urgente nécessité.

Au commencement d'octobre, la ville était en état complet de défense, et, bien qu'elle dût être assaillie par une armée de plus de cent mille fantassins et de vingt-trois mille chevaux, de cent vingt pièces de canon et de sept mille pionniers, Guise avait pris ses dispositions de telle sorte, que sur chaque point Charles-Quint allait trouver devant lui d'énergiques et vaillants défenseurs.

La place était vaste et le nombre de ses défenseurs très-limité. « Afin que le trouble et l'incertitude dans l'action ne lui fissent rien perdre de ses forces, il avait d'avance divisé avec précision le soin de la défense entre ses principaux officiers : le duc d'Enghien et le prince de Condé commandaient depuis la porte Saint-Thibaut jusqu'à la Seille ; le prince de la Roche-sur-Yon garantissait le bas du pont de Bar ; le duc de Nemours, tout l'espace au delà de la Seille jusqu'à la Moselle ; le grand prieur avec d'Elbeuf protégeait le terrain borné par les moulins construits sur la première de ces rivières ; Strozzi, Montmorency et Durville défendaient la porte Moselle ; Gounor, le retranchement pratiqué à l'intérieur ; au duc de Castro était confié l'intervalle de la porte Champenoise à celle de Saint-Thibaut ; au comte de la Rochefoucauld et à Rendon les boulevards de la porte Moselle ; enfin, François de Vendôme, vidame de Chartres, avait sous sa garde le côté opposé, depuis la porte Champenoise jusqu'à Pontiffroy. La compagnie du duc de Lorraine et de Guise, ainsi que celle du sieur de Rendon, devaient, en cas d'alarme, se rendre, à pied et la pique au poing, à la place du Change, pour être employées selon le besoin[1]. »

---

[1] René de Bouillé.

La porte des Allemands à Metz au xvi<sup>e</sup> siècle.

Ce fut le 19 octobre que le duc d'Albe, avec une armée d'avant-garde de vingt-quatre mille hommes, vint camper à une lieue de Metz, au village de Sainte-Barbe.

Ce fut à peu près vers cette époque que Guise adressa les paroles suivantes à ses soldats : « Nous avons rempli la plus grande partie de notre tâche. Il était plus malaisé de construire en deux mois la place d'armes où nous sommes, qu'il ne nous le sera de la défendre pendant dix mois. Plus l'armée de l'Empereur se grossit, plus il est près du moment où les vivres lui manqueront. Une nouvelle armée lui arrive des Pays-Bas. Près de cent mille hommes seront sous ses ordres ; mais quelle saison a-t-il choisie pour les mettre en campagne ? Comment pourra-t-il les vêtir, les nourrir, et les solder ? Je me suis bien informé de ses moyens et j'en connais les bornes. Le roi vient de me faire demander dans quel temps je croyais nécessaire qu'il vînt à mon secours avec toute son armée. Avant de répondre j'ai parcouru encore une fois les lignes de cette place, j'ai visité mes magasins ; quant à votre courage, il m'est connu ; voici quelle a été ma réponse : *Je n'ai pas besoin d'être secouru avant dix mois.* »

Aussitôt arrivé devant les murs de Metz, d'Albe, avec sa précision et son habileté ordinaires, voulut reconnaître la place en poussant une vigoureuse reconnaissance à une faible distance de la ville. Strozzi et le capitaine Favart, avec huit cents arquebusiers et deux cents chevau-légers, allèrent à la rencontre et forcèrent l'ennemi à déguerpir de la montagne de Belle-Croix, après une escarmouche qui ne dura pas moins de six heures. « Dès cette première rencontre, les ennemis teindrent nos soldats en bonne réputation, ne leur ayant veu pour aucun danger reculer ou advancer le pas qu'en gens de guerre et bien asseurés ; qui fut un advantage, lequel monsieur de Guyse connoissoit estre requis, qu'un chef au commencement d'une guerre taschoit le plus qu'il luy seroit possible de gaigner[1]. »

On rapporte que ce fut alors qu'un esclave appartenant à Louis d'Avila, général de la cavalerie espagnole, se réfugia dans la ville assiégée sur un magnifique cheval appartenant à son maître. Cet esclave venait-il réellement chercher sa liberté dans le camp français, ou n'était-ce qu'un espion envoyé dans la ville ? Toujours est-il que quelque temps après le général d'Avila écrivait au duc de Guise pour réclamer l'esclave et le cheval. Guise fit rechercher le cheval et le ren-

---

[1] *Le Siége de Metz,* par Salignac.

voya au noble espagnol avec la lettre suivante : « J'ai fait chercher votre cheval, et je me fais un plaisir de vous le renvoyer. Quant au transfuge, il ne peut vous être rendu : tout esclave devient libre dès qu'il entre dans le royaume de France. J'exécute avec scrupule une loi si digne des chrétiens[1]. »

Avant l'arrivée de Charles-Quint, les Français firent encore de brillantes sorties contre les troupes du duc d'Albe et contre celles du marquis Albert de Brandebourg. La Roche-sur-Yon fit une sortie si terrible contre ce dernier, que, dans sa fureur, le marquis menaça de tuer à coups de poignard le duc d'Aumale, qu'il tenait prisonnier.

Le 20 novembre, Charles-Quint se présenta à son tour devant Metz. Malade de la goutte, il ne pouvait se tenir sur ses jambes. « Il avoit le visage fort pâle et défait, les yeux enfoncés, la tête et la barbe blanche. A sa venue il se feist une grandissime salve d'arquebuses, artillerie ; le bruit desquelles fut cause de faire mettre toute la ville en armes[2]. »

L'arrivée de l'Empereur fut le signal de l'attaque. L'artillerie de siége tira contre la ville, en une seule journée, quatorze mille coups de canon. Cette vive canonnade ne produisit pas toutefois les effets auxquels s'attendaient les assiégeants.

Charles-Quint et le duc d'Albe avaient surtout dirigé les coups de leur artillerie sur une vieille muraille située entre la porte Champenoise et la plate-forme Sainte-Marie. Le 26 du mois de novembre, la vieille muraille s'écroulait dans le fossé, ouvrant ainsi une large brèche aux assiégeants. Espagnols et Allemands font entendre alors de bruyantes exclamations de joie et se préparent à l'assaut. Mais lorsque la poussière que cette muraille, en s'écroulant, avait soulevée se fut dissipée, les ennemis s'aperçurent avec stupéfaction que derrière le vieux rempart se dressait une nouvelle fortification élevée comme par enchantement. Aux cris de triomphe qu'avait d'abord poussés l'ennemi, les Français répondirent par des cris de raillerie tels que : « Au régnard ! au régnard ! » et par des injures que Guise fit cesser aussitôt, dans la crainte que quelque traître ne profitât de ce tumulte pour transmettre des avis aux assiégeants.

Guise poussait encore les travaux de défense, excitant les travailleurs par des paroles d'encouragement et par de brillantes promesses. Il communiquait à tous son entrain, sa

1 Salignac.
2 Bref Discours du siége de Metz.

confiance et sa gaieté. « Si l'Empereur nous envoie des pois, avait-il dit, nous lui enverrons des fèves. »

Lorsque les Impériaux eurent fait brèche dans la vieille muraille, Guise, au lieu d'être affecté, montra, par les paroles suivantes, combien était grande sa confiance en lui-même et dans les troupes qu'il commandait : « Je me réjouis, dit-il en désignant la brèche large de quatre-vingt-dix pieds, je me réjouis de voir que les ennemis ont enfin renversé cette barrière qui arrestoit votre valeur et qui leur estoit plus utile qu'à vous. Il est bien juste qu'après que vous les avez esté si souvent chercher jusque dans leur camp, ils viennent du moins une fois recognoître ceste ville qu'ils s'estoient vantés d'emporter si facilement. Voici une occasion d'acquérir de la gloire qu'ils ne vous offriront pas souvent. Profitez-en, et apprenez à toute l'Europe, dont les yeux sont maintenant ouverts sur vous, qu'il n'a pas été impossible à un petit nombre de François d'arrester un empereur qui les assiégeoit avec trois armées, et qui se vantoit de n'avoir pu être arresté par les colonnes d'Hercule[1]. »

Ces paroles mirent à son comble l'enthousiasme des combattants ; et lorsque Charles-Quint fit porter ses troupes en avant, celles-ci n'osèrent plus avancer en voyant l'énergie avec laquelle elles étaient attendues par les Français, à la tête desquels il était facile de distinguer le duc de Guise en personne.

En vain Charles-Quint, pour rallumer le courage de ses soldats, s'était-il porté au milieu de leurs rangs. Mais ils n'écoutent plus la voix de leur empereur, et au lieu d'avancer ils reculent. « J'ai été autrefois suivi dans les combats, dit Charles-Quint le cœur navré ; mais je vois que je n'ai plus d'hommes autour de moi ; il me faut dire adieu à l'Empire et me confiner dans quelque monastère ; avant trois ans je me rendrai cordelier. »

Tandis que Guise, toujours sur la brèche, faisait face à tous les dangers, déjouant toutes les ruses de l'ennemi pour tenir en échec la puissante armée de Charles-Quint, le connétable de Montmorency quittait la Lorraine et venait en Artois pour s'emparer d'Hesdin, qui était retombé au pouvoir des Flamands. Mieux défendues, Toul et Verdun, que commandaient le duc de Nevers et le maréchal de Saint-André,

---

[1] Allusion à l'emblème adopté par Charles-Quint, savoir : deux colonnes (allégoriques de celles d'Hercule) avec le mot *ultra,* signifiant qu'il les avait dépassées en portant au delà de Cadix ses armes conquérantes en Afrique.

étaient toujours en notre possession. De ces deux places fortes, Nevers, Saint-André et Vieilleville faisaient, à la tête de leur cavalerie, de vigoureuses charges contre les Impériaux, dont ils interceptaient les convois et auxquels ils faisaient nombre de prisonniers. Les paysans lorrains, de leur côté, accueillaient à grands coups de faux les maraudeurs du marquis de Brandebourg, qui, poussés par la famine, désertaient leur camp pour ravager les pays voisins. Le froid, la maladie, le manque de vivres décimaient chaque jour l'armée de Charles-Quint.

Mais les assiégés, eux non plus, n'étaient pas exempts de misères. Les vins commençaient à diminuer, et les blessés mouraient presque tous faute de soins nécessaires. Guise put faire parvenir au roi une lettre dans laquelle il lui peignait sa situation ; et en retour le roi lui envoya l'habile Ambroise Paré, ainsi que l'apothicaire Dègues. Saint-André et Vieilleville achetèrent pour une somme de 1500 écus un capitaine italien qui, d'accord avec quelques officiers de la compagnie du duc de Guise, fit pénétrer dans la nuit Ambroise Paré et son bagage médical[1].

L'Empereur résolut de tenter un dernier effort pour s'emparer de cette ville qu'il s'était flatté de mettre sur la tête du duc de Guise, et qui était si grande et si à fleur des fossés qu'il ne pouvait s'expliquer comment on n'y entrait point. (*Mémoires de Vieilleville.*) Cette fois c'est du côté de la tour d'Enfer qu'il tourne les foudroyantes décharges de sa puissante artillerie. Guise défend la tour en faisant combler sa première voûte et en contre-minant les travaux des assiégeants. Il lance ensuite contre les Impériaux la Brosse, Saint-Luc et le capitaine Lanque avec cent cinquante hommes d'armes et une compagnie d'arquebusiers. C'est le 1er décembre, par le pont des Morts et par le pont Tiffroy, que se fit cette vigoureuse sortie. Les hardis capitaines, à la vue des trois camps, poussèrent leurs troupes jusque dans les tentes du marquis de Brandebourg. Les Français arrivèrent comme une avalanche ; Albert fut atteint d'un coup de lance par le baron de Torsy, et un convoi de vivres destiné au marquis fut enlevé et emmené dans Metz. Deux cents ennemis périrent dans cette charge vigoureuse. Au même instant, Vieilleville, avec ses cavaliers, faisait éprouver une sanglante défaite aux autres troupes du margrave retirées dans le village de Rougericules.

[1]. Ambroise Paré a laissé de son voyage à Metz un récit dans lequel nous avons puisé plusieurs documents pour écrire cette histoire.

Le lendemain, 2 décembre, l'Empereur Charles fit mettre sur pied soixante mille hommes de son armée et résolut de tenter l'assaut. Le grand empereur d'Allemagne se fit transporter de sa personne au milieu de ses soldats, autant pour leur donner lui-même les ordres de l'attaque que pour les encourager de sa présence. Guise, qui prévoyait que le moment était décisif, fit ranger à son tour son armée en bataille et la plaça sur les remparts de la ville. Princes et capitaines étaient debout à leurs postes, la pique ou l'épée au poing. Guise était au milieu d'eux, calme et intrépide, défiant l'Empereur.

Une embuscade était préparée du côté de la porte Moselle. Le prince lorrain la déjoua en faisant opérer par sa cavalerie une vigoureuse sortie de ce côté.

Quand les soixante mille hommes que commandait Charles-Quint se trouvèrent sous les remparts, et qu'ils virent devant eux l'armée française couverte d'armures étincelantes, pleine d'ardeur martiale et joyeuse de livrer bataille, ils se sentirent sans force et sans courage. En vain Charles-Quint traverse leurs rangs, exhortant les uns, menaçant les autres; tous restent immobiles. Le puissant monarque, comprenant l'inutilité de ses efforts, courbe la tête et retourne dans son camp la mort dans le cœur. Ce fut le dernier acte de cette brillante épopée.

Cependant Guise ne pouvait croire encore à son succès définitif. Les canons continuaient à battre les remparts, et, bien que sans effet, leur feu était assez nourri.

« On m'a assuré, écrivait-il le 5 décembre au cardinal son frère, qu'ils sont sous terre, qu'ils la veulent miner; nous sommes en beaucoup d'endroits, attendans, et trouvons de l'eau presque partout qui leur sera très-contraire à leur entreprise... Conclusions, nous ne dormons pas plus qu'eulx; plus on va en avant, et se cognoist que ce vieillart[1] est obstiné; mais j'ai espérance en Dieu et aux gens de bien qui sont icy, *qu'il n'y fera non plus que devant Metz*, qui est l'ancien mot du païs. » — « Je vous supplie, disait-il ensuite, monstrer ceste lettre au roy et luy présenter mes très-humbles recommandations à sa bonne grâce. Vous en prendrez, s'il vous plaist, votre part, et monsieur le connestable aussi; le pouvez asseurer ses enfants estre en bonne santé, et que d'Anville sçait aussi bien porter la hotte et mieulx qu'escripre... Nostre mère aura sa part de ceste lettre et les très-humbles recom-

---

[1] Charles-Quint.

mandations de ses trois enfants qui sont icy, esquelles ne voulons oublier nos femmes. Nostre frère d'Aumale a esté mené par les gens du marquis en une de ses villes [1]. »

La saison était rude et les vivres manquaient dans le camp des Impériaux, qui, malades et découragés, désespéraient de prendre d'assaut ou autrement la place de Metz, si énergiquement et si prudemment défendue par son intrépide général.

Le 26 décembre, Charles-Quint reconnut la nécessité d'abandonner son entreprise et fit transporter son camp, ainsi que son artillerie, de l'autre côté de la Moselle. En prenant cette résolution, qui était pour lui l'aveu d'une honteuse défaite, il laissait échapper ce cri de douleur : « Je vois bien que la fortune ressemble aux femmes, elle préfère un jeune roi à un vieil empereur [2]. »

Le duc d'Albe et Marignan levèrent aussi leur camp, mais dans la nuit et en silence, et « presque chassés de punition divine », dit François Rabutin. Ils abandonnèrent toutes leurs munitions et leurs tentes, ce que nous avons peine à nous expliquer, surtout de la part du duc d'Albe.

Guise avait écrit à son frère « que tant que l'Empereur auroit vie, il ne voudroit recevoir cette honte de partir avant qu'il en voie la fin ». Le lendemain du jour où il écrivit ces lignes, il eut la joie de voir, du haut des remparts de Metz, que les Espagnols et les Italiens avaient entièrement évacué leurs positions. Il ne restait devant la ville que le marquis de Brandebourg. Le farouche huguenot ne pouvait se résoudre à battre en retraite. Guise l'y contraignit en balayant son camp à coups de coulevrines et de fauconneaux, qu'il plaça dans une petite île de la Moselle, au-dessus du pont des Morts, nommée *pré de l'Hôpital*.

Le 8 janvier, le margrave levait le camp à son tour et allait rejoindre les épaves de l'armée de Charles-Quint.

François de Guise venait d'attacher son nom à l'histoire et de se placer au premier rang des grands capitaines de son époque, par la bravoure et les hautes capacités militaires dont il avait fait preuve pendant ce siége mémorable. Mais, s'il eut la gloire de vaincre le grand empereur Charles-Quint et le grand duc d'Albe, il attacha à son nom et fit rejaillir sur toute la France une réputation de magnanimité qui rehausse encore son prestige et celui de notre patrie.

_______________

[1] MM. Gaignières, v. 338, fol. 47.

[2] Selon d'autres historiens, il dit : « La fortune ressemble aux femmes, elle n'aime pas les cheveux blancs.

Dans leur précipitation à lever leur camp, les Impériaux avaient abandonné des blessés et des malades à une mort certaine. Guise aussitôt leur fait prodiguer tous les soins que réclame leur situation, et les entoure de la même sollicitude dont il était si prodigue envers ses soldats. Quand il les eut ainsi soignés et guéris, il fit plus encore, il leur donna de l'argent pour regagner leur patrie.

Le duc d'Albe traînait à sa suite une longue file de malades et de blessés. Guise fit offrir au général espagnol des bateaux pour transporter ses blessés à Thionville.

La Roche-sur-Yon, frère puîné du duc de Montpensier, poursuivait avec sa cavalerie, forte seulement de trois à quatre mille hommes, l'armée de Charles-Quint, réduite à cinquante mille fugitifs; à la queue de l'armée était un détachement de cavaliers allemands, protégeant une longue file de chariots chargés de malades et de blessés. Se voyant attaqué et se sachant incapable de résistance, le capitaine allemand sortit des rangs et s'écria : « Seigneurs français, n'est-ce pas pour l'honneur que vous combattez? — Oui ! répondirent officiers et soldats. — Eh bien, reprit le capitaine, s'il en est ainsi, retirez-vous, car vous n'auriez nul honneur à combattre contre des mourants. » Les Français le laissèrent passer et retournèrent sur leurs pas.

Nous pouvons répéter avec Lacretelle : « Lorsque toutes les nations de l'Europe auraient fait l'énumération de ce qu'elles avaient inventé à cette grande époque de créations merveilleuses, les Français auraient pu dire : Nous avons inventé, nous, l'art d'adoucir les maux de la guerre. »

Plus de trente mille ennemis étaient morts sous les murs de Metz. La ville avait soutenu un siége de soixante-cinq jours, et arrêté devant ses murs une armée de cent vingt mille hommes qui devaient envahir la France.

Guise, en cette occasion, déploya toutes les ressources de son génie et toutes les nobles qualités de son cœur. Après la levée du siége, voulant rendre grâce à Dieu de la protection qu'il lui avait accordée, il ordonna, pour le dimanche 15 janvier, une procession du clergé, des couvents et des colléges, à laquelle il assista lui-même, suivi des princes, seigneurs et gens de guerre, « en toute dévotion, » et qui se termina par un feu de joie où furent consumés les livres de la doctrine de Luther trouvés dans la ville.

Le 7 janvier 1553, aussitôt qu'il fut instruit du départ de l'Empereur, Henri II voulut faire savoir à Guise « l'ayse et le plaisir qu'il en a eus et le contentement qui lui demeure

de ce digne et notable service, en attendant qu'il le puisse
veoir pour le lui déclarer plus avant[1] ».

Les poëtes du temps ont chanté à l'envi cette page glorieuse de notre histoire. Ronsard, le gracieux conteur du
XVIe siècle, fait ainsi parler le duc de Guise sur les remparts de Metz :

> Sus, courage, soldats, sus, sus, monstrez-vous or
> De la race d'Hercule et de celle d'Hector :
> Hercule, après avoir l'Espagne surmontée,
> Vint en Gaule espouser la reine Galatée,
> Dont vous estes issuz; puis le Troien Francus,
> Seul héritier d'Hector, quittant les murs vaincus
> D'Ilion cent ans après, avec l'Herculienne.
> Pour ce, amis, prenez cœur, imitez vos aïeux.
> Encore Dieu nous aime, encore Dieu ses yeux
> N'a détourné de nous ny de nostre entreprise.

Un soudard a chanté ainsi la levée du siége :

> Pour conclusion ont levé
> Devant Metz l'artillerie
> Et tout le camp ont fait marché,
> Qui leur est grande moquerie.
> De noble seigneur de Guise
> Sur la queue leur fit aller
> Grand nombre de cavallerie
> Pour les apprendre à cheminer.

La levée du siége de Metz fut le signal en France de réjouissances publiques. Pour perpétuer le souvenir de ce haut
fait d'armes, diverses médailles furent frappées, les unes en
l'honneur de Henri II et du duc de Guise, les autres dans un
style satirique et tournant Charles-Quint en dérision.

Le roi écrivit de sa propre main des lettres de félicitation
à tous les officiers qui avaient soutenu Guise dans sa vail-
lante entreprise; et lorsque ce dernier reparut à la cour, le
roi voulut venir à sa rencontre et lui dit, après l'avoir embrassé et l'avoir nommé son frère : « Vous m'avez vaincu
aussi bien que l'Empereur, par les obligations où vous m'a-
vez engagé. »

Le parlement, où il s'était rendu le 20 février avec le
cardinal son frère, le remercia solennellement de tout ce qu'il
avait fait pour la défense de Metz, pour repousser l'armée de
l'Empereur et pour le service du roi et de la république.

Guise voyait ainsi son nom entouré d'une popularité pres-

---

[1] MM. Gaiguières, v. 405, fol. 89.

que sans exemple. En arrêtant l'armée de Charles-Quint sous les murs de Metz, il avait préservé la France d'une nouvelle invasion ; il avait assuré la possession des places conquises par l'armée royale au début de la campagne, et replacé la Lorraine sous la protection des rois de France. Depuis Marignan, jamais campagne ne fut plus brillante pour nos armes ni suivie de plus heureux effets.

Charles-Quint, irrité de l'échec qu'il venait de subir, se préparait à une éclatante revanche.

Tandis qu'en France la cour était en fête à l'occasion du mariage de Diane d'Angoulême, fille naturelle du roi, avec Horace Farnèse, duc de Castro, les Impériaux faisaient le siége de Thérouanne. François Ier avait coutume de dire que Thérouanne en Flandre et Acqs dans la Guyenne étaient les deux oreillers sur lesquels il pouvait tranquillement se reposer.

Trop enivré du succès que Guise venait de remporter dans la Lorraine, Henri II ne se rendit pas compte suffisamment des dangers qu'il courait dans le Nord, et se borna à envoyer dans Thérouanne quelques renforts insuffisants, sous la conduite de François de Montmorency, fils du connétable, jeune capitaine plus brave qu'expérimenté.

Ce fut au mois d'avril 1553 que le comte de Rœux, à la tête des Impériaux, se présenta devant Thérouanne. Le vieux d'Essaix, qui s'était illustré à Landrecies et pendant la guerre d'Ecosse, défendait cette place, communiquant à sa trop faible garnison son courage et son indomptable énergie. Mais, dans un assaut qui fut repoussé avec vigueur, le valeureux d'Essaix tomba frappé à mort, et François de Montmorency prit le commandement de la place. Le comte de Rœux, désespérant de prendre la ville de force, fit miner ses remparts, et les effets de la poudre furent tels, que le 20 juin on eût pu y pénétrer à cheval.

Dès lors toute résistance devenait impossible, et François de Montmorency dut songer à capituler ; mais, dans son inexpérience, ayant négligé de demander une trêve, pendant qu'il discutait les termes de la capitulation, les Impériaux se ruèrent dans la ville, tuant sans pitié tout ce qui se présentait sous leurs coups, sans égard pour l'âge ni pour le sexe. Le carnage devenait horrible, et toute la population eût été immolée par cette soldatesque altérée de sang et de pillage, lorsque quelques officiers espagnols, se souvenant de la noble conduite du duc de Guise, arrêtèrent le massacre en s'écriant : « Bonne guerre, compagnons ! souvenez-vous de la courtoisie de Metz ! » Ainsi, par sa grandeur d'âme et sa chevaleresque attitude à l'égard des vaincus, des malades et des blessés, Guise forçait l'ennemi à suivre son exemple et servait à son tour d'égide à ses compatriotes malheureux.

L'Empereur, qui était à Bruxelles lorsqu'il apprit la prise de Thérouanne, ordonna, en signe de réjouissance, qu'on fît des feux de joie dans toute la Flandre, qu'on sonnât les cloches et qu'on tirât le canon. Rabutin dit « que la prise de cette ville l'enivra comme si c'eust esté l'empire de Constantinople ». Thérouanne fut, dans l'espace d'un mois, dévastée, démolie et rasée.

Le vieux Hesdin, où commandait le maréchal de Lamarque, capitaine sans valeur et sans talents, subit le même sort que Thérouanne[1].

C'était ensuite sur Doullens que le prince Philibert-Emmanuel de Piémont se dirigeait, lorsque fort heureusement le connétable de Montmorency, vaillamment soutenu par le duc de Nemours, le prince de Condé et le maréchal de Saint-André, attaqua les Impériaux sur les bords de la Somme et les força à battre en retraite. Il était temps que l'armée française sortît de son inertie et reçût les renforts que les Suisses avaient promis.

Pas plus que ses prédécesseurs Charles VIII et Louis XII, et que son père François Ier, Henri II n'avait renoncé à conquérir le Milanais et le royaume de Naples. En Italie, comme dans le nord de la France, la guerre se poursuivait donc avec un implacable acharnement.

Sur la Méditerranée l'amiral Dragut, avec quatre-vingts galères ottomanes, aidait les Français qui, après avoir ravagé les côtes de la Calabre, s'étaient jetés sur la Corse, dont ils conquirent une partie et d'où ils se retirèrent après s'être chargés de butin.

Blaise de Montluc défendit pendant neuf mois la ville de Sienne, qu'assiégeaient les Impériaux. Cette défense énergique lui valut plus tard le bâton de maréchal. En Piémont, le maréchal de Brissac s'immortalisait, moins peut-être par ses succès, quoiqu'ils fussent éclatants vu l'insuffisance de ses troupes, que par l'austère discipline qu'il établit dans son armée et par la noblesse de son caractère. Pour le récompenser, le roi lui envoya sa propre épée en lui écrivant : « L'idée que j'ai de votre mérite a passé jusque chez les

---

[1] Ce fut au siége d'Hesdin que mourut Horace Farnèse, duc de Castro, marié depuis un mois à peine.

étrangers. L'Empereur dit qu'il se feroit monarque du monde
entier s'il avoit un Brissac pour seconder ses desseins. » Ses
troupes pourtant se mutinèrent un jour, se plaignant de ne
point recevoir de solde. « Vous trouverez toujours du pain
chez moi, » leur dit-il ; et avec la dot de sa fille il paya la
dette de la France.

Les chances de revers et de succès se balançaient avec
d'égales alternatives en Italie et dans les Flandres, lorsque le
roi, laissant la régence à Catherine de Médicis, vint de sa
personne prendre le commandement de l'armée du Nord,
ayant pour principaux lieutenants Guise, le prince de la
Roche-sur-Yon, le duc de Ferrare, le maréchal de Saint-
André et l'amiral de Coligny.

Guise, qui avait sous ses ordres, « avec deux régiments
de gendarmerie, environ mille à douze cents chevaux, tant
de cavalerie légère que des nobles et dix enseignes d'infanterie française, partit le 2 septembre pour descouvrir et
escumer les lieux suspects et dangereux [1]. »

Arrivé dans l'Artois, il espérait forcer l'Empereur à livrer
bataille ; mais Charles-Quint, qui avait attiré les Français du
côté où il voulait, se retira quand ils furent arrivés, et les
troupes des deux monarques furent obligées de rentrer dans
leurs quartiers d'hiver.

Le roi avait hâté ses préparatifs de guerre sur la nouvelle
des événements qui se passaient de l'autre côté de la Manche.

Le jeune Édouard VI venait de mourir sans avoir régné,
laissant la couronne d'Angleterre à sa sœur, la trop célèbre
Marie Tudor, que les auteurs protestants, pour innocenter la
cruelle Élisabeth, ont surnommée *la Sanglante*. Marie était
fille de Henri VIII et de Catherine d'Aragon, et avait plus de
trente-huit ans lorsqu'elle monta sur le trône. Elle tenait de
son père un caractère dur et hautain. Proche parente de
Charles-Quint, elle rechercha l'alliance de l'Espagne en donnant sa main à Philippe, son neveu à la mode de Bretagne
et fils de l'Empereur. Philippe avait douze ans de moins que
sa femme et était veuf de Marie de Portugal, qui donna le
jour au malheureux don Carlos.

Le cardinal Pool, frère d'Édouard IV, fut en cette occasion
envoyé à la cour de Rome, afin d'aider la reine dans le rétablissement de la religion catholique en Angleterre. Dans le
cours de sa mission auprès du pape, le cardinal entreprit
aussi de négocier la paix entre Charles et Henri II. Il se

_______
[1] Rabutin.

transporta auprès de chacun des souverains, et il en tira la promesse qu'ils conviendraient d'une trêve en attendant la paix. Cette nouvelle causa en France la plus vive allégresse ; mais le roi ne vit dans l'empressement que mit l'Empereur à accepter cette trêve, que l'intention dans laquelle il était d'en profiter pour attendre le moment où son fils, solidement assis sur le trône d'Angleterre, pourrait lui envoyer de puissants secours en hommes et en argent. Pour prévenir l'Empereur, le roi mit sur pied ses trois armées, donnant à chacune une destination différente.

Le prince de la Roche-sur-Yon, qui commandait la première, pénétra dans l'Artois ; le connétable vint assiéger Avesnes ; et le duc de Nevers se jeta dans les Ardennes afin de protéger la Champagne. Ce dernier, après avoir défait les Impériaux, rejoignit le connétable, qui, quittant Avesnes, s'était porté rapidement sur Marienbourg, bâtie par la gouvernante, et s'en était emparé en trois jours d'une attaque très-vive [1]. »

Les trois armées commirent de sanglantes représailles dans le Cambrésis et le Hainaut, pour punir la reine de Hongrie des ravages que ses troupes avaient faits l'année précédente dans la Picardie [2].

L'armée royale, suivie à distance par les Impériaux, qui n'osaient livrer combat, vint menacer tour à tour Mons en Hainaut, Avesnes, Landrecies, le Quesnoy, Valenciennes et Cambrai. Le 4 août, l'armée revenant de Crèvecœur, près de Cambrai, passa devant Bapaume, où elle fut saluée à coups de canon. Le roi n'entreprit point le siége de cette place ; et, quatre jours plus tard, le 8 août, laissant Doullens et Hesdin à gauche, et Thérouanne à droite, il vint camper à Fruges, à quelque distance du château de Renty.

Par sa position, ce château commandait à la fois la frontière de l'Artois et une partie du Boulonnais. Construit au milieu de marais, et défendu par une petite rivière nommée

---

[1] Anquetil.

[2] Rabutin raconte dans ses commentaires que, le 27 juillet, l'armée française ayant commencé à faire son entrée dans le Hainaut si furieusement, que toute la contrée fut ruinée et mise à perdition, cependant, dans le village de Jametz, le roi fit un acte d'un vertueux et très-chrétien prince. Un guidon de la compagnie de M. de Nevers lui apprit qu'une pauvre femme, son hôtesse, avait accouché d'un beau fils. Le roi voulut lui-même tenir l'enfant sur les fonts baptismaux et lui donner son nom. « M. le révérendissime cardinal de Lorraine fit le baptême. Je ne puis, ajoute Rabutin, assurer du présent que Sa Majesté luy fiet, seulement je sçay et voy qu'à la porte du logis fut escrit que c'estoit la maison où le roy avait chrestienté l'enfant, à ce qu'elle ne fust destruite et ruinée. »

l'Aa et par le bois Guillaume, il pouvait opposer une sérieuse résistance. Quand le roi fit sommer le gouverneur de se rendre, celui-ci répondit qu'il ne se rendrait jamais, assuré qu'il était des secours que l'Empereur lui amènerait bientôt. En effet, Charles-Quint, se décidant enfin à livrer bataille, venait d'ordonner à Gonzague, son principal lieutenant, de mettre ses troupes en ligne entre Merque et Fauquemberg, afin de pénétrer dans le bois Guillaume. C'était le seul point par lequel le château fût abordable; c'était aussi le seul point que le connétable de Montmorency eût négligé de défendre.

Trois semaines avant, le duc d'Aumale [1], à la tête de sa cavalerie légère, avait sauvé l'armée d'une embuscade que le connétable n'avait pas su prévoir. Guise comprit, avec sa grande sûreté de coup d'œil, la nouvelle faute que le connétable venait de commettre et résolut de la réparer.

L'Empereur avait fait avancer ses troupes dans le bois; mais Guise, qui avait veillé toute la nuit, ainsi que le prince de Ferrare, le duc de Nevers, l'amiral de Coligny, et le maréchal de Saint-André, avait placé environ trois cents arquebusiers, embusqués dans de petits ravins. A l'avant de ces arquebusiers, il avait mis à découvert une petite troupe de corselets, chargée d'attirer l'ennemi dans l'embuscade qu'il lui préparait. Les Impériaux s'engagèrent dans le bois, qu'ils croyaient peu défendu, tombèrent en plein dans l'embuscade que Guise leur avait ménagée, et furent obligés de battre en retraite en laissant un grand nombre des leurs.

Le 13 août, à midi, l'Empereur fit décharger une volée d'artillerie pour prévenir les assiégés de sa présence et des secours qu'il leur apportait. Contre l'avis de plusieurs de ses capitaines, il se prépara dès lors à gagner le bois Guillaume. Il lança dans ce bois toutes les compagnies de gens de pied qu'il croyait les plus expérimentées, c'est-à-dire environ quatre mille arquebusiers, quelques corselets et piquiers pour les soutenir, deux mille chevaux et trois ou quatre pièces de campagne, portées sur quatre roues pouvant promptement tourner à toutes mains, et qu'on appela depuis pistolets de l'Empereur. La cavalerie légère, qui devait soutenir l'infanterie, était sous les ordres du duc de Savoie, et les arquebusiers sous le commandement de Gonzague. Le long du

---

[1] D'Aumale venait enfin d'être rendu à la liberté, en vertu d'un traité signé le 4 avril 1554, et moyennant une rançon de six mille écus. Ce fut la duchesse de Valentinois, sa belle-mère, qui paya cette somme avec l'argent qui lui était revenu des confiscations opérées sur les réformés.

coteau, près de ce bois, descendant vers Fauquemberg, marchaient un bataillon d'Allemands et environ deux mille reîtres, conduits par le comte de Nassau et le maréchal de Clèves. Ces troupes d'élite avaient promis à l'Empereur de passer ce jour-là sur le ventre de la gendarmerie du roi.

Les arquebusiers espagnols, en entrant dans le bois, se rencontrèrent avec trois cents des nôtres, qui les reçurent, dit un naïf historien, « avec autant de bonne volonté que la première fois. » Cependant Guise jugea prudent de donner avis au roi que, d'après la fureur avec laquelle les Impériaux étaient venus au combat, la journée ne se passerait pas sans bataille. Il fit ensuite retirer ses arquebusiers, et, s'adressant à ses compagnons, il s'écria : « Que Dieu leur faict veoir le jour auquel ils peuvent faire un bon service à leur roy, là présent, qui ne manquera pas de les recoignoistre à l'advenir ; qu'ils ont en main une occasion très-favorable de terminer ceste longue guerre par une belle victoire, et que par ce moien leurs noms se rendront formidables à toutes les nations, et leur mémoire sera célébrée par la postérité à jamais. »

Le roi lui avait fait répondre que « si l'occasion se présentait de recevoir la bataille, il ne la refusât point ».

Le connétable venait de passer la rivière de l'autre côté de la forêt, et Henri II avait fait informer les Suisses, chargés de l'attaque du fort, qu'il les soutiendrait de sa personne à la tête de sa cavalerie pour vaincre ou mourir avec eux.

L'attaque du côté du bois, où l'ennemi venait de s'engager, fut soudaine et terrible. Guise chargea lui-même avec sa compagnie d'hommes d'armes, soutenu par le comte de Tavannes, tandis que le duc de Nemours attaquait l'ennemi en flanc. Mais à cette première charge, les nôtres se voient repoussés de tous côtés, laissant sur le champ de bataille grand nombre de morts et de blessés. Ils allaient battre en retraite, lorsque Guise les rallie et les ramène au combat. Son frère, le grand prieur, le prince de Ferrare, Tavannes, le duc d'Aumale et Coligny secondent ses efforts et retournent à l'ennemi avec une rare impétuosité. Coligny surtout, avec sa cavalerie légère, charge avec une telle vigueur, qu'il met en complète déroute ces fameux reîtres allemands, qui, avec leur visage barbouillé de noir pour se rendre plus terribles, devaient passer sur le ventre à la gendarmerie française. Les pertes de l'ennemi furent d'environ deux mille morts.

Espagnols et Français se sont attribué la victoire : les Fran-

cais, parce qu'ils restèrent maîtres du champ de bataille ; les
Espagnols, parce qu'ils parvinrent à faire pénétrer des renforts dans le château de Renty. Si la victoire, en effet, ne
fut point décisive de notre côté, ce fut la faute du connétable, qui, jaloux de la gloire de Guise, n'envoya point à ce
dernier les renforts qui lui auraient été nécessaires pour
poursuivre l'armée de Charles-Quint et achever de la tailler
en pièces.

C'est de la bataille de Renty que date une inimitié dont
les suites devaient être si funestes à la France. Certes, Coligny fit preuve, en cette affaire, d'une grande bravoure que
nul ne songeait à lui contester, le duc de Guise moins que
tout autre. Mais le connétable, jaloux de la renommée du
prince lorrain, voulut encore, devant le roi, faire rejaillir
sur son neveu toute la gloire de cette journée. Brantôme a
dit : « C'est une chose assez certaine et publique que M. de
Guise fut le principal auteur de la victoire, autant pour sa
belle conduite et sagesse que pour sa vaillance. Ç'a esté le
premier et seul des nostres qui commença à bien cognoistre
et estriller les reytres, et monsieur son fils, le dernier et
seul. » Ce fut sous la tente du roi que les dissentiments éclatèrent entre Coligny et François de Lorraine.

L'amiral, chose surprenante, étant connue la droiture de
son caractère, insinua et répandit le bruit que pendant le
combat Guise n'avait pas été à la place où il aurait dû se
trouver. Le duc, ayant appris ces calomnies, regardant l'amiral avec une noble fierté : « Ah ! mordieu ! s'écria-t-il, ne me
veuillez point oster mon honneur.

— Je ne le veux point, répondit l'amiral.

— Et vous ne le sçauriez, » répliqua Guise en mettant
l'épée à la main. Coligny en fit autant, et des menaces ils
allaient passer aux actes, lorsque les assistants les contin-
rent et que le roi, pour apaiser les deux combattants, les
força à s'embrasser devant lui, et leur fit jurer de vivre désormais en bonne intelligence. Mais il n'y eut plus, dès ce
jour, aucune amitié entre les deux puissants rivaux. Ainsi
que le dit de Bouillé, l'intimité qui existait entre eux depuis
leur jeunesse, au point qu'ils ne pouvaient vivre l'un sans
l'autre, portant les mêmes couleurs et s'habillant de la
même manière, fit place aux sentiments d'une rancune profonde que les événements devaient développer et porter au
comble de la haine.

On sait combien cette haine a été fatale à la France.
Doués l'un et l'autre de qualités éminentes et d'une grande

supériorité, ils ne tardèrent pas à devenir les chefs des factions qui déchirèrent le sein de la patrie.

Guise, dans cette journée, dont l'honneur lui est resté tout entier dans l'histoire, non-seulement se distingua par ses talents et par sa' bravoure, mais encore eut l'occasion de montrer un des beaux côtés de son caractère si chevaleresque.

Entraîné par son courage pendant l'attaque, un jeune gentilhomme nommé Saint-Fal était, malgré les ordres de son chef, sorti des rang pour attaquer plus tôt l'ennemi. Guise, emporté par un brusque mouvement, ramena le bouillant gentilhomme dans les lignes qu'il devait occuper, en lui donnant un coup de plat d'épée sur l'épaule. Après la bataille, Guise apprit que Saint-Fal se plaignait de la façon humiliante dont il avait été traité. Le prince lorrain fit venir le gentilhomme dans la tente du roi, et, devant tous les officiers réunis, il fit ainsi ses excuses : « Vous ne devez pas estre fasché, lui dit-il publiquement, du coup d'épée qu'il m'est échappé de vous donner, puisque, bien loin de vous estre désavantageux, il fait voir combien vous aviez d'ardeur pour aller au combat. J'en prends à témoin tous ces messieurs qui sont icy, et je vous prie que nous vivions amis comme auparavant. »

Une autre fois, Guise n'hésita pas à offrir à un officier sous ses ordres, qui se croyait également offensé, la réparation que celui-ci réclamait.

La bataille de Renty ne fut qu'une brillante escarmouche, un beau fait d'armes inutile. La place fut secourue, et, quelques jours après, Henri II ramenait son armée en Picardie. Pour n'avoir point l'air de battre en retraite, Henri envoya un héraut à Charles-Quint pour le sommer de livrer bataille. L'Empereur fit répondre : « Cette bataille, je l'ai gagnée ; ne suis-je point entré dans la ville que vous assiégiez?

La campagne des Pays-Bas avait fait négliger à Henri l'armée de Piémont. Sienne, qui s'était livrée aux Français avec une confiance absolue, et qui avait vu arriver avec joie dans ses murs les deux nobles Toscans Pierre et Léon Strozzi, était assiégée par le marquis de Marignan, qui commandait les troupes de Côme de Médicis, allié de Charles-Quint.

Léon Strozzi avait été blessé mortellement dans une légère escarmouche, qui avait eu lieu au début du siége. Pierre écrivit au roi de France « pour l'informer qu'il ne pouvait tenir campagne et le servir efficacement »; en conséquence, il le « suppliait très-humblement de faire élection de quelque personnage, de qui Sa Majesté pût se fier tant qu'il serait en campagne ».

Après avoir reçu cette dépêche, Henri II appela le duc de Guise, le connétable de Montmorency et le maréchal de Saint-André pour nommer chacun un gouverneur. Le cardinal de Lorraine assistait au conseil.

Après que chacun des trois personnages eut fait son choix, le roi dit : « Vous n'avez point nommé Montluc. » Le duc de Guise répondit : « Il ne m'en souvenoit point. » Le maréchal de Saint-André fit de même, et Guise ajouta : « Si vous nommez Montluc, je me tais, et ne parleray plus de celui que j'ay nommé. — Ny moy aussi, » dit le maréchal, qui rapporta cette conversation à Montluc, et que celui-ci a relatée dans ses commentaires.

Le connétable seul résista au choix de ce brave officier, alléguant que Montluc « estoit trop bizarre, fâcheux et colère. — Nous ne l'avons jamais ouï dire, » répliquèrent le prince et le maréchal.

Le connétable ne se tenait pas pour battu; mais le cardinal de Lorraine appuya à son tour Montluc, et ce dernier fut désigné pour aller remplacer Strozzi dans Sienne.

Cet incident, peu grave en apparence, indique cependant les sentiments que commençaient à nourrir, l'un contre l'autre, Guise et Montmorency. Mais ce n'est qu'à de rares intervalles que François de Lorraine et l'irascible connétable laissaient percer leur jalouse inimitié. Les affaires de l'État les retrouvaient presque toujours d'accord. Leur correspondance témoigne de l'empressement qu'ils mettaient à se tenir mutuellement au courant de ce qui pouvait les intéresser. C'était par le prince lorrain que le connétable était instruit des dispositions de la reine de Hongrie en faveur de la paix, et des intrigues de Charles-Quint avec l'Angleterre contre la France et contre l'Écosse.

Lorsque Pierre Strozzi quitta Sienne, laissant le commandement de la ville à Montluc, celui-ci sut se montrer digne de la haute confiance dont il venait d'être investi. Intelligent et intrépide, il communiqua aux Siennois son énergie par son humeur gasconne et son esprit enjoué. Il n'est sorte de ressources dont il n'usât pendant dix mois que dura ce siége, pour déjouer les ruses de l'ennemi et pour faire prendre patience à la population.

La ville cependant dut capituler, n'ayant pu être secourue ni par Henri II ni par Pierre Strozzi, ce dernier s'étant fait battre par le marquis de Marignan, qu'il avait attaqué dans son camp de Marciano.

Montluc ne prit aucune part à la capitulation, ne voulant pas attacher son nom à un pareil acte, se réservant, si les conditions ne lui convenaient point, de sortir « à la désespérade », et montrant ainsi qu'il était issu de « ces belliqueux Romains, dont une colonie avait été envoyée en Gascogne, près des Pyrénées, dont il était natif ». Au nom du duc de Toscane, le marquis de Marignan signa les conditions les moins rigoureuses pour les habitants de Sienne, et les plus honorables pour les Français, qui évacuèrent la ville avec armes et bagages, « si petits qu'ils ne faisaient point nombre, » tambours battants et enseignes déployées. (22 avril 1555.)

Montluc alla rejoindre Strozzi, et ensuite revint en France, où il craignait fort la disgrâce du roi. Avant de se présenter à Henri II, il voulut voir Guise, qui l'accueillit les bras ouverts et ne pouvait se lasser de l'embrasser. Après cette entrevue si affectueuse, le prince conduisit Montluc dans la chambre du roi en s'écriant avec gaieté : « Sire, voilà votre homme perdu. » Henri II reçut Montluc avec bienveillance, lui reprochant de s'être laissé réduire à une extrémité si grande qu'il n'espérait plus le revoir. En récompense de sa noble conduite dans Sienne, Montluc reçut le collier de l'ordre. Les Guises et la duchesse de Valentinois ne furent point étrangers à cette flatteuse distinction.

Nous avons dit que le maréchal de Brissac opérait en Piémont. Si de ce côté encore l'implacable jalousie de Montmorency ne s'était pas fait sentir, le brave maréchal aurait pu venir au secours de Sienne. Mais, ne recevant qu'à de rares intervalles de très-faibles renforts, et complétement dépourvu d'argent, il se voyait dans l'impossibilité matérielle de livrer une bataille en règle, dont le résultat eût compromis le fruit de toutes ses conquêtes.

Avec ces illustres volontaires qui s'appelaient les princes d'Enghien et de Condé, les ducs de Nemours et d'Aumale, le vidame de Chartres, Bonnivet, Boissy, il ne cessait de remporter de brillants avantages sur les plus grands capitaines de Charles-Quint, d'Albe et le duc de Savoie. Cette campagne de Piémont, où tant de héros se signalèrent, voudrait être chantée par un Arioste; les croisés de Lusignan et de Godefroy de Bouillon ne furent pas plus héroïques ni plus chevaleresques que cette poignée de héros dont le beau Brissac était le chef.

Force nous est d'omettre les détails de cette campagne,

qui nous éloigneraient trop de notre sujet, pour suivre en France les événements qui vont s'accomplir, et que les Guises, le cardinal de Lorraine surtout, vont diriger au gré de leur ambition.

Lorsque le roi revint en France, après la bataille de Renty, il emmena avec lui Guise et Montmorency, et laissa le commandement de l'armée à Antoine de Bourbon, qui empêcha les Impériaux de passer la Somme.

Après la prise de Sienne, le pape Jules III résolut de tenter par de nouveaux efforts de ramener la paix entre les puissances belligérantes. Aidé avec intelligence et désintéressement par le cardinal Pool, il avait déjà obtenu des souverains que des conférences seraient ouvertes sous sa médiation et sous celle de l'Angleterre au bourg de la Marcq, près de Calais. Peut-être Jules III eût mené à bonne fin sa pacifique entreprise, si la mort n'était venue le surprendre.

Marcel Cevina (Marcel II), qui mourut vingt-deux jours après son élection, n'eut pas le temps de continuer les négociations de son prédécesseur.

Le conclave tenu après la mort de Marcel II avait fixé son choix sur le cardinal Jean-Pierre Caraffa, dont la vie austère semblait être le présage d'un pontificat de concorde. Mais à peine le célèbre fondateur de l'ordre des Théatins fut-il monté sur le trône de Saint-Pierre, sous le nom de Paul IV, que le moine, jusqu'alors si modeste, fit place au souverain magnifique et avide de puissance et de gloire.

Napolitain d'origine et fidèle aux traditions de sa famille, il était resté attaché à la maison d'Anjou et avait juré une haine implacable à l'Espagne. Paul IV rêvait donc de chasser les Espagnols et leurs alliés de l'Italie et de rendre Naples à la France, tout en se réservant d'augmenter le territoire de l'Église sur les débris des possessions de l'Autriche et de l'Espagne, et de donner les autres territoires aux Caraffa.

Tout ce plan était concerté d'avance entre le pape, le cardinal Caraffa, son neveu, et le cardinal Charles de Lorraine. La trêve un moment convenue entre Henri II et l'Empereur fut rompue par les intrigues du légat romain, vivement secondé dans son entreprise par la duchesse de Valentinois, la reine Catherine de Médicis et par les Guises. Seul, le connétable de Montmorency, devinant les secrets desseins des princes lorrains et de la favorite, inclinait pour la paix; mais la jeune cour voulait la guerre. Henri II, dont l'ambition était flattée à l'idée de ceindre la couronne de Naples, désirait aussi la guerre. Pour l'y déterminer, Paul IV lui fit remettre, par son neveu Caraffa, une riche épée et un bonnet orné de perles, en reconnaissance des services rendus au saint-siége par les rois de France.

Voici quel était le plan des alliés, plan conçu tout entier par le cardinal Charles de Lorraine, et dont l'exécution reposait sur la bravoure et sur le génie militaire du duc de Guise.

Les Espagnols et les Autrichiens chassés de l'Italie, la Toscane devenait une république dans laquelle les Caraffa se seraient taillé des principautés. Le duc d'Aumale, gendre de la duchesse de Valentinois, devait avoir la Lombardie, avec Milan pour capitale; les ducs d'Este auraient arrondi leurs principautés de Ferrare; Catherine de Médicis eût fait retourner en Italie, avec un beau commandement et peut-être avec un duché, Strozzi, son parent, et se fût assuré ainsi un allié de plus dans son pays natal. Quant à Guise, il avait la part du lion. Si l'expédition lui était confiée, ainsi qu'il en était certain, et s'il chassait les Espagnols de Naples, ainsi qu'il l'espérait, il jetait le masque et faisait valoir ses droits à l'héritage de la maison d'Anjou comme arrière-petit-fils d'Yolande, fille du roi René. Des circonstances heureuses pouvaient l'aider encore pour rentrer en possession de cet héritage tant convoité.

Le cardinal de Lorraine voulait la tiare!

On peut dire que le cardinal était l'âme de sa famille. Si François de Guise avait hérité de toutes les brillantes qualités de ses ancêtres, Charles de Lorraine en conservait toutes les prétentions.

Le plus désintéressé était Claude, et il en donna la preuve en Piémont, où Montmorency l'avait envoyé pour servir sous les ordres de Brissac.

Le loyal maréchal, qui au début de la campagne semblait avoir manifesté quelque froideur à l'égard de d'Aumale, ne cessa depuis de lui témoigner toute son amitié et toute sa confiance. D'Aumale, de son côté, était envers lui rempli de soumission et de respect, et il le prouvait par l'empressement qu'il mettait à le tenir au courant de toutes ses opérations et à lui demander constamment son avis. A son retour en France, le roi, en reconnaissance des services qu'il avait rendus à l'État et à la monarchie, lui fit une réception solennelle, dans laquelle il le traita en ami et en triomphateur.

# CHAPITRE IV



Tandis que s'accomplisssaint en France les événements que nous avons racontés, l'empereur Charles-Quint allait donner au monde le spectacle de son abdication. Les causes qui le déterminèrent à accomplir ce grand acte sont restées inconnues. Si, ainsi que l'ont dit plusieurs historiens, il y avait dix-sept ans que l'empereur d'Allemagne avait l'intention d'abandonner le pouvoir à son fils et à son frère, il serait puéril d'en chercher le prétexte dans l'humiliation que lui fit subir son échec devant Metz et dans les souffrances que lui faisaient éprouver les maladies dont il était atteint. Les hommes de la trempe de Charles-Quint ne se laissent abattre ni par les douleurs physiques, ni par les revers de la fortune. Ils opposent aux unes et aux autres l'invincible énergie de leur volonté et les surmontent.

Charles-Quint, comme tous les grands génies nés pour la conquête et la domination, avait rêvé l'empire du monde. Une seule puissance fit obstacle à la réalisation de ses vastes projets : ce fut la France. En vain il ligua contre elle toutes les forces combinées de son vaste empire pour la démembrer, en s'emparant du duché de Bourgogne et du comté de Provence ; en vain, grâce à la trahison du connétable de Bourbon, fit-il prisonnier le roi François Ier ; en vain usa-t-il, pour arriver à ses fins, de toutes les ressources que lui suggéra son esprit, peu délicat sur le choix des moyens ; en vain pénètra-t-il deux fois jusque sous les murs de Paris : il dut reconnaître, à la fin, que son rêve était chimérique.

Les luttes qu'il eut à soutenir en Allemagne contre les princes luthériens, la situation désespérée où il s'était trouvé un jour dans le Tyrol, l'affront qu'il ressentit en se voyant à la merci d'un soudard tel que le margrave de Brandebourg, et de cet électeur Maurice de Saxe, qu'il avait comblé de ses bienfaits, la méfiance que son insatiable ambition avait soulevée en Italie, et principalement à la cour de Rome, lui faisaient comprendre, depuis longtemps, qu'un moment viendrait, où toute l'Europe, liguée contre lui, le forcerait à descendre de son trône en lui imposant le démembrement de son trop vaste empire. Il ne voulut pas attendre ce moment-là.

En abandonnant l'empire d'Allemagne à son frère Ferdinand, roi des Romains, et à son fils Philippe, qui était déjà souverain de Naples et roi d'Angleterre, le sceptre des Pays-Bas, et, quelques semaines après, ceux d'Espagne, de Sardaigne et de Sicile, il conservait, aux yeux de l'histoire, la gloire de descendre du faîte des grandeurs volontairement et tout entier. Il avait pu éprouver des revers, mais sa puissance restait intacte. Il se préparait ainsi, pour la postérité, une page unique dans le faste des grandeurs humaines.

Cette grandeur et cette puissance, Charles-Quint, plus que bien des conquérants, avait dû les apprécier à leur juste valeur. Malgré toute son ambition, et elle était immense, l'amour de la gloire et de la domination ne lui fit jamais oublier qu'il était chrétien et qu'il avait à songer à l'éternité.

« Que sert à l'homme de conquérir l'univers s'il perd son âme ? » Il avait à se préparer à la mort, avant de comparaître devant le juge sévère qui lui demanderait compte du pouvoir.

Enfin, — et c'est là surtout qu'il faut chercher le motif qui détermina son abdication, — il savait qu'il laissait après lui un successeur digne de continuer son œuvre. Il avait trahi tant de serments, il avait violé tant de traités, sa bouche avait si souvent menti à ses amis et à ses ennemis, qu'il en était arrivé à reconnaître lui-même que nul ne croirait à sa bonne foi dans les nouveaux traités qu'il serait obligé de conclure.

Son fils, qu'il avait appelé depuis longtemps dans ses conseils et initié de bonne heure à toutes les intrigues de sa politique, devait inspirer plus de confiance et pouvait accepter la paix dans les conditions qui lui étaient imposées par les circonstances, quitte à la violer plus tard, s'il se croyait en mesure de le faire avec avantage.

Philippe II, de sombre et implacable mémoire, semble n'avoir jamais connu les joies naïves de l'enfance, les franches et belles expansions de la jeunesse, ni aucune des douces illusions qui, à l'aurore de la vie des grands comme des humbles, illuminent l'âme de joies sincères, et mettent dans les cœurs les nobles et purs enthousiasmes.

Charles-Quint, dont le caractère dur et hautain s'accordait peu avec les démonstrations affectueuses, était effrayé lui-même de la sécheresse respectueuse que lui témoignait son fils. Les grandes qualités de ce dernier étaient la ténacité de caractère, l'habitude de la réserve et celle du travail. Retiré dans le fond de l'Escurial, il dirigea de sa table de travail toutes les affaires de ses États, si vastes qu'il pouvait dire que le soleil se levait et se couchait sur son empire.

Le 24 octobre 1555, les députés de toutes les provinces des pays-Bas étaient réunis à Bruxelles, dans la salle de l'hôtel de ville, où Charles-Quint, assis sur son trône, avait à sa droite son fils Philippe et à sa gauche sa sœur Marie. Un secrétaire lut l'acte d'abdication de l'Empereur. Charles-Quint prit ensuite la parole, et comme il était très-faible, il eut besoin de s'appuyer, pendant tout le temps que dura son discours, sur l'épaule de Guillaume d'Orange, surnommé *le Taciturne*, le même qui devait plus tard, avec le secours des *gueux*, enlever à Philippe le royaume des Flandres. Son discours fut rempli de noblesse et de graves et sévères conseils. Pour la première fois de sa vie peut-être, son langage fut sincère et digne d'un roi. Ce fut d'une voix ferme, sans crainte des menaces de la mort, qu'il demanda pardon à tous ceux qu'il avait pu offenser et dont il avait méconnu les droits ou négligé les intérêts. Et il ajouta en terminant : « Puissent les bénédictions des peuples auxquels j'ai commandé appeler les bénédictions du ciel sur cette retraite où je vais chercher un bien qui m'échappait toujours : le repos! » Puis, s'adressant à son fils : « Je crois, par l'acte que je remplis aujourd'hui, me donner de nouveaux droits à votre reconnaissance; cependant j'exige bien moins de vous ce sentiment que je ne vous recommande le bonheur de mes sujets. »

Les larmes coulaient en abondance, dit Lacretelle; Philippe les fit tarir par la sécheresse de ses réponses.

Deux semaines après, Charles-Quint abdiquait également dans les mains de son fils le gouvernement de l'Espagne, de

la Sardaigne, de la Sicile et du nouveau monde, et trois mois
après, il abandonnait à son frère Ferdinand la couronne im-
périale, pour se retirer dans le couvent de Saint-Just, situé
dans l'Estramadure. « Voici, dit-il en y entrant, une retraite
qui aurait bien convenu à Dioclétien. »

« Quelques mois avant son abdication, il avait envoyé au
monastère un architecte chargé d'élever le modeste pavillon
qu'il allait préférer à tant de palais magnifiques. Avant d'y
arriver, Charles avait trouvé en Espagne de tristes occasions
d'exercer sa nouvelle sagesse. Sa vue excitait à peine la cu-
riosité d'un peuple qui autrefois se pressait en foule sur son
passage. Les seigneurs castillans n'étaient venus qu'en petit
nombre lui offrir de froids respects. Il fut obligé de s'arrêter
plusieurs jours à Burgos, pour y attendre le paiement d'une
pension de cent mille écus qu'il s'était réservée; en sorte
qu'avant d'entrer dans la solitude, il s'était déjà désabusé sur
l'admiration des hommes, et (ce qui était plus pénible) sur
la reconnaissance d'un fils [1]. »

Toutefois, avant d'entrer au monastère de Saint-Just,
Charles avait voulu assurer à son fils les bienfaits d'une
paix depuis longtemps désirée. Tandis que le cardinal de
Lorraine était à Rome, où il pressait les négociations avec le
pape Paul IV, les conciliateurs entre la France et l'Espagne
s'abouchèrent à Vaucelles, près de Cambrai ; mais les difficultés d'un traité de paix étaient si grandes qu'ils durent se
contenter de signer une trêve de cinq ans.

Les ambassadeurs pour Charles-Quint et son fils étaient
Lallain, Philippe de Bruxelles et Scichid ; au nom du roi de
France, l'amiral Gaspard de Coligny et le secrétaire d'État
l'Aubépine. Charles-Quint, bien que souffrant, reçut Coligny
avec une extrême bienveillance, et s'informa avec intérêt de
la santé d'Henri II. Se faisant gloire d'appartenir à la maison
de France par Marie de Bourgogne, son aïeule : « Je tiens à
honneur, dit-il, d'être sorti, par le côté maternel, du fleuron
qui porte et soutient la plus célèbre couronne du monde. »

Son fils Philippe II, qui débutait dans la grandeur royale,
fut moins courtois et de moins bon goût que son père, fait
observer M. Guizot. Il reçut les ambassadeurs français dans
une salle dont les tentures représentaient la bataille de Pavie. La trêve ne devait pas être de longue durée. Cette trêve
portait en substance que chacun garderait ce qu'il possédait
au moment de sa publication ; que les prisonniers seraient

_____________

[1] *Histoire de France*, par Lacretelle, livre IV, page 223.

mis à rançon de part et d'autre ; que le duc de Savoie, les Siennois et le pape seraient compris dans le traité.

Cette paix, que par d'habiles négociations on espérait rendre sincère et durable, fut accueillie, en France surtout, avec une joie immense. Mais l'orage qui grondait en Italie devait mettre bientôt encore toute l'Europe en armes.

Le cardinal de Lorraine, qui avait été envoyé à Rome au mois de septembre 1555, avait été reçu par le pape avec les marques de la plus grande distinction. Paul IV avait rétabli en sa faveur, pour la durée de son épiscopat seulement, le titre de légat-né du saint-siége en France, et y ajouta, pour cette fois, une juridiction des droits réels. Avant l'arrivée du cardinal, le seigneur d'Alençon, ambassadeur de France à Rome, avait déjà admirablement préparé le terrain à l'habile négociateur, en donnant à Paul IV l'assurance de secours en hommes et en argent que Henri II était disposé à lui prêter. Ce fut le 15 décembre 1555 que la ligue conclue entre le saint-père et le roi de France fut signée à Rome par le cardinal de Lorraine et le cardinal de Tournon. Ce traité et les négociations auxquelles il avait donné lieu furent l'objet, de la part des contractants, du mystère le plus impénétrable, afin que les ambassadeurs espagnols n'en eussent connaissance que lorsque les mesures seraient prises pour commencer les hostilités. Le rusé cardinal feignit même de se montrer fort mécontent de la tournure que prenaient ses affaires à Rome. Laissant dans la ville éternelle le cardinal de Tournon, il annonça hautement son projet de retourner en France, tandis qu'il prenait clandestinement la route de Venise, ne voulant pas laisser à d'autres le soin d'entraîner la sérénissime république dans la ligue sainte. Mais le sénat resta inflexible. Aux vives sollicitations dont il fut l'objet, aux raisons spécieuses et aux pompeuses promesses dont le cardinal fut prodigue, il répondit par une énergique fin de non-recevoir, tout en témoignant de sa bonne volonté pour le roi.

Bien que le cardinal ne le lui eût pas avoué, le sénat devina aisément qu'un traité secret avait été signé entre Paul IV et Henri II. Afin d'éviter la guerre qui allait en être la conséquence, il en fit informer le roi d'Espagne, et ce fut sur cette indiscrétion que Charles-Quint et Philippe II hâtèrent les négociations qui devaient aboutir à la trêve de Vaucelles.

Guise, qui suivait à la cour les négociations pendantes entre Coligny et Philippe II, en instruisit son frère, l'assurant que si les Impériaux avaient désiré une paix ou une trêve, « nous ne nous estions pas monstrés paresseux à y entendre. » La trêve conclue, le roi écrivit au cardinal Charles pour la lui annoncer et lui ordonner d'en porter connaissance au saint-père.

Ce fut pour lui comme un coup de foudre. Tous ses rêves d'ambition semblaient ainsi anéantis, ou tout au moins indéfiniment retardés. Mais il n'était pas homme à se laisser aller au long découragement. Il écrivit d'abord au roi la lettre suivante : « Je ne pansoys avoir esté si fortuné que d'avoir aquis en vostre service des ennemys qui se vousissent resjouir de mon mal et me prescher hors de vostre bonne grâce... Dont, Sire, très-humblement vous supplye et sur toutes choses que si mon malheur et la malignité de mes ennemys ont force de m'esloigner de vostre bonne grâce, ilz ne puissent touttefois estre cause de tant nuire à vostre grandeur que par vous une occasion si grande qui en ceste Italie se présente soit délaissée, et vous, Sire, pour mon particulier mal servi. »

Ensuite, au lieu d'aller porter lui-même la nouvelle au saint-père, il chargea le cardinal de Tournon de cette mission, et en toute hâte il vint rejoindre le roi, qui était à Blois avec la cour.

Le cardinal, on le sait, exerçait une grande influence sur l'esprit de Henri II, dont il savait flatter tous les instincts. Il commença alors par lui dénoncer les armements que le roi des Romains faisait en Allemagne pour prêter main-forte à son neveu, dans le but de reconquérir les Trois-Évêchés. Il insinua que, sur les conseils de son père, Philippe II n'avait signé la trêve de Vaucelles que pour gagner du temps et pour obtenir de la reine Marie d'Angleterre, sa femme, les secours en hommes et en argent dont il aurait besoin sur le continent. L'habile cardinal avait, du reste, auprès du roi, de puissants auxiliaires. La reine Catherine de Médicis et Diane de Poitiers avaient également intérêt à entraîner la France dans une guerre de conquête en Italie. Presque toute la noblesse, plus brave que prudente, demandait aussi à faire campagne. Enfin, pour frapper le dernier coup sur l'imagination du roi, on eut même recours à une indigne jonglerie. Un présage du triomphe des Gaulois avait été précédemment adressé, par le seigneur Gabriel Siméon, à « très-chrétien et très-invincible prince Henri, deuxième de ce nom ». C'était un anneau trouvé à Lyon, dans une sépulture, sur lequel étaient représentés un char triomphal et d'autres symboles auxquels on donna les significations les plus fantaisistes. Dès lors, le roi n'eut plus d'autre souci que de rompre « honnestement la trêve » conclue entre le roi d'Espagne et lui... « Mon armée seroit bientost en campaigne, de laquelle doist estre chef mondict cousin de Guyse, » écrivait-il à Vieilleville.

La suspicion et la méfiance dans lesquelles ils se tenaient les uns à l'égard des autres, devaient bientôt fournir le prétexte que tous souhaitaient également dans leur for intérieur, pour rompre une trêve sur la durée de laquelle nul ne s'était fait illusion, excepté les peuples.

Cependant il faut reconnaître que ce fut Philippe II qui, avec la même mauvaise fois que son père, fut le premier à violer sa parole. Ses gouverneurs dans les Pays-Bas tentèrent maintes surprises contre les positions occupées par les Français. C'étaient des empiétements continuels que le roi d'Espagne ne cherchait pas à réprimer. L'échange des prisonniers donnait lieu journellement à de mauvaises chicanes, toujours soulevées et entretenues par l'esprit artificieux de Philippe. Cependant Coligny, qui avait été le négociateur de la trêve, et le connétable de Montmorency, surmontaient toutes les difficultés pour qu'elle ne fût point rompue. Mais les événements qui vinrent inopinément s'accomplir en Italie firent tomber tous les masques, et forcèrent les puissanees rivales à recommencer la guerre.

L'ambition des princes de la maison de Caraffa n'eut plus de bornes lorsqu'ils virent leur oncle au siége pontifical. Pour s'emparer des biens de certains barons tributaires du saint-siége, ils excitèrent Paul IV à prendre des mesures qui devaient soulever les mécontentements de ces derniers et les forcer même à se ranger sous la protection de l'Espagne et à prendre les armes.

Les ministres de Paul IV surprirent des lettres de l'ambassadeur d'Espagne à la cour de Rome, adressées au duc d'Albe, qui commandait en Italie pour Philippe II. Ces lettres contenaient les preuves de la révolte imminente des barons, qui demandaient au roi d'Espagne de les soutenir dans leur entreprise contre le saint-siége. Le pape fit saisir les rebelles, les excommunia, et fit même arrêter un des attachés à l'ambassade d'Espagne.

Ne recevant aucune satisfaction du saint-siége, le duc d'Albe envahit les États de l'Église avec une armée de 15,000 hommes, et prit possession de plusieurs villes au nom du saint-siége et du pape futur.

Si une trêve avait été signée entre la France et l'Espagne,

une ligue offensive et défensive[1] subsistait néanmoins entre le pape Paul IV et le roi Henri II.

Les armées espagnoles ayant envahi les domaines de l'Église, le roi de France ne pouvait plus hésiter à venir à son secours. Le connétable de Montmorency dut se résigner, cette fois, à accepter la guerre.

Voici le passage de la lettre de Henri II, où ce prince se déclare le protecteur du pape et du saint-siége apostolique, pour ne point « dégénérer aux très-vertueux et louables faictz de ses prédécesseurs » : « Pour ce est-il que nous, considérant la bonne, sincère et parfaite amytié que nous porte nostredict sainct-père, et que, pour ne dégénérer aux très-vertueulx et louables faicts et actes de nos prédécesseurs roys, qui ont esté restaurateurs, protecteurs et deffenseurs des papes et du sainct-siége apostolique quand on les a voulu assaillir et opprimer, nous ne sçaurions faire de moins que d'envoyer visiter Sa Saincteté et luy offrir tout l'ayde et secours qui sera en nostre puissance et dont il aura besoing, attendu mesmes qu'il a esté tenu quelques propos, entre ses ministres et les nostres, d'une ligue offensive et deffensive qui seroit bien requise et nécessaire de faire pour la liberté de l'Italye que nous avons aultant recommandée que nul aultre prince de la crestienté...[2]. »

Au lieu des armes de France, le roi d'armes et les trois trompettes du roi portaient en leurs cottes les clefs et armes du pape, entourées de cet écrit : *Henricus Dei gratia Francorum rex ac protector sanctæ matris Ecclesiæ.* La cornette du duc de Guise était de même.

L'armée française franchit les Alpes vers la fin du mois de novembre (1556); elle était composée d'excellentes troupes, il est vrai, et admirablement approvisionnée en vivres, munitions et artillerie, mais relativement peu nombreuse. Après s'être rallié à Brissac, qui commandait en Piémont, Guise se présenta devant Valenza, où il demanda à pénétrer pour faire reposer son armée et y compléter ses approvisionnements. Il ajouta qu'en cas de refus il saurait bien se faire obéir. Le commandant de la garnison fit répondre qu'il ne songeait nullement à inquiéter l'armée française, mais qu'il saurait se tenir sur ses gardes pour l'empêcher d'entrer de force dans la ville. Les batteries

---

[1] *Mémoires-journaux des ducs de Guise,* par Michaud et Poujoulat, p. 257.

[2] *Id., ibid.*

furent dressées, et après une vive canonnade, bien que la brèche ne fût pas « trop raisonnable », l'assaut fut donné et les ennemis se retirèrent dans leur citadelle « si prest talonnés des nostres qu'il en resta grand nombre passés par le tranchant de l'espée ». La ville fut saccagée et pillée, sauf les monastères et les églises. Guise, à la tête de ses troupes, était entré à cheval par la brèche.

Le lendemain, ordonnance fut faite que tous les habitants pourraient retourner en leurs maisons sans courir le moindre danger, tout méfait exercé contre eux par les soldats devant être puni de mort.

L'assaut contre la ville avait été donné le lundi soir. Le vendredi, l'ennemi, qui s'était retiré dans la citadelle, capitulait. Guise lui permit de se retirer avec ses armes et *bagues sauves;* mais il garda ses enseignes pour les envoyer au roi. Quelques-unes des compagnies qui étaient à la solde de l'Empereur, humiliées d'avoir perdu leurs enseignes, demandèrent à Guise à être incorporées dans l'armée française : ce qui fait que ses troupes étaient plus nombreuses après la bataille qu'avant, car nos pertes furent insignifiantes.

Voici le dénombrement que François Rabutin fait de l'armée qui pénétrait en ce moment en Italie pour venir au secours du saint-père : « M. de Guyse, lieutenant général pour le roy en l'armée que le roy envoya en Italie pour secourir le pape, montant au nombre de douze ou quinze mille hommes de pied, de quatre à cinq cens hommes d'armes, et sept ou huit cens chevau-légers, avec MM. d'Aumalle et marquis d'Elbeuf, frères de ce prince, le duc de Nemours, comte d'Eu et vidame de Chartres, et plusieurs autres grands seigneurs et gentilshommes françois, partis de France au mois de décembre. »

L'armée, après la prise de la ville et du château de Valenza, poussa droit son chemin par le Milanais, les États de Plaisance, de Parme, pour rejoindre le duc de Ferrare, qui était venu jusqu'à Réges (Reggio) à la rencontre du duc de Guise. Pour ne point blesser l'amour-propre des Italiens et encourager les princes à s'engager dans sa ligue, le roi avait fait le duc de Ferrare généralissime des armées de la ligue sainte. Guise avait consenti à être en apparence sous les ordres de son beau-père, sachant que ce dernier, ne voulant pas quitter ses États, lui laisserait, de fait, le commandement de l'armée.

Avant de prendre la route de Ferrare pour se diriger ensuite sur Rome, et de là vers le royaume de Naples, Guise rassembla un conseil de guerre, afin d'arrêter un plan de campagne avec ses lieutenants. L'avis du maréchal de Brissac était qu'il valait mieux se concentrer dans le Milanais, très-faiblement défendu par le marquis de Pescaire, et forcer ainsi le duc d'Albe à déloger des États de l'Église pour venir au secours du duché. Si délivrer le pape était le véritable but de l'expédition, le moyen offert par le maréchal de Brissac l'atteignait pleinement et avait de plus l'avantage de ne rien sacrifier au hasard. Mais on sait que le roi, le duc de Guise et le saint-père ne voulaient pas seulement chasser les Impériaux des villes qu'ils avaient envahies et appartetenant au saint-siége, mais de toute l'Italie et surtout de Naples et de Sicile. Le duc pouvait craindre de plus que son beau-père ne prît au sérieux son titre de généralissime, et ne gardât le commandement de l'armée, tant que celle-ci resterait dans les États proches de son duché. Des courriers furent dépêchés auprès du roi pour l'informer de la situation et lui demander ses ordres. Le connétable de Montmorency et le maréchal de Saint-André se rangèrent de l'avis de Bavin du Villars, secrétaire de Brissac; mais le cardinal de Lorraine, fortement appuyé par la duchesse de Valentinois et par la reine, décida le roi à donner raison au duc de Guise, en lui commandant de marcher en avant quand même.

En brave et loyal soldat qu'il était, le marchal de Brissac se soumit aux ordres du roi et concourut fidèlement à l'exécution d'un plan que sa prudence lui avait fait condamner.

Brissac était à Turin. Craignant que l'armée du duc de Guise ne fût empêchée dans sa marche, il quitta la capitale du Piémont, et fit, avec ses dix mille hommes, une démonstration contre Milan. Pour que cette ville ne tombât pas au pouvoir des Français, Pescaire se vit réduit à venir à son secours, laissant ainsi la route libre de Valenza jusqu'à Bologne. Des montagnes de Piémont, Brissac devait faire ainsi de fréquentes descentes dans les plaines de l'Italie pour empêcher l'ennemi, qui occupait des places importantes dans le Milanais, de se porter sur les derrières de l'armée française, ou de tenter une jonction avec le duc d'Albe, que Guise chassait devant lui.

Depuis le siége de Metz, qui avait eu en Europe un si grand retentissement, le nom du prince lorrain avait acquis une popularité immense, même à l'étranger. Les deux tiers de la noblesse française avaient sollicité l'honneur de combattre sous ses ordres. Seuls, les partisans de Coligny avaient manifesté leur mécontentement. Sa bravoure, sa prudence,

sa générosité, son exquise urbanité envers tous, le faisaient
aimer autant des soldats que des officiers. Les jeunes gentilshommes voulaient apprendre sous lui l'art de la guerre;
et les simples soldats vénéraient en lui le héros qui, tout en
maintenant avec tant d'énergie la discipline dans leurs rangs,
était toujours le premier à partager leurs périls et leurs
fatigues. Guise savait rendre son nom cher, même aux populations au milieu desquelles il faisait passer son armée. Sa
marche à travers l'Italie fut presque triomphale. Lorsque
l'armée arriva devant Ferrare, le duc d'Este ne put retenir
son admiration en la voyant si abondamment pourvue de
vivres, si fraîche et en si bel ordre qu'elle semblait revenir
d'une parade.

L'entrevue du duc d'Este et du duc de Guise, qui eut lieu
à Reggio, fut des plus solennelles. Le duc de Ferrare, revêtu
d'une magnifique cotte d'armes, coiffé d'un casque couvert
de pierreries qu'on évaluait à un million d'écus d'or, avait
fait ranger son armée, forte de six mille hommes d'infanterie et de huit cents hommes de cavalerie, sans compter un
grand approvisionnement d'artillerie et de munitions, près
de *Ponte di Lenza*. Guise fit ranger aussi son armée en
bataille, et alors, en face de toutes les troupes réunies, il mit
pied à terre et vint, au nom du roi de France, offrir à
Hercule d'Este, duc de Ferrare, le bâton de commandant en
chef de l'armée. Le duc de Ferrare passa ensuite la revue
de l'armée française, qu'il trouva fort belle; « comme à la
vérité, pour le chemin qu'elle avoit passé durant les plus
maulvais jours de l'hiver, il estoit quasi incroyable qu'elle
se fust peu conserver si fresche et gaillarde, tant d'hommes
que de chevaulx [1]. »

L'armée prit sa marche vers Bologne, tandis que Guise,
en compagnie de son beau-père, prenait la route de Ferrare.
Là, magnifique réception lui fut faite; mais le duc d'Este ne
put lui accorder aucun des renforts qu'il devait fournir, se
bornant à lui promettre un secours de six cent mille écus,
dans le cours de cette campagne, si Guise en avait besoin.
Guise arriva ensuite à Bologne, où il fut fort étonné de ne
trouver ni les troupes ni les ressources promises par le
pape. Le prince lorrain se plaignit amèrement au cardinal
Caraffa de la négligence avec laquelle le pape tenait ses engagements. Le duc, en effet, avait le droit de se montrer
étonné de ne trouver aucun préparatif terminé de la **part**

----

[1] M. Dupuy, v. 86.

d'un prélat aussi belliqueux, et qui avait poussé la France avec tant d'ardeur à s'engager dans cette guerre. Le cardinal-neveu, comprenant tout ce qu'il y avait de fondé dans les reproches que Guise lui adressa sur l'incurie où se trouvait l'armée papale, s'excusa en alléguant la nécessité où s'était trouvé le saint-père d'envoyer toutes ses troupes sur la frontière de Naples.

Ici, comme sur bien d'autres points, règnent des obscurités qu'il est d'une extrême difficulté de tirer au clair. L'historien de Thou croit que Guise, « fasciné par les enchantements du cardinal de Lorraine, son frère, et les vaines promesses des Caraffa, n'écoutait personne et soutenait, avec Caraffa, qu'il fallait, sans perdre de temps, marcher droit à Naples. »

D'après le manuscrit de Béthune, il semble, au contraire, que Guise, avec sa sûreté de coup d'œil et sa prudence ordinaire, se rendit compte immédiatement des difficultés que rencontrait l'entreprise, et des périls où il risquait d'engager son armée par une marche trop précipitée.

Le duc de Guise avait demandé une entrevue au cardinal de Tournon. Cette entrevue eut lieu à Fossombrone, et le cardinal Caraffa y assista. Devant les représentants du saint-père et du roi de France, le prince lorrain n'hésita pas à déclarer qu'avant de marcher sur Naples, il trouvait plus sage de commencer la guerre contre le duc de Florence, dans un moment où il se trouvait dépourvu de tout moyen de défense. Le cardinal-neveu comprit toute la sagesse de cette objection; et, bien qu'il préférât la conquête immédiate de Naples, il fut convenu que, dans le doute où l'on était encore sur le résultat des négociations pendantes entre la cour de Rome et Cosme de Médicis, duc de Florence, Guise ferait « marcher son armée si lentement qu'on sera toujours à temps de lui faire prendre tel chemin sans que le duc de Florence s'en puisse douter, d'autant que, le voyant traverser la Romagne, il se persuadera qu'elle doit s'avancer dans la Marche d'Ancône et de là dans l'Abrusse, comme le bruit s'en est déjà répandu, au lieu qu'il y a un endroit par où, s'il est ainsi avéré, on peut lui faire tourner court et entrer au cœur du pays de Florence par Castracare, qui est le chemin que tint le connétable de Bourbon quand il marcha contre Rome [1] ».

Des lignes ci-dessus extraites du rapport d'un homme tel que le cardinal de Tournon, dont la bonne foi et la fidélité

___

[1] Lettre du cardinal de Tournon au roi. (Fossombrone, 27e de février 1557).

ne sauraient faire doute, il résulte que Guise a bien pu un moment se laisser « fasciner par les enchantements du cardinal de Lorraine, son frère », mais qu'une fois à la tête d'une armée française, il oublia tous ses rêves d'ambition pour ne plus se souvenir que de ses devoirs de général.

Ce fut le jour du mardi gras que Guise fit son entrée à Rome. Tout le peuple était debout pour le recevoir et l'acclamer. Le pape envoya sa noblesse au-devant du héros qui représentait le roi de France, et qui était frère d'un des personnages les plus puissants du sacré collége. Le lendemain, le saint-père voulut le conduire lui-même à la basilique de Saint-Pierre, où il eut à recevoir les chevaliers et tous les grands dignitaires de la cour papale.

Si, pendant son séjour dans la ville éternelle, François eut l'occasion de témoigner de son zèle pour la religion et de son respect pour ses ministres, sa patience, d'autre part, fut mise à rude épreuve quand il eut à constater la lenteur calculée qu'apportaient les ministres du saint-père dans leurs négociations avec le duc de Florence, et les tendances qu'ils avaient à éluder ou à faussement interpréter certains articles du traité conclu avec le roi de France.

Henri II avait promis aux Caraffa de leur céder la ville de Sienne. Mais ces princes savaient que cette générosité coûtait peu au roi, qui n'avait avec cette ville des moyens de communication qu'à travers les États pontificaux. Si Guise s'emparait du duché florentin, le roi pourrait bien avoir la velléité de garder le duché et la ville. Tout en feignant de soutenir le projet exposé par Guise, le cardinal-neveu était bien résolu à l'entraver secrètement, et cela pour plusieurs raisons : d'abord, parce qu'il trouvait plus prudent de se ménager, en cas de revers, les bonnes grâces de Cosme de Médicis, gendre et ami du duc d'Albe; en second lieu, parce qu'une fois le duché de Florence incorporé à la couronne de France (ce qui, ayant été bon à prendre, était bon à garder), le roi pourrait bien oublier ses promesses et ne rien donner aux Caraffa.

Les négociations qui avaient lieu à Rome devenaient chaque jour plus embrouillées. Le pape, après avoir beaucoup promis, ne paraissait pas soucieux d'accorder plus que des paroles. Cosme de Médicis, à qui les Caraffa avaient envoyé un ambassadeur afin de l'engager à s'allier au roi de France ou à céder quelques-unes des places fortes de son duché pour assurer un asile à l'armée de Guise, répondait par des protestations de dévouement envers le saint-père, et même envers le roi de France, alléguait les difficultés dans lesquelles il se débattait à cause des Espagnols qui occupaient ses forteresses, et dont il ne voulait se débarrasser qu'en les écartant sous différents prétextes, donnait enfin toutes sortes de bonnes raisons qui liaient les mains à Guise et ne lui accordaient aucune satisfaction.

Dès le début des hostilités, Henri II avait envoyé à Rome Strozzi et Montluc, avec quelques bandes gasconnes. Depuis la défense de Sienne, Montluc était très-populaire en Italie. Son arrivée à Rome inspira grande confiance au saint-père, et grand enthousiasme parmi les Romains; mais ce fut tout. Dans son libre langage, le spirituel et énergique Gascon manifesta son étonnement, et ensuite sa mauvaise humeur, en voyant l'état dans lequel se trouvait l'armée pontificale. Sa verve et son activité vinrent se briser contre l'incurie des chefs et l'apathie des soldats. Cependant, à la tête de ses Gascons et de quelques Italiens d'élite, il parvint à reprendre au duc d'Albe Tivoli et Ostie, et à forcer le général espagnol à se tenir sur la défensive. C'était, avec la prise de Valenza, le bénéfice le plus clair de l'entreprise.

Guise, comprenant qu'il ne viendrait à bout de rien par les négociations, et craignant de n'être resté que trop longtemps à Rome, résolut de continuer sa marche contre Naples; mais auparavant il voulut passer en revue les troupes pontificales et les magasins de vivres et de munitions. Troupes, vivres et munitions n'existaient que dans l'imagination du cardinal Caraffa. Cependant le prince ne se découragea point. Il tira lé meilleur parti possible des maigres ressources qu'on lui offrait, et, après avoir ordonné à son frère d'Aumale de se porter en avant avec l'armée, il vint lui-même la rejoindre à Notre-Dame-de-Lorette.

Il était temps qu'il sortît de son inaction, et que, selon l'avis de Narillac, ambassadeur de France à Florence, il ne prolongeât pas davantage dans Rome un séjour « préjudiciable au roi et aux affaires ». Le prélat lui écrivait de ne « prendre conseil que de lui-même, sous peine de mettre en danger sa réputation et les affaires du roi ».

Le 17 avril, l'armée arriva devant Campli, qui était la première place de guerre napolitaine sur la frontière. Guise, après avoir sommé le gouverneur de lui ouvrir les portes de la ville, annonça aux habitants qu'il venait au nom du roi de France leur rendre la liberté en chassant l'étranger du pays napolitain. Au lieu de lui ouvrir les portes de leur ville, les habitants furent les premiers à commencer les hostilités.

Sans plus de retard, les soldats eurent ordre de se munir d'échelles, et l'assaut fut ordonné. Mais, si l'attaque fut soudaine et bien commandée, la résistance fut si opiniâtre que les assaillants se virent repoussés de tous les côtés. Guise les ramena au combat, et à la voix de leur chef aimé ils retournent à l'assaut avec une telle vigueur, que les murs furent franchis et la citadelle envahie sans que cette fois la garnison eût pu faire une résistance sérieuse. La ville fut brûlée et saccagée; un immense butin, évalué à plus de deux cent mille écus d'or, tomba au pouvoir de l'armée française.

Quelques places de peu d'importance, telles que Teramo, Colonella, Contraguerra, Corripoli et Giulia-Nuova, tombèrent encore en son pouvoir; puis la fortune de la France pâlit de nouveau sur cette terre où la fatalité a poussé plus d'une fois les rois et les empereurs de notre race à aller chercher les palmes de la victoire, pour n'y recueillir trop souvent que défaites, trahisons ou ingratitude.

Lorsque Guise eut franchi les frontières papales et se fut engagé sur le territoire qu'il devait conquérir, plusieurs seigneurs napolitains vinrent, assure-t-on, lui déclarer qu'ils étaient prêts à le reconnaître pour le descendant et le successeur légitime des rois de la maison d'Anjou. Ils voulaient qu'il se fiât à eux et qu'il abandonnât la cause du roi de France. Mais il faut croire que depuis qu'il avait mis le pied dans les plaines de la Lombardie, et depuis surtout qu'il avait pu apprécier à sa juste valeur la politique italienne, si astucieuse et si changeante, Guise avait compris combien son ambition était chimérique; et, autant par prudence que par devoir, il ne voulut point se départir du rôle que le roi lui avait confié. Cette attitude loyale eut pour effet de blesser les seigneurs napolitains, et il ne trouva plus en eux que des ennemis.

Une fois engagé dans le pays, le héros de Metz était résolu à frapper un coup d'audace en poussant droit devant lui jusqu'aux portes de Naples. Malheureusement, au lieu de ne s'inspirer que de son génie, il commit encore une fois la faute d'écouter le cardinal Caraffa, qui lui avait présenté la ville forte de Civitella comme facile à réduire. Cette place, au contraire, était bien fortifiée et défendue par une puissante garnison commandée par Santa-Fiore et Charles Loffuli. Notre artillerie, par contre, avait mille peines à se frayer un chemin à travers ce pays de montagnes, et c'est en vain que Guise attendait de Rome les secours promis.

Après avoir reconnu la ville, il dut attendre que ses pièces de siége fussent arrivées, afin de faire brèche. Le 1er mai, il put enfin commencer à battre, avec ses canons de gros calibre, les murs de la citadelle et commander l'assaut.

L'assaut fut donné; mais si héroïques que fussent les efforts de ses soldats, il se vit dans la nécessité d'ordonner la retraite (16 mai) pour ne pas compromettre toute son armée. Guise se voyait abandonné, sinon trahi, de tous côtés. Les Caraffa non-seulement ne lui apportaient aucun des secours promis en hommes et en munitions, mais encore refusaient de compter au roi les sommes qui lui étaient dues, ainsi qu'en témoignait notre ambassadeur. En revanche, ils continuaient leurs intrigues avec le duc de Plaisance, auquel ils soutiraient quatre mille écus d'or. C'était à peu près là qu'avait abouti toute leur habileté.

La flotte ottomane qui devait ravager le littoral napolitain ne quittait pas le Bosphore, et nos galères, sous les ordres du baron de la Garde, limitaient leurs exploits dans la Méditerranée à quelques démonstrations qui restèrent sans effet.

Ce fut alors que le duc d'Albe sortit de son apparente inaction, et fit mine de prendre l'offensive. Mais ce ne fut de la part du prudent général espagnol qu'une démonstration. Guise, croyant que d'Albe allait tomber sur son arrière-garde en choisissant le moment où l'armée serait en pleine retraite, lui fit faire volte-face et la renforça même de quelques troupes qui étaient dans Tortorelle. Son frère, le duc d'Aumale, à la tête des chevau-légers, poussa une attaque jusqu'au camp retranché du duc d'Albe, tandis que Guise arrivait de sa personne avec six canons, six moyennes[1], les Suisses, les Français, la gendarmerie et sa cornette.

Les sieurs de Tavannes et de la Brosse, qui étaient à l'avant-garde pour faire « nostre logis », retournèrent en poste auprès du duc de Guise: mais le duc de Palanie et le maréchal Strozzi, « qui y estoient aussi allez, ne se voulurent point donner ceste peine, se doutant bien, comme ils dirent, que nous ne combattrions point. »

Pendant la retraite du duc de Guise, d'Albe, qui possédait des forces supérieures aux nôtres, ne voulut jamais consentir à courir les chances d'une bataille en règle. Cette bataille, Guise la lui offrit vingt fois: les officiers et les

---

[1] Sorte de petits canons qu'on plaçait ordinairement sur le pont des galères.

gentilshommes espagnols, humiliés de régler sans cesse leur marche sur celle de l'ennemi, insultaient leur général pour le forcer à se battre, sans que celui-ci se départît une seule minute de sa tactique à l'égard de l'armée française. Plus tard tous les historiens ont admiré la fermeté de caractère dont le duc d'Albe fit preuve dans cette campagne d'Italie, en résistant à la fois aux injures de ses officiers et aux bravades de Guise.

Lorsque le prince lorrain revint à Rome, il eut avec le pape et avec le cardinal Caraffa de vives altercations. Paul IV, dont on connaît le caractère violent, se livra lui-même en sa présence à de regrettables excès de langage. Mais Guise, malgré son respect pour le chef de la chrétienté, sut défendre jusqu'au bout, avec une indomptable énergie, les intérêts du roi son maître. Les Caraffa, qui n'avaient pu obtenir encore des Espagnols, avec lesquels ils négociaient sous main, un arrangement favorable à leur ambition, et craignaient que Guise ne mît ses projets de départ à exécution, se virent contraints à subir sa volonté. Des levées furent faites; des fonds suffisants, des vivres et des munitions furent envoyés à l'armée française, et des otages furent conduits par le maréchal Strozzi à la cour de Henri II.

Guise put alors renforcer quelques-unes des places du territoire pontifical que d'Albe menaçait.

Tant de fatigues et tant d'émotions avaient fini par avoir raison de la robuste constitution du duc, qui tomba malade à Macerata. C'est de cette ville, sans doute, qu'il écrivait à sa mère cette lettre si souvent exploitée contre lui, et dans laquelle il regrettait ses belles chasses de Joinville. Ses ennemis prétendirent qu'il ne pouvait supporter les ennuis d'une campagne sérieuse, et qu'il ne demandait qu'à rentrer en France pour reprendre le cours de sa vie de plaisirs.

Tout souffrant qu'il était, il se fit transporter en litière à la tête d'une partie de son armée, renforcée de mille Suisses et de mille Gascons, pour prévenir la prise de Leyna, qu'assiégeait Antoine Colonne. Mais, si grande que fût sa diligence, il ne put arriver à temps pour défendre cette ville, qui venait d'être prise d'assaut et livrée au pillage et à l'incendie. Ce fut sur cette entrefaite que Guise reçut du roi l'ordre de rentrer en France et de ramener l'armée avec lui.

De graves et tristes événements venaient de s'accomplir sur notre frontière du Nord. Philippe II et la reine d'Angleterre avaient déclaré la guerre à Henri II, et le connétable de Montmorency avait perdu la bataille de Saint-Quentin. L'étranger nous envahissait encore une fois, et à l'heure du péril tous les regards se tournaient vers le seul héros qui pût sauver la patrie en danger : le roi et l'armée réclamaient le duc de Guise.

Le saint-père et les Caraffa insistèrent vivement pour que le duc ne les abandonnât point; mais l'ordre de Henri II était formel; le baron de la Garde, avec ses galères, avait quitté Marseille et faisait voile vers l'Italie. L'armée s'embarque à Cività-Vecchia et se dirigea vers l'île de Corse. Le duc de Guise débarqua à Ajaccio, et s'empara, presque sans coup férir, des forts de l'Estang et de Bollégador, qui assurèrent à la France la possession de cette île.

Pendant le court séjour qu'il fit à Ajaccio, Guise eut encore une fois l'occasion de faire acte de bonté envers les soldats de la garnison. Ceux-ci ayant souffert toutes sortes de mauvais traitements, Guise apporta à leur sort tous les soulagements que son cœur lui inspira, et les gratifia généreusement d'une somme de trente-six mille écus.

Ainsi se termina, sans gloire et sans profit ni pour la France ni pour les princes lorrains, cette expédition sur laquelle le cardinal Charles avait fondé de si brillantes espérances. Que d'intrigues pour arriver à la conclusion de cette ligue sainte! Que de projets d'ambition cette ligue avait fait naître! Le cardinal de Lorraine voulait la tiare pour lui, les royaumes de Naples et de Sicile pour son frère. Les Caraffa espéraient se tailler des duchés dans les domaines des princes qu'ils voulaient spolier. Le roi croyait obtenir enfin l'héritage tant convoité, et pour lequel Louis XII et François I<sup>er</sup> avaient dépensé tant d'or et fait verser tant de sang. Catherine de Médicis et la duchesse de Valentinois voyaient dans les futures conquêtes de Guise le moyen de récompenser leurs fidèles amis, ou d'agrandir les domaines de leurs familles.

Sans la prudence de Guise, qui sut tirer presque saine et sauve son armée d'un pays ou tout n'était qu'embûches et trahisons, cette expédition se fût changée en une honteuse déroute.

Il semble que chaque fois que la France a tiré son épée pour la défense d'une cause juste et grande ou pour maintenir l'intégrité de son territoire, Dieu lui a assuré la victoire d'avance. Mais, lorsqu'elle n'a agi que par ambition ou dans l'intérêt de ceux qui la gouvernaient, l'habileté de ses généraux et la bravoure de ses soldats l'ont conduite de défaite en défaite.

Lorsqu'on apprit à la cour de France la retraite que Guise était obligé d'opérer dans les Abruzzes, ses ennemis s'en réjouirent hautement. Les événements, lui préparaient la plus noble vengeance qu'un grand cœur pût désirer. Ceux mêmes qui l'avaient le plus raillé invoquaient son nom et imploraient son retour. Son frère le cardinal de Lorraine comprit que la gloire de sauver le royaume de France était plus grande encore que la gloire de conquérir le royaume de Naples.

Guise venait de quitter l'Italie en vaincu, il rentrait en France en triomphateur ; le roi, la noblesse et le peuple n'avaient plus de confiance que dans le héros de Metz.

# CHAPITRE V



L'amiral de Coligny commandait en Picardie une armée peu nombreuse, lorsque la guerre éclata entre la France et l'Espagne sur les frontières de Flandre. Pour punir Philippe II des tentatives faites par ses généraux contre les villes de Metz et de Marienbourg, l'amiral voulut s'emparer de Douai par surprise. Son coup de main ayant échoué, il se tourna vers Lens, qui était sans défense, s'en empara, et, malgré sa générosité bien connue, livra cette ville au pillage et à l'incendie, au grand étonnement même de ses ennemis.

Henri II et le connétable n'avaient pas prévu ou n'avaient rien fait pour empêcher l'alliance de l'Angleterre avec l'Espagne. Il était pourtant bien aisé de comprendre que l'astucieux Philippe ferait tous ses efforts pour engager sa femme à le soutenir dans cette campagne où elle pouvait lui être d'un si puissant secours, vu la facilité qu'elle avait de faire débarquer, par Calais, une armée sur les côtes de Normandie. C'est ce qui eut lieu, et ce qu'on aurait pu facilement empêcher en soutenant dans le parlement anglais le parti réformé, que par ses cruautés la reine avait soulevé contre son gouvernement.

« Le septiesme jour de juin mil cinq cent cinquante et
sept, le roi estant en la ville de Reims, en Champagne, logé
en l'abbaye de Saint-Remy, arriva au logis dudit seigneur
Guillaume Noirci, hérault d'armes d'Angleterre, vestu d'un
manteau de drap noir..., despesché de la royne d'Angleterre, sa maîtresse, pour dénoncer et déclarer la guerre au
roi, monstrant à ceste fois une petite lettre en parchemin,
scellée du grand sceau de ladicte dame royne, datée du premier jour de cedit moys, contenant en substance pouvoir
audit hérault de faire ladite déclaration. »

Le surlendemain (9 juin) le roi, entouré des cardinaux de
Lorraine, de Guise, du connétable de Montmorency, de plusieurs autres prélats, seigneurs et capitaines, reçut le héraut d'armes en sa présence. Après que celui-ci eut lu son
message, le roi lui répondit :

« Herault, je vois que vous estes venu ici pour me dénoncer la guerre de par la royne d'Anglerre ; je l'accepte ; mais
je veux bien que tout le monde sache que j'ay observé envers elle, sincèrement et de bonne foy, ce que je devois à
l'amitié que nous avions ensemble, comme j'ay délibéré
faire et feray, tant que je vivray, à l'endroit de tout le monde,
autant qu'il appartient à prince grand de vertu et d'honneur.
Et espère, puisqu'elle y vient avec si injuste cause, que Dieu
me fera, s'il lui plaist, ceste grâce, qu'elle y gagnera non
plus que ses prédécesseurs ont fait quant ilz se sont attaqués aux miens, et qu'ilz ont fait dernièrement à moy, dont
la mémoire est récente ; et qu'il monstrera en cela la justice
de sa grandeur sur celui qui a le tort, et est cause des maux
qui procèderont de ceste guerre ; vous défendant sur la vie
de parler plus avant, parce que c'est une femme ; et si elle
estoit autre, j'useraye aussi d'autre langage. Mais vous vous
en irez et retirerez hors de mon royaume le plus tost que
vous pourrez. »

Après ces paroles du roi, le héraut fut reconduit par les
capitaines et hommes d'armes au logis de l'ambassadeur
d'Angleterre, où il lui fut remis, de la part de Henri II,
une chaîne de deux cents écus, afin qu'il pût porter plus de
témoignage « en son païs de la vertu et générosité dudit
seigneur, déjà assez cognëue de tout le monde [1] ».

Le duc Emmanuel Philibert de Savoie, un des plus habiles
capitaines de l'époque, qui commandait les armées de Philippe, n'attendait que les secours promis par l'Angleterre

----

[1] *Archives curieuses de l'Histoire de France*, t. V.

pour exécuter son plan de campagne. D'abord, pour dérouter le connétable, il se montra irrésolu, hésitant, menaçant tour à tour toutes les places de la Champagne. Il feignit même, pendant deux à trois jours (juillet), de faire le siége de Guise pour laisser le temps aux Anglais de débarquer à Calais, et à ses renforts de se masser dans la Picardie et dans le nouveau Hélin, d'où n'avaient point délogé les vieilles bandes espagnoles. Et puis, tout à coup il vint à marche forcée se poster devant Saint-Quentin.

Coligny réunit à la hâte un millier d'hommes, et par un coup d'audace traversa les lignes ennemies et se jeta dans la ville, qui était presque sans remparts et dépourvue de munitions. Après avoir pourvu au plus pressant, il communiqua au connétable un plan d'après lequel il était possible de faire pénétrer un corps d'armée dans la place.

La ville de Saint-Quentin était défendue d'un côté par de larges et profonds marais ayant l'apparence d'un étang. Ces marais étaient traversés par un ruisseau qui, au dire des habitants, était navigable dans toute sa longueur. Ce fut par ce ruisseau que le connétable de Montmorency espérait faire pénétrer des secours dans la ville.

Le projet était hardi et souriait à Montmorency, d'ordinaire plus prudent. Le mouvement devait être exécuté sous la protection de l'armée tout entière, mise à couvert elle-même par les marais ; l'ennemi ne pouvait se porter sur elle que par une chaussée fort étroite. Elle devait se retirer avec célérité, lorsqu'elle aurait lancé et vu arriver à destination un grand nombre de bateaux chargés d'hommes et de provisions.

Le connétable voulait qu'on pût dire : « Le duc de Guise aurait-il montré plus de vigueur et d'audace[1] ? »

En quelques jours, le connétable de Montmorency eut fait construire à la Fère un grand nombre de bateaux que devaient monter le brave Dandelot et plusieurs compagnies d'élite. L'armée quitta la Fère le 9 août ; elle était composée seulement de dix-huit mille hommes, tant en infanterie qu'en cavalerie, et elle allait avoir à se mesurer avec les forces espagnoles, fortes d'environ soixante mille hommes, admirablement commandées par Emmanuel de Savoie. Il est vrai qu'à la tête de notre petite armée se trouvait l'élite de la noblesse française, parmi laquelle figuraient en première ligne trois princes du sang, le comte d'Enghien, le prince

______

[1] Lacretelle.

de Condé et le duc de Montpensier, sous les ordres du connétable. L'aile droite était commandée par le maréchal de Saint-André et l'aile gauche par le duc de Nevers. Avant l'action, qui s'engagea le 10 à neuf heures du matin, le connétable dit aux officiers qui l'entouraient : « Je vais montrer aux Espagnols un tour de vieille guerre. »

D'abord tout alla pour le mieux. A l'arrivée de nos troupes, les Espagnols essayèrent de faire quelque résistance ; « mais en moins de rien, dit François de Rabutin, les nôtres les rembarrèrent et les chassèrent, les menant à coups d'arquebuse et à coups de main, jusque oultre la chaussée ; mais le passage que l'on croyoit si aisé pour les barques étoit, au contraire, rempli de périls et de difficultés. Au lieu de suivre le cours du ruisseau, la plupart de ces embarcations s'égarèrent dans les marais, où elles vinrent sombrer avec tout leur chargement ; et les soldats, n'en pouvant sortir, demeuroient là embourbés et noyés. »

Dandelot, avec quelques-uns de ses hommes, put arriver jusqu'à Saint-Quentin ; mais presque toute l'armée de renfort succomba sans combattre. Ce fut alors une inextricable confusion ; de la chaussée, plus large qu'on ne croyait, les ennemis arrivaient en masse, menaçant de couper notre retraite. La cavalerie espagnole, conduite par le comte d'Egmont, s'élance avec impétuosité contre la nôtre et la culbute. Le duc de Mansfeld et le duc de Brunswick attaquaient nos ailes, dirigées par le duc de Nevers et le maréchal de Saint-André. Le connétable de Montmorency perd la tête et ne parle plus que de retraite, et dans ses emportements injurie même le comte d'Enghien. Le prince lui répond qu'il ne veut pas être tué par derrière. « Je sais, s'écrie-t-il, où l'on peut trouver non sauveté, mais mort honorable. » Le brave jeune prince, suivi de quelques-uns de ses cavaliers, s'élance au plus fort de la mêlée et s'y fait tuer, comme il venait de le dire. Le connétable, pris de désespoir, voyant la boucherie horrible à laquelle se livraient les ennemis, malgré son grand âge et tout couvert de sa puissante armure, rallie quelques fidèles et essaie de ramener la victoire dans nos rangs. Inutiles efforts ! avec ses braves il traverse les lignes ennemies, les met un moment en fuite ; mais Emmanuel de Savoie, par une habile tactique, finit par entourer de toutes parts cette poignée de combattants, la presse et la force à se rendre. Le connétable lui-même, blessé à la hanche et désarçonné, tombe sur le champ de bataille et se reconnaît prisonnier. La déroute fut désastreuse ; nous perdîmes environ quatre mille hommes, et le nombre des prisonniers fut plus considérable encore. (Lacretelle.)

Le duc de Nevers ramena à la Fère les épaves de l'armée. A la bataille de Saint-Quentin, qui fut appelée par les Espagnols la bataille de Saint-Laurent, parce qu'elle fut livrée le jour de la fête de ce saint, périrent le comte d'Enghien, le vicomte de Turenne, de Montpensier, de la Roche du Maine, et un grand nombre d'autres gentilshommes. Furent faits prisonniers, le connétable de Montmorency, le maréchal de Saint-André, le duc de Longueville, le prince de Mantoue, le baron de la Roche du Maine, de la Rochefoucauld, d'Aubigny de Bussey, etc. etc.

La nouvelle de ce désastre eut en France le même retentissement que les batailles de Crécy, de Poitiers et d'Azincourt. La France se voyait à la veille d'être de nouveau envahie, et c'est sur le connétable qu'elle faisait retomber toute sa colère et ses malédictions. On assure que lorsque Charles-Quint apprit le résultat de la bataille de Saint-Quentin, il s'écria : « Mon fils est à Paris! » Le projet d'Emmanuel de Savoie, des comtes d'Egmont, de Horn, des ducs de Brunswick, de Mansfeld, était de marcher droit sur Paris et d'abandonner le siége de Saint-Quentin; mais Philippe II, qui arriva le lendemain sur le champ de bataille, se souvenant des retraites désastreuses de son père, fut d'un avis contraire à celui de ses généraux. Henri II, qui était à Compiègne, reçut cette mauvaise nouvelle à son lever et par le sieur d'Escars. Il ne perdit pas son temps en regrets et plaintes inutiles.« Après avoir appelé Dieu à son ayde comme celui de qui il recognoissoit ceste verge lui estre envoyée, et pour ses peschez et pour ceux de son peuple, desquels avec eulx il lui falloit esgallement porter la pénitence, il prit une vertueuse résolution de donner tout l'ordre possible pour remédier à l'inconvenient présent, espérant qu'après avoir fait tout ce que les hommes peuvent faire, Dieu feroit le reste, et, l'ayant auparavant tant favorisé, ne l'abandonneroit en ceste nécessité, comme bien tost il en monstra de grands et évidents signes. »

Des émissaires et des courriers furent envoyés dans toutes les provinces pour demander au peuple, à la noblesse et au clergé, les secours dont le roi avait besoin. Paris était affolé. La reine Catherine de Médicis, « avec un cœur viril et une âme magnanime[1], » se rendit dans la capitale, où elle con-

---

[1] Mémoires de la Châtre.

voqua à l'hôtel de ville le conseil du roi. Jusque-là Catherine de Médicis avait paru ne point s'occuper de politique. Elle semblait même s'effacer volontairement devant la toute-puissante duchesse de Valentinois ; mais la reine se relevait enfin. Accompagnée de la princesse Marguerite, sa belle-sœur, du cardinal de Bourbon, du garde des sceaux, et d'autres grands personnages, elle arriva devant les notables de la capitale toute vêtue de noir, comme en un jour de deuil. Devant cette assemblée, elle fit entendre le langage d'une reine et d'une habile politique. Par son énergie, elle releva les courages abattus, et par son éloquence elle obtint des Parisiens trois cent mille francs, pour solder pendant trois mois dix mille hommes de pied. L'exemple de Paris fut suivi par toute la province.

La guerre devenait nationale. Le peuple se levait, ne marchandant ni son or ni son sang pour la défense de la patrie.

Pendant ce temps Nevers, qui avait rassemblé à la Fère les débris de l'armée, tentait de nouveaux efforts pour faire pénétrer des secours dans Saint-Quentin. Il ne fut pas plus heureux que Montmorency. Sur neuf cents hommes qui essayèrent de franchir les marais, plus de la moitié se noyèrent, et les autres entrèrent dans la ville sans armes et sans munitions.

Cependant Coligny et Dandelot redoublaient de courage et de vigilance pour défendre cette place. Aux murmures des habitants, au découragement général de ses soldats, Coligny n'opposait que ces mots : « Notre devoir est de mourir ici. » Il ne pouvait avoir confiance que dans deux hommes de cœur et d'énergie comme lui, qu'animaient l'amour de la patrie et une affection toute fraternelle, Dandelot et Jarnac. Après dix-sept jours de batailles, les murs de la ville étaient ouverts par onze brèches énormes. Coligny n'osait plus ordonner aucune sortie par crainte de désertion, et attendait l'assaut.

L'assaut eut lieu, et eût été repoussé avec de meilleurs soldats ; mais, tandis que Dandelot se défendait d'un côté avec l'énergie du désespoir, la ville se rendait de l'autre. Coligny fut obligé de remettre son épée au vainqueur. Dandelot, fait aussi prisonnier, parvint à s'enfuir le lendemain.

Sans l'énergique résistance de Coligny, qui retint les Espagnols sous les murs de Saint-Quentin quinze jours encore après la sanglante défaite éprouvée par le connétable, son oncle, le duc de Nevers n'aurait jamais eu le temps de renforcer quelque peu notre frontière pour ralentir, autant que possible, la marche de l'ennemi, et partant Guise fût arrivé trop tard, et son secours et celui de sa petite armée fussent devenus inutiles.

Ainsi, par un concours de circonstances providentielles, le prince lorrain était justement aidé dans sa bonne fortune par ses deux rivaux les plus implacables, le connétable et l'amiral. Les fautes commises par le premier ne servaient qu'à faire ressortir avec plus d'éclat ses brillantes qualités, et à forcer, en quelque sorte, la France et le roi à n'avoir plus de confiance qu'en lui. Le second lui préparait, par son courage et son énergie, les succès qu'il allait remporter, et qui devaient porter son nom au faîte de la gloire.

En des temps moins troublés, et sous des rois tenant le sceptre d'une main plus ferme, Guise et Coligny n'eussent été que rivaux de gloire; unis dans une pensée commune de patriotisme, la France se fût reposée sur eux avec une égale confiance.

Lorsque Guise débarqua à Marseille, son premier soin fut de passer des marchés avec les négociants de cette importante cité, afin d'envoyer des blés en Piémont et en Corse, menacés de la famine. Bien que souffrant encore, car la fièvre l'avait repris pendant la traversée, son esprit actif et prévoyant ne lui faisait rien négliger de ce qui concernait ses devoirs. Aucun détail n'échappait à sa vaste intelligence.

Le roi le pressait d'arriver près de lui, et, dans ses lettres, lui recommandait de n'être point malade; le duc répondait qu'il se ferait plutôt porter en litière.

Lorsque le duc arriva à Lyon (octobre), il apprit que la Franche-Comté était sur le point d'être envahie par un lieutenant du duc de Savoie, le baron de Polwiller. Ce dernier, envoyé en Allemagne pour recruter des troupes, faisait une diversion avec dix à douze mille hommes, et menaçait Bourg pour se diriger ensuite vers le Piémont. Guise rassemble son armée à la hâte, fait marcher en avant deux mille de ses meilleurs arquebusiers, et, de concert avec son frère d'Aumale, qui avait ramené par terre les restes des troupes d'Italie, il parvient à forcer le baron de Polwiller à reprendre le chemin par lequel il était venu.

Laissant le commandement à son frère d'Aumale, qui, se méfiant encore des intentions de l'ennemi, ne voulait quitter Bourg qu'après avoir établi « grande police et assurance », Guise prit la poste à Lyon, et arriva le 20 octobre à Dampierre, où le roi l'attendait comme un libérateur.

L'accueil que le roi fit à Guise ne saurait se décrire, et ne s'explique que par le caractère faible qu'on lui connaît. Actif de corps et paresseux d'esprit, Henri II ne redoutait rien plus que d'être obligé de gouverner par lui-même. Il avait besoin de se reposer sur quelqu'un du fardeau de la couronne. La défaite de Saint-Quentin lui causa, sans doute, une profonde douleur; mais, tandis que dans toute la France ne s'élevait qu'un cri de malédiction contre le connétable, lui, loin de l'accuser, regrettait de ne plus l'avoir à ses côtés.

Les gentilshommes et les capitaines échappés au désastre avaient élu pour leur chef le duc de Nevers; le roi ratifia ce choix sans hésitation. Heureusement que le duc était digne de cette marque de haute confiance.

Un des premiers actes de Henri II fut de remettre le pouvoir au cardinal de Lorraine, « pour l'expérience qu'il sçavoit estre en luy, pour longtemps qu'il y avoit esté nourri, et pour l'assurance qu'il avoit de sa suffisance et fidélité. »

Le cardinal, dont on connaît l'habileté et dont l'ambition ne s'endormait jamais, maintint Brissac en Piémont, afin que son frère n'eût pas de concurrent au commandement général des armées, et déploya ensuite toute son activité à lever les nouveaux impôts et à recruter les hommes. Il rassembla les conseils, fit tenir au roi un lit de justice à Paris, pressa le clergé et le tiers état de s'imposer des sacrifices en rapport avec les besoins du moment, qui étaient immenses, et déploya un zèle plus ardent que jamais à l'endroit de la religion, dans le but de se conserver toujours l'appui de Rome et de complaire au peuple, qui, à Paris surtout, nourrissait contre les huguenots une haine fanatique.

Mais, si le cardinal était le ministre dont avait besoin Henri II pour l'administration intérieure du royaume, « la principale chose qui luy deffailloit, et dont il avoit le plus besoing, estoit d'un chef qui eust le sens, l'expérience et la vaillance pour conduire le faict de la guerre soubz luy, et manier un si grand faict comme est la marche de ceste monarchie, où le plus habile homme se trouve empesché s'il ne l'a accoustumé, et sur lequel il pust se reposer comme il faisoit sur monsieur le connétable. » Cet homme, c'était le duc de Guise, « comme celuy en qui il sçavoit très-bien estre toutes les parties qu'un bon, grand et digne capitaine peut avoir... »

Ce fut donc avec les transports de la joie la plus vive que Henri II reçut le duc, auquel il dit même, après l'avoir plusieurs fois embrassé, « qu'il était revenu pour sauver ses États. »

La confiance et l'amitié du roi n'avaient point de bornes

envers son « ami cousin ». La cour partageait cet enthousiasme pour le héros, et ne savait quel titre lui décerner
comme preuve de l'estime où chacun le tenait. La reine, la
duchesse de Valentinois, les princes, le cardinal de Lorraine,
son frère, faillirent solliciter pour lui le titre de vice-roi,
titre qui ne fut jamais porté en France, et qu'on n'osa point
créer par un dernier sentiment de pudeur et de respect pour
un monarque qu'ils savaient tous assez faible pour signer,
même avec joie, cet acte d'abdication. S'il n'eut pas le titre,
il eut l'autorité. Le jour même de son arrivée, Henri II le
nomma lieutenant général du royaume, avec tous les droits
et tous les pouvoirs, se mettant ainsi de lui-même en tutelle,
comme si la France se fût trouvée dans un temps de régence
ou de minorité.

Les lettres patentes, enregistrées sans protestation par
tous les parlements, après avoir rappelé les désastres et in-
fortunes qui avaient succédé à la déroute de nos armées, et
la nécessité dans laquelle se trouvait le roi d'appeler pour se
soulager un personnage d'autorité en l'absence du connétable, ajoutaient : « Pour ce est-il que nous, pour les considérations dessus et autres, à ce nous mouvans, avonsfait, ordonné,
institué et estably, faisons, ordonnons, instituons et esta-
blissons nostre dict cousin François de Lorraine, duc de
Guyse, par ces présentes, nostre lieutenant général, représentant nostre personne, et par tout nostre dict royaume et
les pays de nostre obéissance..., avec pleins pouvoirs, autorités, facultés, et mandement spécial de faire vivre en bon
ordre, justice et police nos gens de guerre, tant de cheval
que de pied, de quelque nation qu'ils soient... Promettant
par ces présentes, signées de nostre main propre, en bonne
foy et parole de roy, avoir agréable, tenir ferme et stable
tout ce qui par nostre dict cousin le duc de Guyse, en ceste
présente charge de nostre lieutenant général, sera faict, be-
sogné et mis à exécution, selon ainsy que doit estre, et le
tout confirmé, toutes et quantes fois que requis en serons :
ce donnons en mandement à nos amez et féaux les gens de
nos cours et parlements, et aultres nos cours souveraines,
que à nostre dict cousin ils fassent obéyr et entendre de
tous ceulx et ainsy qu'il appartiendra, et tous nos lieutenants, gouverneurs, maréchaux, admiraux, baillifs, séné-
chaulx, prévotz, cappitaines, chefs et conducteurs de nos
gens de guerre, maistre de nostre artillerie, cappitaines et
gouverneurs des villes et châteaux et forteresses, et à tous
nos justiciers, officiers et subjets qu'ilz et chacun d'eux luy

obéyssent et entendent, et fassent obéyr et entendre dilli-
gemment en toutes les particularités dessus dites, et autres
concernant nostre dict service et le bien de nos affaires ; car
tel est nostre bon plaisir. »

Ce n'était que temporairement, il est vrai, que Guise était
investi de cette autorité ; mais il était néanmoins étrange de
voir le commandement général du royaume et de toutes les
forces de terre et de mer confié à un général qui ne possédait d'autres titres militaires que celui de capitaine d'une
compagnie de cent hommes d'armes. C'était justement là
ce qui rehaussait son prestige et flattait son ambition de
prince.

La fortune des Guises était arrivée à son apogée ; ils
étaient maîtres des destinées de la France : le pouvoir royal
abdiquait en leurs mains !

Une à une toutes nos places de Picardie étaient obligées
de se rendre aux Espagnols, Nevers étant dans l'impossibilité
matérielle de les secourir. Il fallait agir, et agir promptement, pour sauver le royaume, et se montrer digne de la
réputation qu'il s'était acquise de « chef très-prudent, brave
et heureux, et bien-aimé des gens de guerre ».

Admirablement secondé par son frère le cardinal, dont le
grand tort était l'orgueil et l'insolence dont il faisait parade
dans le conseil du roi, Guise eut bientôt rassemblé les fonds
et les hommes qui lui étaient nécessaires. Il renforça l'armée
de Piémont, et envoya à Brissac trente-cinq mille livres
pour que celui-ci pût au besoin venir au secours du duc de
Ferrare.

Ayant établi son camp près de Compiègne, où il fait che-
miner les renforts qui lui arrivent des provinces, mais
surtout de Suisse et d'Allemagne, il passe ses troupes en
revue, les soumet à une discipline inflexible, et, lorsqu'il a
obtenu de son frère une somme de cent cinquante mille
écus, empruntée par celui-ci sur sa parole, il communique
au roi son plan de campagne, dont l'exécution va rehausser
son prestige et lui mériter la reconnaissance éternelle de la
patrie.

La ville de Calais était au pouvoir des Anglais depuis le
siége mémorable qu'illustra le dévouement d'Eustache de
Saint-Pierre (1347). Nos implacables ennemis avaient rendu
cette ville imprenable par les fortifications dont ils l'avaient
entourée, et par la facilité avec laquelle ils pouvaient la secourir par mer. Vainement les Français avaient essayé de la
reprendre : leur orgueil national et leur bravoure étaient

venus se briser contre ses remparts. Le découragement s'était emparé d'eux, et ils n'osaient plus renouveler leurs tentatives. L'Anglais était jaloux de conserver cette place, qui lui rappelait ses anciennes conquêtes et lui ouvrait les portes de la France : c'était la griffe britannique qui voulait peser éternellement sur nous !

Guise résolut de s'emparer de Calais, et soumit au roi son plan. Henri II et ses conseillers approuvèrent son projet, qui flattait à un si haut degré l'orgueil national, et chacun jura de garder le silence, car le succès d'une telle entreprise dépendait surtout du mystère dont elle serait entourée et de la rapidité de son exécution.

En parcourant la frontière, Guise avait reçu de nombreux rapports des gouverneurs de villes. Sénarpont, qui commandait Boulogne, lui adressa des détails si précis sur la situation de Calais et sur la garnison de cette place, qu'il résolut immédiatement de frapper l'ennemi de ce côté. Sa décision une fois prise, il envoya Strozzi vérifier les informations de Sénarpont; le maréchal put s'introduire dans la ville à l'aide d'un déguisement, et ses observations confirmèrent en tout point les dires du gouverneur de Boulogne. Sûr de n'être point trompé, le lieutenant général fit rassembler dans l'Océan toutes nos forces navales sous différents prétextes, leur donnant rendez-vous, à une époque déterminée, devant le port de Calais, afin de prévenir toute surprise par mer. Ensuite, à la tête de l'armée, il fit répandre le bruit qu'il allait porter la guerre dans le duché de Luxembourg pour forcer l'ennemi à diviser ses forces, en l'obligeant à se fortifier de ce côté. Nevers et Bordillon furent envoyés en Champagne, tandis qu'il se portait de sa personne entre Saint-Quentin, Ham et le Catelet, faisant mine de vouloir ravitailler Doullens. L'ennemi, déconcerté par toutes ces marches et contre-marches, est complétement dérouté, et ne sait plus sur quel point il va être attaqué. Tout à coup Guise se dérobe à lui, et à marches forcées, au cœur de l'hiver, il se présente devant Calais, le 1er janvier 1558.

Tout sourit à son audace. Le premier jour de son arrivée, après une vive arquebusade, il déloge les Anglais d'un village qui va sur la chaussée du pont de Nieullay. Le lendemain, il dirige ses batteries sur le fort Risbank, qui commande l'entrée du havre et défend l'avenue de la ville. Dans la nuit, avec le maréchal Strozzi, de Thermes, d'Estrées, grand maître de l'artillerie, Sauzac, Tavannes, Dandelot et Sénarpont, il s'était approché à trente pas de ce port sans donner l'alarme à l'ennemi. Rendan et Allègre avaient été obligés de sonder, à la marée basse, le passage du port. Brèche fut faite au fort Risbank, qui fut pris d'assaut, et l'Anglais se retira du fort de Nieullay sans opposer la moindre résistance. Le gouverneur faisait replier ses troupes dans la ville, afin de circonscrire la défense. Alors, déroutant l'ennemi en l'attaquant sur tous les points à la fois, il battit en brèche, avec toute son artillerie, le château de la ville, tandis que le maréchal Strozzi, avec cent pionniers, soutenus par des arquebusiers, profitant de la marée basse, s'emparait des maisons qui longeaient le port. Mais Strozzi ne put pas s'établir longtemps dans cette position; le feu des assiégés causait dans les rangs des ravages qui le forcèrent à se retirer.

Le quatrième jour, la brèche faite au château était suffisante pour que l'assaut fût donné. Guise, selon sa coutume, se mit à la tête des troupes, et passa le premier la rivière qu'il fallait traverser pour arriver sous les murs du château. Il était suivi de d'Aumale et du marquis d'Elbeuf, ses frères, de Montmorency, fils du connétable, et d'une grande quantité d'autres gentilshommes qu'il conduisit jusqu'au pied de la brèche. Les Anglais furent forcés de toutes parts et taillés en pièces. Ceux qui échappèrent se retirèrent dans la ville pour tenter une dernière résistance. Le château pris, il y laissa ses deux frères et une bonne partie de la noblesse qui l'avait suivi, et s'en revint par la marée basse afin de continuer les opérations du siége. Les Anglais tentèrent de reprendre le château; mais, repoussés et poursuivis jusque dans la ville, ils furent obligés de capituler après huit jours de combat. La canonnade fut si vive qu'on l'entendit, dit-on, de Douvres et d'Anvers. L'escadre anglaise se présenta pour secourir la ville; mais Guise avait tout prévu. Nos galères étaient à leur poste, et elle fut obligée de regagner la haute mer, se bornant à tirer quelques coups de canon qui ne produisirent aucun effet. Quelques navires de commerce anglais furent même capturés, et vinrent ajouter encore au riche butin que se partageaient les vainqueurs. Partout où se trouvait ce prince aussi loyal qu'intrépide, les lois de l'humanité étaient scrupuleusement observées. Sur la demande même des officiers anglais, Dandelot et une quarantaine d'autres gentilshommes pénétrèrent dans la ville avant qu'elle eût capitulé, pour prévenir tout excès de la part des soldats.

Les conditions de la reddition furent que tous auraient la vie sauve, sans qu'aucun outrage fût commis contre les femmes, filles et enfants. Les soldats et les sujets anglais pourraient se retirer en Angleterre ou en Flandre, selon leur bon plaisir, et ne demeureraient prisonniers de guerre que lord Wentworth et cinquante autres personnes au choix du duc de Guise. Défense était faite « de causer aucun dommage à ladicte ville; ne remueront terre d'artillerie et autres munitions quelconques pour la défense et seureté d'icelle, mais laisseront le tout en l'estat qu'il estoit lors de la présente capitulation ».

Ces précautions furent prises par Guise pour prévenir les dégâts dans le genre de ceux que commirent les Anglais lorsqu'ils rendirent Boulogne.

Le butin fut immense en munitions, armes de guerre, vivres, marchandises, or et argent monnayés. Toujours généreux, Guise ne voulut rien conserver pour lui : ce qui contraria fort sa femme, qui était, paraît-il, bonne ménagère. Il présida lui-même à la répartition du butin, qu'il distribua selon les mérites et les besoins de chacun.

La prise de Calais eut en Europe un immense retentissement. Après la défaite de Saint-Quentin, la France se relevait par un coup d'éclat qui jetait ses ennemis dans la stupéfaction. En apprenant cette nouvelle, le vieux pape Paul IV dit spirituellement que la perte de Calais était l'unique domaine que la reine d'Angleterre retirerait de son mariage avec Philippe II.

Marie Tudor était depuis longtemps souffrante; la prise de Calais lui causa une si profonde douleur que son mal s'en aggrava. Avant de mourir, on assure qu'elle dit : « Si l'on ouvrait mon cœur, on y trouverait le mot *Calais* profondément gravé. »

Les lettres de félicitations arrivèrent de tous côtés au duc de Guise. Soliman regrettait un peu tard ne n'avoir pas mieux secondé ses opérations en Italie, et s'offrait à réparer cette faute. Les princes allemands, qui se montraient si hésitants dans leurs rapports avec Henri II, se déclarèrent tout prêts à lui fournir de nouvelles levées de lansquenets. Brissac écrivait au duc « qu'il estimoit bien qu'il devoit être occupé aux préparatifs de quelques grands exploits, et qu'il vouloit attendre lui en faire avoir plus tôt l'exécution que le dessein ».

En effet, on apprit le siége de Calais en même temps que sa reddition. Le 10 janvier, le roi, accompagné de la reine, allait en grande dévotion rendre grâces à Dieu de la conquête que venait de faire le prince lorrain. En reconnaissance

de ce haut fait, le roi délivra les pauvres prisonniers pour
dettes, acquittant pour eux ce qu'ils devaient à leurs créan-
ciers.

Rien ne saurait décrire l'enthousiasme qui éclata dans
toute la France, et surtout à Calais, lorsque le drapeau blanc
flotta enfin sur les murs d'une ville qui, depuis plus de deux
siècles, était séparée de la mère patrie. Partout et sous
toutes les formes, on célébrait la gloire du duc de Guise,
« né pour être le soutien de la religion et du trône, envoyé
de Dieu pour sauver la patrie déjà deux fois, en lui conservant Metz d'abord, puis en lui recouvrant Calais[1]. »

La ville de Calais s'appuyait sur deux places, Guines et
Gravelines, qui étaient considérées, la première comme le
boulevard de la Flandre, et la seconde comme le boulevard
de la France. Après avoir rassemblé son conseil de guerre,
Guise émit l'avis qu'il fallait faire le siége de Guines sans
donner à l'ennemi le loisir de respirer. Rabutin dit dans ses
commentaires que « ce prince d'invincible courage, et auquel
le travail de la guerre est comme exercice continuel, proposa de l'assiéger et de n'en départir qu'il ne l'eût de gré ou
de force ».

Le 13 du mois de janvier, l'armée française était devant
Guines, qu'elle trouva abandonnée, l'Anglais s'étant retiré
dans la forteresse. Mais à peine les Français s'étaient-ils
logés dans les maisons, et s'apprêtaient-ils à ouvrir les tranchées contre la citadelle, que lord Gray fit opérer à ses
troupes une sortie si violente, que les nôtres, embarrassés
dans le butin qu'ils emportaient de Calais, furent repoussés,
et allaient être taillés en pièces sans l'arrivée soudaine du
duc de Guise, qui les rallia et les ramena au combat avec
une telle furie que les assaillants furent repoussés en
désordre. Immédiatement l'habile général fit ouvrir ses tranchées, et posta ses batteries contre les deux points principaux de la forteresse, c'est-à-dire du côté de la courtine de
la porte et du côté du grand boulevard, dit de la Cuve. En
moins de trois jours, il fut déchargé huit à neuf mille coups
de canon contre les remparts, « de sorte, dit le commenta-
teur, qu'estant ce gros boulevard désarmé et ouvert, la

---

[1] Certains écrivains protestants ont voulu faire rejaillir sur Coligny
l'honneur d'avoir conçu le premier l'idée d'une entreprise sur Calais. Il
ressort de pièces justificatives que Sénarpont avait depuis plus d'une année
présenté les moyens de surprendre cette place, et que Guise seul eut l'audace et le talent nécessaires pour l'exécution de cette entreprise, dont
l'honneur lui revient tout entier.

brèche apparut, dans le vingtième de ce mois, raisonnable pour l'assailir et forcer. »

Avant toutefois de commander l'assaut, Guise voulut faire reconnaître la brèche, et pour cet effet il envoya quatre soldats pour l'informer de l'état des fortifications. Il en envoya ensuite vingt autres, et le lendemain cinq ou six non moins hardis et aventureux que les premiers, « lesquels donnèrent bon espoir et advenue de ceste brèche. » Pourtant ce prince très-humain, ne voulant pas exposer à crédit la vie de ses soldats, fit exécuter par un certain nombre de pionniers, soutenus par cent vingt de ses meilleurs hommes d'infanterie, des travaux de terrassement destinés à aplanir et à donner la montée de la brèche qui était encore « haulte et roide ».

Le 20 du mois de février, il fit marcher un régiment d'Allemands droit à la brèche pour ouvrir le premier passage. Dandelot, colonel de l'infanterie, reçut ordre en même temps de tenir ses troupes prêtes pour l'assaut. Guise, posté sur un tertre qui dominait les remparts, donna le signal de l'attaque, qui fut impétueuse et terrible. Pour traverser les fossés, Français et Allemands étaient munis de ponts volants faits de tonneaux liés entre eux. Les Anglais faisaient pleuvoir sur ces faibles embarcations des feux d'artifice et une grêle de balles. Ces décharges étaient si meurtrières que les assiégeants se virent repoussés et commencèrent la retraite; ce qu'apercevant, Guise descendit de son poste d'observation, et, se présentant au milieu d'eux, reprenant les uns, sollicitant les autres, leur remit de telle sorte « le cœur au ventre qu'ils retournèrent visages et recommencèrent de plus belle ». Cette fois l'Anglais se retira en désordre et abandonna les remparts pour se renfermer dans la citadelle. Au même instant les Allemands au service de Guise, conduits par le neveu du colonel Reichroch, s'emparaient de deux autres petits boulevards où l'on avait aussi fait la brèche.

Lord Gray, qui avait en Angleterre la réputation d'un capitaine aussi ferme que hardi, ne se crut plus dans la possibilité de défendre le château où il s'était réfugié avec son fils, et demanda à capituler, et la reddition de la place eut lieu aux conditions suivantes : « Que les soldats sortiroient avec leurs armes, mais que leurs enseignes demeureroient dans la place avec toute l'artillerie, pouldres, boulets et toutes autres munitions, tant de guerre que de vivres. Quant au milord Gray et tous les capitaines et hommes de qualité qu'il avoit avec luy, ils demeureroient prisonniers

de guerre, en la puissance du roi et de M. Guise. Estan-
ceste capitulation reçue et approuvée des assiégez, le jour
ensuivant sortirent de ceste place de neuf cens à mil hommes
de guerre, partie Anglais, partie Bourguignons, et quelque
nombre d'Espagnols, sans le menu populaire, qui prirent
tous tel chemin qu'ils voulurent, sans leur faire aucun mal
ny déplaisir; et restèrent ou furent en tout, par leur dire
mesme, des leurs de morts et blessez, de quatre à cinq
cents. Le milord Gray fut retenu prisonnier; aussi fut un
capitaine espagnol que l'on appeloit Mont-Dragon, lequel
auparavant, ayant esté prisonnier en la Bastille, à Paris,
s'estoit sauvé et depuis s'estoit renfermé là dedans[1]. »

Ce brillant fait d'armes, uni à ceux qui l'avaient précédé,
jeta l'ennemi dans une telle consternation, que celui-ci dé-
campa du château de Ham, avant même que Guise se fût
présenté pour le soumettre.

Ainsi l'étranger était chassé de toutes parts, et après plusieurs siècles d'occupation le comté d'Oy était soumis à
l'autorité royale. Justement soucieux de l'avenir, Guise fit
raser le château de Ham et les fortifications de Guines, qui,
situé sur la route de Calais, aurait pu devenir, en retom-
bant dans les mains des ennemis, une occupation dange-
reuse.

En récompense de ses victoires, Guise reçut du roi la mait
son dite *des Marchands,* située à Calais. Ce fut pour son
compte personnel tout ce qu'il obtint de la munificence
royale. Il est vrai qu'en enregistrant cette donation, le parlement de Paris lui élevait dans ses lettres patentes un monument impérissable, qui léguait son nom à la postérité.

Le roi fit un voyage à Calais, où il fut reçu avec grand
enthousiasme, et revint ensuite à Paris pour tenir les états
généraux, et ensuite pour présider aux réjouissances publiques, organisées à l'occasion des victoires que venaient
de remporter ses armées.

Déjà de sourds mécontentements se manifestaient contre
les Guises, moins peut-être par la jalousie que le duc pouvait
inspirer qu'à cause de l'arrogance du cardinal, son frère,
dans ses rapports avec les principaux personnages de la
cour et même avec le roi.

Cependant les triomphes obtenus par Guise étaient trop
éclatants, et ses services rendus à la France et à la monarchie étaient trop immenses, pour que nul à la cour, ni Cathe-

---

[1] Commentaires de Fr. Rabutin.

rine de Médicis, ni la duchesse de Valentinois, osât ouvertement se mettre au travers de ces illustres ambitieux. L'al-
tière duchesse, belle-mère d'un frère du duc de Guise, ne
pouvait supporter l'arrogante autorité du cardinal; la reine
Catherine de Médicis, froidement respectée par son époux,
avait espéré s'emparer du pouvoir, grâce à l'ascendant qu'elle
exerçait sur ses enfants, ascendant qu'elle croyait toujours
conserver. Aussi l'astucieuse Italienne ne voyait-elle pas
sans effroi l'amour que la spirituelle et belle Marie Stuart
avait su inspirer au jeune Dauphin.

Depuis huit ans, c'est-à-dire depuis le jour où la princesse
avait été envoyée à la cour de France pour y faire son éducation, le dauphin François avait appris à aimer la sérénissime petite reine qui lui était destinée pour femme. Le
Vénitien Capello rapporte que les deux enfants, se faisant
tous deux mille caresses, aimaient à se retirer tout à part
dans un coin des salles pour qu'on ne pût entendre leurs
petits secrets. L'ambition des Guises se trouvait donc admirablement servie par l'inclination, bien naturelle du reste,
du Dauphin pour leur royale nièce. La déclaration de guerre
envoyée par Marie Tudor à Henri II ne fit que précipiter le
mariage des deux jeunes fiancés, et combler ainsi les vœux
des princes de la maison de Guise.

Marie Stuart, fille de Jacques V et de Marie de Lorraine,
veuve du duc de Longueville, sœur aînée de François de
Guise et reine douairière d'Écosse, était née le 8 décembre
1542, en Écosse, au château de Falkland. François, Dauphin
de France, avait un an de moins que la princesse écossaise.
Le 19 avril 1558, eurent lieu, en la grande salle du bâtiment
neuf du château du Louvre, les fiançailles « de très-noble et
excellent prince François de Valois, roi-dauphin, et de très-
haulte et vertueuse princesseMarie Stuart, royne d'Écosse ».

Après qu'ils eurent promis de s'épouser en présence du
cardinal de Lorraine, le bal royal eut lieu. Le roi dansa avec
la reine d'Écosse; le roi de Navarre, avec la reine; le Dauphin, avec Madame Marguerite, sœur unique du roi; le duc
de Lorraine, avec Madame Claude, fille du roi. La bénédiction
nuptiale eut lieu le dimanche après, 24 du même mois, en
l'église cathédrale Notre-Dame.En l'absence du connétable de
Montmorency, le duc de Guise remplissait la charge de
grand maître des cérémonies, charge qu'il ambitionnait
depuis longtemps.

Au-devant de la grande porte de l'église était dressé le dais
royal, semé de fleurs de lis, et les deux portes à côté étaient

également couvertes de riches étoffes. A dix heures la cérémonie commença. D'abord vinrent les suisses vêtus de leurs
riches livrées, portant leurs hallebardes, leurs tambourins
et leurs fifres, sonnant selon la coutume; et ensuite le duc
de Guise, « qui salua honorablement monseigneur le révé-
rend père en Dieu, Eustache de Bellay, évesque de Paris
(lequel estoit là avec plusieurs seigneurs, nobles et gentilzhommes, attendant la venue des princes et seigneurs), puis
se retourna vers le peuple. Et voyant que lesdictz seigneurs
et gentilzhommes, qui estoient sur ledict théâtre[1], empes-
choient que ce peuple, qui estoit en bas, n'eust peu voir le
triomphe dudict mariage, en peu de paroles, faisant signe
de la main, fit retirer lesdictz nobles et gentilzhommes[2]. »

On voit que le duc de Guise ne laissait jamais échapper
aucune occasion, grande ou petite, de se rendre populaire.

Après vinrent les cent gentilshommes du roi, en bon ordre
et équipage, les princes, « tant richement ornez et vestus
que c'estoit chose merveilleuse, » les abbés, les évêques,
dont trois portant mitre et crosse, un grand nombre d'ar-
chevêques, et les cardinaux de Bourbon, de Lorraine, de
Guise, de Sens, de Meudon et de Le Longcourt, suivis du
cardinal de Trivulce, devant lequel étaient portées la croix
et les masses d'or. Enfin vinrent le roi-dauphin, conduit par
le roi de Navarre, le duc d'Orléans et le duc d'Angoulême,
et la reine-dauphine, conduite par Henri II et le duc de Lorraine. La reine Catherine de Médicis, escortée du prince de
Condé, la reine de Navarre, Madame Marguerite, la duchesse de Berry, et les autres princesses fermaient le royal
cortége.

Quand toute la cour fut arrivée sur l'estrade, le duc de
Guise, escorté de deux hérauts d'armes, fit retirer encore
une fois les gentilshommes qui empêchaient le peuple de
voir ce « triomphe ». Alors les hérauts crièrent par trois
fois à haute voix : « Largesse, » et jetèrent au peuple grand
nombre de pièces d'or et d'argent. « Lors eussiez veu tel
tumulte et cry entre le peuple qu'on n'eust sceu ouyr tonner,
tant grande estoit la clameur des assistans audict lieu, eux
précipitans les uns sur les autres pour la cupidité d'en
avoir. Les uns demeurèrent évanouys, les autres perdirent

---

[1] Un théâtre ou échafaud avait été dressé sur le parvis de Notre-Dame,
avec une galerie allant de la cour de l'évêché jusqu'à la porte, et de là jusqu'au chœur de l'église. Cette galerie était de douze pieds de hauteur, cons-
truite en façon d'arche, et couverte de pampres selon la forme antique.
[2] *Archives curieuses de l'histoire de France.*

leurs manteaux, les autres leurs bonnets et autres habitz, tellement que le peuple, contrainct de telle presse, cria auxdictz héraults qu'ils n'en jetassent plus à cause dudict tumulte. »

La messe fut célébrée par l'évêque de Paris, et la cour retourna ensuite, dans ce même ordre, à l'évêché, où était préparé, par les soins de Guise et du prince de Condé, un banquet magnifique. Les mémoires et les chroniques du temps sont remplis de détails sur les bals et les fêtes qui suivirent ces noces. Dans les quadrilles organisés pour cette solennité, les princes montaient des chevaux de bois, sans doute semblables à ceux introduits à la cour de Provence par le bon roi René. A Aix et à Marseille, l'usage en a été conservé dans les cavalcades publiques ; on les appelle les chevaux *fruz*. A d'autres quadrilles les chevaux furent remplacés par des navires, à bord desquels les princes embarquaient les princesses de leur choix.

Le Dauphin et Marie étant cousins au quatrième degré, il était besoin d'une dispense pour leur union. Cette dispense fut obtenue par le canal du cardinal Trivulce, légat du pape. La duchesse douairière d'Écosse avait envoyé à la duchesse de Guise, sa mère, une procuration pour la remplacer dans cette circonstance. La jeune Marie Stuart étant reine d'Écosse, son mari prit le titre de roi-dauphin, et elle celui de reine-dauphine. Voici, d'après René de Bouillé, les principales clauses de ce contrat : « Dès le 4 avril, vingt jours avant le mariage, Marie avait, par le conseil de ses oncles, le cardinal de Lorraine et le duc de Guise, fait : 1° au profit de Henri II une donation éventuelle de son royaume d'Écosse et de *tous ses droits au trône d'Angleterre,* si elle venait à mourir sans enfants ; 2° un acte contenant seulement engagement du royaume d'Écosse et abandon de tous les revenus de ce royaume, jusqu'à l'entier remboursement des sommes dues à la France, et qui étaient évaluées par approximation à un million d'or ; 3° un autre acte exprimant renonciation formelle à toute déclaration qu'elle pourrait être obligée de faire, sur la demande des états d'Écosse, au préjudice des dispositions consenties par elle en faveur de la France : actes politiques imprudents et graves, dont l'un (la cession à un prince étranger des droits sur la couronne d'Angleterre) devint plus tard un prétexte de grief ou d'accusation à Élisabeth contre sa malheureuse cousine, et dont le cardinal de Lorraine s'efforça vainement alors d'atténuer les funestes effets. »

# CHAPITRE VI



Sur ces entrefaites, la duchesse douairière de Lorraine,
retirée dans les Pays-Bas depuis que Henri II s'était emparé
des Trois-Évêchés, fit demander par Vaudemont la permission de voir son fils. Le cardinal de Lorraine obtint du roi
la permission demandée, et voulut se charger lui-même de
conduire son neveu auprès de la duchesse. Il profita de cette
circonstance pour engager sa belle-sœur à amener avec elle
quelques-uns des ministres du roi Philippe ayant connaissance des affaires de leur maître, voulant ainsi la faire con-
tribuer au dénoûment de la guerre. Il fallait que cette entrevue restât secrète, la croyance générale étant que les Guises
n'inclinaient point pour la paix.

La duchesse, se trouvant à Cambrai, vint à la rencontre de

son fils jusqu'à Marcoing (dimanche 16 mai 1558), petit village situé à une lieue de la capitale du Cambrésis, escortée du célèbre Perrenot de Granvelle, évêque d'Arras, premier ministre de Philippe II, du comte d'Egmont, d'un secrétaire d'État et de plusieurs autres grands seigneurs. Le jeune prince était conduit par le duc de Vaudemont, son oncle et tuteur, par d'Aumale et le cardinal de Lorraine, ce dernier ayant avec lui le secrétaire d'État l'Aubépine.

Ce n'était plus une entrevue de famille, c'était une conférence politique.

Tout porte à croire que ni le cardinal ni Granvelle ne s'étaient fait illusion sur les résultats de l'entrevue. Les deux rusés diplomates n'avaient d'autre but que de sonder réciproquement leurs intentions. Charles de Lorraine, pour capter la confiance de son interlocuteur, prit son air le plus débonnaire, et donna pour gage de ses sentiments pacifiques le caractère sacerdotal dont ils étaient revêtus tous les deux, et la nécessité qu'il y avait pour l'Église de faire cesser, entre les deux plus grands princes de la chrétienté, une guerre qui ne pouvait que tourner au bénéfice des hérétiques.

Granvelle, qui, « lorsqu'on lui faisait une plainte en formulait une douzaine d'autres, si bien que c'était peine perdue que de négocier avec lui, » à chacune des prétentions du cardinal de Lorraine opposait les prétentions vraiment par trop exorbitantes de son maître. En vain plusieurs projets de mariage furent ébauchés pour faciliter les négociations. Le prince Emmanuel de Savoie aurait pu épouser Madame Marguerite, sœur du roi ; et le prince des Asturies, fils de Philippe II, la fille aînée de Henri II. Tous ces projets d'alliance rencontrèrent des difficultés insurmontables, Philippe II voulant conserver toutes ses conquêtes dans la Picardie et recouvrer tout ce qu'il avait perdu dans le Luxembourg, y compris les Trois-Évêchés (Toul, Metz et Verdun), ainsi que le Piémont et la Savoie.

Comme témoignage de bon sentiment à l'égard de la France, Granvelle fit au prince lorrain le tableau malheureusement trop exact des progrès du calvinisme dans la patrie de saint Louis. La réforme gagnait la haute noblesse, qui manifestait hautement ses intentions de résister, même par les armes, aux édits royaux. Comme preuve de ce qu'il avançait, Granvelle mit sous les yeux du duc de Guise une lettre de Dandelot à son frère Coligny, prisonnier de Philippe II. Dans cette lettre, le colonel de l'infanterie française avouait ses croyances religieuses et dévoilait certains plans des huguenots.

Cette révélation allait fournir au cardinal et à Guise l'occasion, depuis longtemps attendue, de forcer le roi d'enlever à Dandelot le grand commandement militaire dont il était revêtu.

L'entrevue de Marcoing, bien que sans effets apparents, servit considérablement le projet du cardinal. Presque toute la cour, ennemie de la fortune des Guises, voulait la paix et engageait le roi à rappeler le connétable pour la conclure. La duchesse de Valentinois, surtout, rappelait chaque jour à son royal amant les services que le connétable avait rendus à la patrie, et l'ingratitude dont on faisait preuve à son égard en le laissant dans les fers. Henri II n'osait point encore braver les Guises ; mais, en secret, il entretenait une correspondance avec le connétable pour préparer le traité de paix

Les Guises n'ignoraient point toutes ces intrigues. Pour les déjouer, il était donc de bonne guerre qu'ils éloignassent des conseils du roi les amis du connétable et de Coligny.

Lorsque la patrie avait été en péril, tous les regards s'étaient tournés vers eux, et depuis le roi jusqu'au dernier des sujets, tous leur avaient crié : Sauvez-nous ! Maintenant que la France était sauvée de l'invasion et que nos armées, jadis vaincues, étaient victorieuses sur tous les points, on oubliait déjà les immenses services qu'ils avaient rendus; on les récompensait par l'ingratitude et par la calomnie.

Le cardinal de Lorraine n'hésita donc point. Aussitôt de retour auprès du roi, il dénonça Dandelot comme hérétique. Le roi n'y pouvait croire. Le cardinal lui conseilla d'interroger lui-même le prévenu et de lui demander ce qu'il pensait du saint sacrifice de la messe. Dandelot était la loyauté même. Les princes lorrains savaient qu'il n'achèterait pas sa grâce au prix d'une apostasie ou seulement d'une équivoque. Le contraindre à une loyale explication était le plus sûr moyen de le perdre.

Mandé en toute hâte à la cour, il comparut devant le roi, qui lui rappela avec bonté les soins dont il avait entouré son enfance et l'affection qu'il lui avait toujours témoignée. Ensuite il lui demanda quelles étaient ses croyances religieuses et ce qu'il pensait du saint sacrifice de la messe. Dandelot protesta de son affection et de son dévouement pour le roi, mais il dit que son âme n'appartenait qu'à Dieu. Il s'avoua calviniste, et traita avec mépris et dans les termes les plus outrageants les cérémonies et les croyances catholiques. En entendant ce langage, le roi entra dans une grande colère, et voulut même, dit l'historien de Thou, percer l'audacieux de son épée ; mais il se contenta de le faire arrêter pour qu'il fût conduit en prison à Meaux, et ensuite à Melun.

La charge de colonel général de l'infanterie française fut, sur la recommandation des Guises, confiée au brave Montluc. Le spirituel et rusé Gascon, bien qu'aimant fort le lieutenant général du royaume, craignait les Coligny et ne voulait point s'attirer leur colère. Il refusa la charge comme en étant indigne, préférant servir dans l'armée comme simple soldat. Pour ne point l'accepter, il se fit même passer pour dangereusement malade. Mais la volonté du roi fut formelle, et force fut au brave Gascon d'aller prendre le commandement de ses troupes. Le roi lui fit don d'une somme de mille écus pour les dépenses de son équipement.

Dandelot était un brave soldat et un habile capitaine, mais Montluc ne lui cédait en rien. Les Guises, en se débarrassant d'un ennemi déclaré, rebelle aux édits du roi, et prêt à tourner les armes contre son pays, savaient du moins le remplacer par un capitaine d'une rare expérience.

Les intrigues de la cour ne parvinrent jamais à faire perdre de vue aux princes lorrains les affaires du royaume. Vieilleville, gouverneur de Metz, avait résolu depuis longtemps de s'emparer de Thionville, place si admirablement fortifiée qu'elle semblait imprenable, et que les Français, dans leurs excursions en Luxembourg, n'avaient jamais songé à attaquer.

De cette place, les Espagnols faisaient de fréquentes sorties sur le territoire des Trois-Évêchés et sur la Champagne. Il devenait urgent de les en déloger. Ce n'était qu'à cette condition que l'armée de l'Est pourrait opérer sa jonction avec l'armée de Picardie, et tenter ainsi quelque grande entreprise contre les Pays-Bas. Guise ne voulut laisser à nul autre l'honneur de cette entreprise. Il écrivit à Vieilleville pour le prier de l'attendre et de ne rien entreprendre sans lui. Il lui annonçait en même temps qu'il lui amenait quatre cents hommes d'armes, cinq cents chevau-légers et mille arquebusiers à cheval pour soutenir ses compagnies étrangères.

Avant de partir pour le pays messin, Guise, ayant intercepté plusieurs lettres d'Allemagne et connaissant ainsi les projets de Philippe II, conseilla au roi de renforcer l'armée de Picardie, commandée par de Thermes, afin que celui-ci fût en situation de défendre les places qui allaient être attaquées par les troupes dont le général en chef était le duc Astolf, et les principaux lieutenants Ernest de Brunswick et le comte de Mansfeld. Ce fut lui-même qui envoya à de Thermes le plan de campagne pour faire face à l'adversaire. D'Aumale était chargé de défendre une autre partie de nos frontières. Au commencement du mois de mai, Guise avait envoyé de Bourdillon à Metz, pour commencer avec Vieilleville les principales opérations du siége de Thionville, reconnaître les points par lesquels cette place pouvait être attaquée, et empêcher surtout que sa garnison ne fût renforcée.

Nevers, qui était en Champagne, réunit à Stenay toutes nos vieilles enseignes, notre artillerie, poudres et munitions, et prit le chemin de Pont-à-Mousson, où il opéra sa jonction avec le duc de Guise. Ils allèrent ensemble coucher à Metz, où ils séjournèrent deux à trois jours pour y tenir un conseil de guerre.

Guise connaissait déjà le plan d'attaque de Vieilleville, qu'il trouvait défectueux. Ne voulant pas heurter de front l'amour-propre du gouverneur de Metz, il chargea son ami le maréchal Strozzi d'exprimer ses idées au conseil. Elles furent trouvées si justes qu'elles furent accueillies à l'unanimité, chacun disant qu'il ne fallait pas revenir après un aussi excellent et aussi expérimenté capitaine.

Le 1er juin, Guise et Nevers arrivèrent devant la place assiégée, et se partagèrent le commandement de l'armée, forte d'environ treize à quatorze mille hommes. Guise demeura en deçà de la Moselle, vers Fleuranges, et Nevers passa de l'autre côté et alla se loger au château de la *Grange-aux-Poissons,* pour commander l'avant-garde. Nemours, avec la cavalerie légère, campa un peu plus avant, sur le chemin de Luxembourg, au-dessus du mont d'Estraing, et de Jametz, avec quelques compagnies de gendarmerie et de reîtres, encore plus avant sur le chemin de Metz. La ville était défendue par plus de trois mille hommes de troupes d'élite, commandés par Jean de Gaderebbe. Les tranchées furent ouvertes le 5 juin, et le 6 notre artillerie fit brèche du côté de la rivière, où il y avait une courtine avec terrasse, et défendue par deux plates-formes et une grosse tour ronde faisant flanc à cette courtine.

Cependant les assiégeants se virent assaillis, dès le commencement du siége, par le comte de Horn et par le comte de Mansfeld, qui, à la tête de vieilles bandes espagnoles, essayèrent à plusieurs reprises de traverser les lignes françaises pour venir au secours de la ville.

A l'aide d'un pont jeté sur la Moselle, les communications entre les différents corps de l'armée française étaient si bien établies, que les lieutenants de Philippe II se virent repoussés sur tous les points avec de grandes pertes, et qu'ils jugèrent prudent de ne plus se présenter du côté de nos tranchées.

Le 20 juin, les remparts de la grosse tour, dite *Opus*,
avaient été si furieusement battus en brèche, que Guise
estima le moment venu de donner l'assaut. Guise était avec
Strozzi dans la tranchée, et familièrement appuyé sur l'épaule de son principal lieutenant, il examinait l'endroit le
plus convenable pour établir quatre coulevrines. Tout à coup
le maréchal Strozzi fut atteint d'un coup d'arquebusade à
croc au-dessus du sein gauche, pénétrant dans le creux de
l'estomac. Se sentant frappé à mort, le vieux maréchal s'écria : « Ah! tête-Dieu ! Monsieur le roi perd aujourd'hui un
bon serviteur, et Votre Excellence aussi. » Strozzi était un
Italien brave, loyal et généreux, mais dont la jeunesse avait
été pervertie par les idées du matérialisme le plus abject.
Guise essaya vainement de lui faire entendre, en ce moment
solennel, quelques paroles de consolation et d'espoir. Strozzi,
au nom de Jésus-Christ, répondit qu'il reniait Dieu, « que
sa fête était finie, et que, quant à être devant sa face, il n'allait être que là où sont tous ceux qui sont morts depuis six
mille ans. »

Cette mort impie causa au prince lorrain une grande douleur. Il aimait Strozzi sincèrement ; pour le consoler et le ramener à de meilleurs sentiments il oubliait les dangers qu'il
courait, ne songeant qu'à son devoir d'ami et de chrétien.

L'assaut était donné, et il fallait que la mort de Strozzi fût
ignorée pour qu'elle ne jetât point le découragement dans
nos troupes. Il la dissimula aussi longtemps qu'il put, et résolut de la venger sur l'ennemi.

Montluc était devant la brèche, où il devait poser des gabions que Guise lui avait envoyés. Mais tous ceux qui se
montraient pour les poser étaient tués ou blessés. Guise fait
alors poser une coulevrine à roues qui tira pendant deux
heures, et devant laquelle il fait placer, chaque fois qu'on la
décharge, » des engins de table époisse de plus d'un pied,
afin que les ennemis étant aux casemates ne tuassent pas
nos canonniers. » Quatre cents hommes écartaient avec des
mousquets ceux qui, d'en haut, se hasardaient à faire feu.
C'était le brave Montluc qui commandait cette opération, et
il lui fallait tout son courage et tout son sang-froid pour ne
point l'abandonner. Sa position était si critique que, sur les
ordres du duc de Nevers, de Bourdillon le prit dans ses bras

et le porta à dix pas en arrière, lui disant : « Eh ! que voulez-vous faire? Ne voyez-vous pas que, si vous êtes mort, tout ceci est perdu, que ces soldats perdront cœur? »

Montluc se dégagea de l'étreinte et retourna au lieu d'où on l'avait tiré. Alors, avec l'aide d'un capitaine qu'il nomme Volumat, et que l'historien de Thou nomme Volmart, il attaqua les casemates avec tant de prestesse et d'énergie que l'ennemi en fut délogé. « Et alors un soldat du capitaine Voa lumat en deux sauts fut à moy, et me dict hastivement que les ennemis avoient abandonné les casemates. Tout à coup je me jette au costé du trou, et puis un soldat, et crie : « Saute dedans, soldat, je te donneraye vingt écus. » Il me dict que non feroit, et qu'il estoit mort; et sur ce il se vouloit deffaire de moy à toute force. Mon fils, le capitaine Montluc, et ses capitaines, que j'ai nommez auparavant, lesquels me suyvoyent, estoyent derrière moi : je commence à renier contre eux pourquoy ils ne m'aydoient à forcer ce galand, Alors tout à coup nous le jettasmes la teste première dedans, et le fismes hardy en despit de luy. Comme je vis que les casemates ne tiroient, nous jettasmes deux autres arquebusiers dedans, partie de leur gré, partie par force, et leur prenions les flasques et le feu, car il y avait eauë jusques dessous les esselles. Et tout à coup peu après le capitaine Montluc se jeta dedans : les capitaines Coneil, la Motte, Castel, Segrat, les Ausillons, ayant tous rondelles, firent le saut pour sauver mon fils, et trois ou quatre arquebusiers après eux. Et comme je vis qu'ils estoient neuf ou dix, je leur criay : « Cou« rage, compagnons, monstrez que vous estes vrais soldats « gascons, donnez le tour aux casemates; » ce qu'ils firent. Les ennemis qui estoient sur le terre-plein tiroient des pierres aux leurs pour les faire retourner dans les casemates. Et comme le capitaine Montluc fut auprès de la porte de la casemate, il rencontra les ennemis, lesquels y vouloient rentrer, et un arquebusier des nostres tua le chef, qui estoit armé d'une escaille couverte de velours verd, un morion doré en teste, et une hallebarde dorée à la main. Deux autres y furent tuez de coups de main. Et alors nos gens se jettèrent dans la casemate, et me crièrent par le trou de la canonnière : « Secours! secours! nous sommes dans les case« mates. » Alors M. de Nevers et M. de Bourdillon m'aydèrent promptement à mettre soldats dedans. Nous leur prenions leurs flasques et le feu, et comme ils estoient en l'eauë, ils les reprenoient en la main, et passoient se jettant dans les casemates. Et depuis, M. de Nevers m'appela toujours son capitaine tant qu'il vescut, disant qu'il m'avoit là servy de soldat[1]. »

Guise, à la requête de Montluc, renforça la petite troupe des assaillants de deux compagnies commandées par le baron d'Anglure et Valenville. Tout à coup Guise, étant aux coulevrines d'où il faisait tirer sur les défenses, aperçut ces deux capitaines et Lunebourg, colonel d'un régiment d'Allemands, qui couraient droit à la tour, et il s'écria : « O mon Dieu ! la tour est prise ; ne voyez-vous pas que tout le monde y court? » Il monta soudain sur un *courtaud* bai qu'il avait là, passa le pont à toute bride, et vint jusqu'aux tranchées. Lorsque Montluc vit que d'Anglure et Valenville étaient dans la tour, il dit à un gentilhomme : « Courez à M. de Guise luy porter nouvelle que la tour des Puces est prise, et qu'à ceste heure je croy qu'il prendra Thionville, mais jusques icy je ne l'avois jamais cru. » Le gentilhomme trouva le duc au moment où il entrait dans la brèche et lui dit : « M. de Montluc vous mande que la tour est prise. — Hé mon amy, lui repartit le duc, j'ay tout veu! j'ay tout veu! » Abandonnant son cheval, le général en chef vint jusqu'à cinquante à soixante pas de la tour, où il trouva Montluc, qui lui dit en riant : « Oh! Monsieur, c'est à ceste heure que je croy que vous prendrez Thionville ; mas bous hazets trop bon marcat de nostre pel, et de Coste Monseigne[2]. » Le duc lui jeta le bras droit autour du cou et s'écria : « Monseigne, c'est à ceste heure que je cognois que l'ancien proverbe est véritable : que jamais bon cheval ne devient rosse. » Guise pénétra dans la tour avec les soldats, fit démolir les casemates par ses pionniers, qui, en moins d'une demi-heure, les eurent renversées dans l'eau : « Monseigne, dit le duc à son lieutenant, je m'en vais courant à mon logis pour avertir le roy de la prise, et assurez-vous que je ne luy cellerai pas le devoir que vous avez faict. » Et « il s'en alla dépescher un courrier au roy, car il tarde aux grands que les nouvelles ne volent ». La nouvelle de la prise de Thionville (car, une fois la tour prise, la ville ne pouvait que capituler) arriva le lendemain du jour où le roi s'était fait lire les présages de Nostradamus. « On dira que ce sont des resveries, ajoute Montluc, mais j'ai vu plusieurs telles choses de cet homme. » Le siége avait duré vingt et un jours, et avait coûté la vie à sept à huit

---

[1] *Commentaires de Blaise de Montluc*, t. VII, p. 195.

[2] Monseigne était un terme familier dont le duc de Guise se servait en parlant à Montluc.

cents soldats. On trouva dans la garnison de nombreux blessés que Guise fit soigner avec sa sollicitude ordinaire.

La capitulation eut lieu aux conditions suivantes : le gouverneur de la ville et ses lieutenants devaient rendre la place et ses forteresses en l'obéissance du roi et du duc de Guise, dans le même état qu'elles se trouvaient, sans y rien ruiner, gaster ny démolir. » Il devait également y laisser l'artillerie, poudre, boulets, munitions, leurs armes avec les enseignes tant de cavalerie que d'infanterie. Il était permis seulement aux gouverneur, capitaines, gens de cheval de sortir avec leurs armes, et les soldats avec leurs épées et dagues; les uns et les autres avec ce qu'ils avaient d'habillement, « sans qu'ils soient fouillés ni qu'il leur soit fait aucun déplaisir. »

Les doyens et gens d'Église, gentilshommes et bourgeois, avec ce qu'ils pourraient emporter d'or, d'argent et de meubles.

Sauf-conduit fut donné à tous pour que tort ne leur fût fait en leurs personnes et biens, et que nul ne touchât à l'honneur des femmes et des filles, que Guise, sur sa foi et parole de prince, promit de conserver de tout son pouvoir.

Il leur fit, en outre, remettre des bateaux et des chariots pour emporter leurs malades.

La capitulation fut signée le 22 juin 1558, et Guise, le jour même, rendait compte au roi, par le menu, du siége de la ville. Dans ce rapport, trois hommes sont surtout désignés pour s'être distingués pendant ce siége; ce sont : Tavannes, Montluc et lui-même. Vieilleville, dans ses mémoires, s'attribue à lui seul la prise de la ville.

Déjà les ennemis des princes lorrains avaient mis des placards à la porte du palais et dans les carrefours de Paris, où il était dit que Guise ne trouverait pas à Thionville ce qu'il avait trouvé à Calais. Le loyal et spirituel Montluc dit, en parlant de ces placards, que c'étaient des envies qu'on portait à ce brave et vaillant prince pour la charge honorable que le roi lui avait donnée. Avant nous ces envies ont régné, et régneront après nous. Et il ajoute philosophiquement qu'il y en a de si bonne « paste » qui aiment mieux la ruine et la perte de leur maître que l'honneur, non pas de leur ennemi, mais de leur compagnon; et si quelque disgrâce leur survient, car les hommes ne sont pas dieux, ils rient et font d'une mouche un éléphant. « Laissons-les crever leur saoul. »

La prise de Thionville augmenta d'autant plus la renommée de Guise, que ses ennemis s'étaient plu d'avance à en exagérer les difficultés.

Vieilleville voulait qu'on rasât cette place en vindicte de Thérouanne, que l'Empereur avait rasée de fond en comble, et pour ne pas donner une forteresse de plus à l'ennemi, si, après la paix, il fallait la restituer. Guise, qui espérait la conserver à la France, s'opposa à ces représailles de destruction, et pour que ses soldats, qui se voyaient frustrés dans leur butin, ne commissent aucun dégât, il transporta son camp à une demi-lieue de là. L'historien de Thou rapporte, de plus, que Guise s'empressa d'écrire à l'électeur de Trèves, pour qu'il ne s'inquiétât point du voisinage de l'armée française, et pour l'assurer que l'affection que le roi portait aux princes de l'Empire préviendrait toute violence sur leur territoire. Vieilleville demeura dans la place avec deux ou trois compagnies de gens de pied et sa compagnie de gens d'armes. Trois jours après la prise de Thionville, l'armée marcha droit sur Arlon, où Montluc vint camper avec les gens de pied français. Guise resta à un quart de lieue en arrière pour se reposer pendant cette nuit-là, se plaignant de n'avoir presque pas dormi depuis le commencement du siége.

Il y avait dans la ville quatre cent cinquante Allemands et quatre cents Wallons, les uns gardant une porte, les autres l'autre.

Montluc commençait à faire « l'esplanade » par les jardins qui environnaient la ville, afin d'établir son artillerie et faire brèche près de la porte occupée par les Wallons, lorsque, poussé par son esprit aventureux, il se hasarda à descendre jusque dans le fossé. Il trouva là un petit chemin qui conduisait à la ville et qu'il fit reconnaître par un soldat. Le soldat revint et lui dit qu'il n'avait point rencontré de sentinelle, et qu'il pensait que, si l'on se jetait à corps perdu dans le terre-plein, la ville serait perdue. Le sentier était obscur, si bien qu'on ne voyait point à un pas l'un de l'autre. Le soldat, qui était un Flamand, redescendit dans le fossé, conduisant avec lui deux capitaines et trois ou quatre arquebusiers. Ils étaient de l'autre côté du fossé lorsque les ennemis commencèrent à crier : *Vaer daer*? c'est-à-dire : Qui va là ? Le Flamand répondit en leur langage : *Frind! frind !* « Amis ! amis ! » Le Flamand dit aux Wallons qu'il redoutait leur perte, car au point du jour toute l'artillerie de M. de Guise serait en batterie.

Tandis que ceux-ci parlementaient, Montluc, qui n'était qu'à dix pas du fossé, fit monter en hâte ses arquebusiers, qui pénétrèrent dans la ville en criant : *Goutt kricht!* c'est-à-dire bonne guerre! Les Allemands, se voyant pris par der-

rière, ouvrirent une fausse porte et se rendirent à la merci
des soldats. Il n'y eut pas quatre hommes de morts, et les
ennemis menèrent eux-mêmes les nôtres faire butin dans
les maisons. Voilà comment la ville fut prise (1er juillet selon
Vieilleville et Rabutin, 3 juillet selon de Thou).

Guise, ayant défendu qu'on l'éveillât, et voulant dormir
cette nuit-là tout à son aise, ne sut rien jusqu'au point du
jour. Quand il se leva, il demanda si l'artillerie avait commencé à tirer; on lui répondit que la ville avait été prise dans
la nuit, ce qui lui fit faire le signe de la croix en disant :
« C'est aller bien vite ! »

Malheureusement le feu prit à trois ou quatre maisons
dans lesquelles il se trouvait de la poudre, et quatre ou cinq
soldats périrent en éteignant l'incendie. La ville était presque
pleine de lins près d'être filés. Le vent était grand; plus de
la moitié des maisons furent détruites, ce qui fut cause que
les soldats ne firent pas le butin qu'ils avaient espéré. Trois
ou quatre jours après, quand la grande violence du feu fut
amortie, Guise fit raser les remparts de la ville, afin que
l'ennemi ne pût, à l'avenir, s'y fortifier.

Deux incendies violents éclatèrent aussi dans le camp de
Guise et dans le camp de Bourdillon. Presque tous les chevaux du duc, une grande partie de sa vaisselle, son argenterie, le tout estimé à une valeur de sept à huit mille écus,
furent perdus. Sa personne même et plusieurs gentilshommes
de sa maison faillirent y laisser la vie. Cet incident ne peut
être attribué au hasard, mais à l'indiscipline qui commençait
à régner dans une armée composée en majeure partie d'é-
trangers. Les Allemands, et particulièrement les reîtres, s'é-
taient déjà mutinés un matin contre les Français, et de part
et d'autre on était tellement échauffé et aigri qu'on allait mettre
les armes à la main. Guise et de Nevers, en étant avertis, arrivèrent immédiatement sur le lieu du combat, séparèrent les
mutins et parvinrent à ramener la discipline dans les rangs.

Nevers avait fait plusieurs excursions dans le Luxembourg,
où, après quelques escarmouches, il s'était emparé de divers
postes, et Guise allait pénétrer dans le duché pour tenter de
ce côté quelque nouvelle entreprise, lorsque les nouvelles
qui lui arrivèrent de Picardie le forcèrent à rebrousser chemin. « Il semblait, dit Lacretelle, que les troupes françaises
ne pussent plus avoir de succès que sous la conduite du duc
de Guise. » Paris était encore tout à la joie que lui avait cau-
sée la conquête de Thionville, lorsqu'on apprit la défaite que
nos armées venaient de subir à Gravelines.

De Thermes, qui s'était distingué en Écosse, en Piémont, et à qui la France devait la conquête de l'île de Corse, avait reçu le commandement de l'armée de Picardie et le grade de maréchal de France. Voulant se montrer digne de la confiance du roi, il se porta, avec dix à douze mille hommes, devant Dunkerque, qu'il prit d'assaut après quelques jours de siége. La ville fut livrée au pillage. Il s'empara en même temps, par surprise, de la ville de Bergues, une des plus riches et des plus florissantes des Flandres à cette époque. Bergues fut également pillée et saccagée.

Après ces deux exploits, déshonorés par les rapines qui les suivirent, il voulut s'emparer de la ville de Nieuport. De Thermes était malade à Dunkerque, lorsqu'il apprit que le comte d'Egmont, à la tête d'une armée de douze à quinze mille hommes de pied, de trois à quatre mille chevaux et de quinze cents reîtres, était dans l'intention de lui faire tête et de lui couper la retraite en l'enserrant entre Gravelines et lui, et de le contraindre à combattre à son désavantage ou de l'affamer.

Bien qu'inférieur en forces, de Thermes voulut assurer sa retraite par un combat, et sut braver l'immense supériorité des ennemis par la position qu'il prit en portant sa droite dans un angle formé par la rivière de la Meuse et par l'embouchure de la rivière d'Aa, et en couvrant sa gauche d'une grande partie de l'artillerie et d'un grand nombre de chariots. Le comte d'Egmont dirigea lui-même une charge furieuse, qui vint se briser contre la fermeté de nos troupes. Le général espagnol fut renversé de cheval, et ses troupes furent si violemment repoussées que le découragement commençait à se mettre dans leurs rangs. Il allait commander la retraite, et les nôtres criaient déjà : Victoire ! victoire ! lorsqu'une escadre anglaise, forte de douze vaisseaux, attirée par le bruit de l'artillerie, entra à toute voile dans la rivière et canonna notre armée en flanc. Ce secours inopiné rendit courage à l'armée espagnole. Le comte d'Egmont rallia sa cavalerie et dirigea une nouvelle charge, que de Thermes, cette fois, ne put arrêter. Vainement le vieux maréchal essaya-t-il de changer son ordre de bataille ; les nôtres furent dispersés ou tombèrent entre les mains de l'ennemi.

De Thermes fut fait prisonnier, ainsi que Sénarpont, d'Annebault, de Villebon, de Morvillers, de Chaulnes et plusieurs autres gentilshommes. Deux mille soldats furent tués pendant cette déroute, qui ne peut-être comparée qu'à celle de Saint-Quentin (13 juillet 1558).

Ce fut après ce désastre que le roi rappela Guise pour qu'il relevât la fortune de nos armes encore une fois compromise. Il était dans sa destinée d'apparaître toujours en réparateur. Sans perdre une minute, le lieutenant général rassembla son armée, et à marches forcées, il vint dresser son camp à Pierrepont, sur les confins de la Champagne et de la Picardie, lieu fort commode pour le séjour d'une armée (28 juillet) [1]. Là vinrent le rejoindre en peu de jours Guillaume de Saxe, amenant avec lui sept ou huit cornettes de reîtres, formant un nombre de deux mille huit cents chevaux; Jacob de Haugsbourg, un vieux lieutenant du margrave Albert de Brandebourg, avec un régiment de dix enseignes de gens de pied, et d'Aumale. Vinrent aussi les bandes françaises ramenées de Ferrare par la Molle, et les débris de l'armée du maréchal de Thermes. Le roi, de son côté, avait rejoint Guise, et s'était établi à Marchaisse, accompagné du roi-dauphin et de cent gentilshommes de ses plus « favorisés et connus ». (Rabutin.)

Le dimanche suivant, 7 août, le roi passa en revue l'armée, qui fut, au dire de Montluc, la plus belle qu'eut jamais roi de France. « Car, comme le roy la vouloit voir en toute bataille, le camp du roy avoit une lieue et demie, et quand on commençoit à marcher par la teste avant qu'on fust au bout et retournez, il y falloit trois heures [2]. »

Deux heures avant le jour, Bourdillon et Tavannes, maréchaux de camp, prenaient leurs dispositions pour ranger l'armée en bataille. La chaleur était ardente, et lorsque Guise, à l'aube, vint les rejoindre, il dit à Montluc : « Plust à Dieu qu'il y eust ici quelque bon compagnon qui eust un flascon de vin et du pain, pour boire un coup; car je n'auray pas temps d'aller à Pierrepont disner avant que le roy soit arrivé. » Je lui dis :« Monsieur, voulez-vous venir disner à mes tentes (il n'y avoit pas plus d'une arquebusade)? je vous donnerai de fort bon vin françois et gascon, et force perdriaux. » Alors il me dit : « Ouy, Monseigne, mais les perdriaux seront de vostre pays, des aulx et des oignons. » Je lui répondis que ce ne seroit l'un ny l'autre, mais je luy donnerois si bien à disner que s'il estoit dans son logis, et le vin aussi froid qu'il en pourroit boire, et vin de Gascogne, et de bonne eau. Alors il me dit : « Vous mocquez-vous point, Monseigne? » Et je luy dis : « Non, sur ma foy. — Ouy, dit-

---

<sup>1</sup> Rabutin.
<sup>2</sup> Montluc.

il, mais je ne puis laisser le duc de Saxe[1]. » Je lui respondis :
« Amenez le duc de Saxe et qui vous voudrez. » Il me respon-
dit que le duc ne viendroit pas sans ses capitaines. » Et je
lui respondis : « Amenez-moi capitaines et tout, car j'ay prou
à manger pour tous[1]. »

En effet, le repas donné par Montluc au prince fut des plus
somptueux. Toutes ses promesses n'étaient point gascon-
nades. Il les tint, mais il sut se faire payer ses dépenses en
obtenant du roi, par le duc de Guise, la seule chose qui
manquât à sa table, un service en argenterie.

A cette revue parurent deux jeunes et beaux enfants qui,
escortés par plusieurs autres jeunes gentilshommes de leur
âge, attirèrent tous les regards de l'armée par leur bonne
grâce et leur air martial. Le premier était le prince de Joinville, fils aîné du duc de Guise, qu'une si grande et si haute
destinée attendait ; le second, le comte de Saint-Vallier, fils
du duc d'Aumale. Joinville avait huit ans, et Saint-Vallier en
avait neuf.

Tandis que le roi était à Pierrepont, Guise apprit que la
ville de Corbie était menacée par les Espagnols, et qu'il n'y
avait pas un moment à perdre pour la secourir. Il devait se
rendre au château de Marchaisse, afin d'arrêter dans le conseil du roi les moyens de défense, lorsque Montluc dit qu'il
n'y avait pas de temps à perdre en conseils ou consulta-
tions, et qu'il allait, avec sept enseignes, se jeter dans la
place avant que le roi d'Espagne y arrivât. Guise adopta cette
idée, et le lendemain le capitaine Debreuil entra dans Corbie
au moment où la cavalerie ennemie accourait pour lui inter-
cepter l'entrée de la ville. De leur côté, Henri II et Guise, à
la tête de l'armée, venaient au secours de Corbie, et furent
fort étonnés de voir que Montluc avait été encore plus expé-
ditif qu'eux.

Le camp fut transporté sur les bords de la Somme, près
d'Amiens. Mais si l'armée était de superbe apparence et magnifiquement organisée pour la guerre, elle inspirait au roi
les plus graves inquiétudes à cause de la difficulté qu'il y
avait de maintenir la discipline dans des corps composés
d'éléments si divers. Les Suisses étaient de bons soldats,
fidèles et disciplinés ; mais les reîtres et les Wallons, qui
avaient déserté l'armée espagnole après la bataille de Saint-

[1] Jean-Guillaume, duc de Saxe, second fils de l'électeur détrôné par
Charles-Quint.
[2] Montluc.

Quentin, étaient des soudards ne rêvant que pillage. Henri II craignait toujours de se trouver prisonnier dans son propre camp. Le duc de Guise résolut un jour de faire sentir son autorité à cette soldatesque par un coup d'audace et d'énergie. Il rassembla l'armée comme pour une revue, et devant toutes les troupes il donna au baron Unebourg, colonel des reîtres, un ordre qu'il savait d'avance déplaire à celui-ci. L'Allemand, furieux, ne se contenta pas de désobéir, il menaça son général du bout de son pistolet. Guise tira son épée, et d'un coup qu'il donna sur le poignet du colonel fit sauter le pistolet en l'air. Montpesat, lieutenant des gens d'armes, se précipitait sur le colonel d'Unebourg pour lui ôter la vie : « Arrêtez, Montpesat, lui dit le duc, vous ne savez pas mieux tuer un homme que moi. » Puis il dit au baron : « Je te pardonne l'injure que tu m'as faite ; mais le roi se trouve offensé dans ma personne, et c'est à lui à décider de ton sort, je t'arrête. » Le colonel allemand fut remis entre les mains des gens d'armes, et le duc continua froidement à parcourir les rangs des troupes allemandes, qui, frappées de terreur et de respect, gardèrent le silence et rentrèrent dans le devoir [1].

Les deux armées étaient en présence, et il semblait qu'une bataille décisive devenait imminente. Mais les deux principaux généraux de Philippe II, Philibert-Emmanuel de Savoie et le comte d'Egmont, ne voulant pas perdre le prestige qni s'était attaché à leur nom, le premier par la victoire de Saint-Quentin remportée sur le connétable de Montmorency, le second par la victoire de Gravelines qu'il venait de remporter sur de Thermes, n'osaient se mesurer avec un adversaire aussi redoutable que Guise.

Pendant ce temps, la duchesse de Valentinois, froissée des procédés du cardinal de Lorraine à son égard, excitait de plus en plus le roi à conclure la paix et à rappeler auprès de lui le connétable. L'historien Garnier dit que le roi ne rougissait pas de s'abaisser jusqu'à servir à Montmorency d'espion de la cour. Henri servait aussi de secrétaire à Diane, lui cédant la plume ou la lui reprenant tour à tour, dans leurs correspondances avec le connétable. Les lettres de cette correspondance secrète, conservées à la Bibliothèque royale, sont de deux écritures et finissent par cette formule : *Vos anciens et meilleurs amis : Diane et Henri.* « Le roi, continue l'historien Garnier, le priait, le conjurait, lui ordonnait de se racheter à quelque prix que ce fût, et de compter pour rien les sacrifices qu'il faudrait faire. »

[1] Brantôme, *Vie du duc de Guise.*

Montmorency, qui, admis dans l'intimité des généraux et des ministres espagnols, connaissait les exigences de Philippe II et de ses alliés, feignait de ne point vouloir se compromettre dans les conclusions d'une paix qu'il savait devoir être désavantageuse pour la France. Mais il savait bien que ses scrupules, habilement joués, ne faisaient qu'exciter les désirs de son roi, dont l'ingratitude à l'égard des Guises se manifestait déjà hautement. Il leur reprochait les échecs éprouvés par Brissac en Piémont, et allait jusqu'à vouloir ôter à Guise l'honneur d'avoir pris Thionville.

La duchesse de Lorraine, retirée à Bruxelles, offrit de nouveau sa médiation et celle de son fils pour amener d'abord une suspension d'armes entre les belligérants, et ensuite une conférence entre leurs ministres.

A l'invitation de cette princesse, le roi de France envoya dans l'abbaye de Serquant, près d'Amiens, pour y conférer sur la paix, le connétable de Montmorency, le maréchal de Saint-André, qui avait été fait prisonnier aussi à la bataille de Saint-Quentin, Morvilliers, évêque d'Orléans, et l'Aubépine, secrétaire d'État. Les plénipotentiaires espagnols étaient : le duc d'Albe, Granvelle, évêque d'Arras, le prince d'Orange et le président Viglius. La reine d'Angleterre était aussi représentée à cette conférence, ainsi que le duc de Savoie, tandis que, par une étrange contradiction que fait ressortir l'historien Garnier, le roi de Navarre, dont les intérêts étaient aussi en cause, ne put y faire admettre aucun ambassadeur. La duchesse douairière de Lorraine, Christine, et son fils Charles, y assistaient en qualité de médiateurs.

Le connétable de Montmorency profita de la liberté qui lui était laissée en cette circonstance pour se rendre au camp royal, où Henri II le reçut avec les marques d'une affection exagérée. Il ne voulut pas le quitter une seule minute pendant les heures qu'ils devaient passer ensemble ; afin d'en jouir tout le temps, il partagea avec lui sa chambre et même son lit.

Quand les conférences s'ouvrirent, les deux armées se retirèrent : celle de Philippe en Artois, et celle de Henri en Picardie et en Champagne. Henri II, qui commençait déjà à éloigner les Guises de son conseil, commit la faute très-grave de licencier immédiatement ses troupes étrangères. Cet amoindrissement de nos forces eut pour premier résultat d'augmenter les exigences des Espagnols, qui se montrèrent dès lors beaucoup moins pressés de conclure la paix. Ils ne voulaient plus rendre la Navarre, malgré le codicille de

Charles-Quint[1]. En revanche, ils exigeaient la restitution pleine et entière des domaines du duc de Savoie; l'Angleterre voulait ravoir Calais, et Philippe II, au nom du saint-empire, voulait reprendre Toul, Metz et Verdun.

Devant ces exigences, qui rendaient stériles les brillantes conquêtes de son frère et inutile tout le sang que la France avait versé depuis la défense de Metz, le cardinal de Lorraine s'emporta contre le roi en amers reproches, accusant ses ambassadeurs, le connétable et Saint-André, des prétentions de Philippe et de ses alliés.

La mort de Marie Tudor vint faciliter les négociations.

Marie expira, le 16 novembre 1558, des suites d'une maladie dont on a ignoré le véritable nom. Toujours en lutte avec les protestants, pour raffermir son trône, elle fut obligée de se livrer à de cruelles exécutions. Le remords qu'elle en éprouva, le chagrin que lui causait la froide indifférence d'un époux dont le cœur restait fermé à toute affection, enfin la prise de Calais, furent autant de causes qui la conduisirent au tombeau.

Elle mourut de plus avec le chagrin de laisser la couronne à sa sœur Élisabeth, qui était protestante.

Élisabeth, fille de Henri VIII et d'Anne de Boleyn, était née en 1533. Elle avait donc vingt-cinq ans lorsqu'elle monta sur le trône. A l'ambassadeur de Philippe, qui venait lui offrir sa protection, elle répondit fièrement : « Ma position présente, je la dois au peuple, et ne m'appuie que sur le peuple. »

Les protestants d'Angleterre craignirent un moment qu'elle n'acceptât la main de Philippe; mais la hautaine et indomptable fille de Henri VIII repoussa ce prétendant, qu'elle haïssait, au contraire, de toute son âme. Pour se venger de ce refus, Philippe abandonna la cause de l'Angleterre, lorsque les négociations furent reprises à Cateau-Cambrésis. La paix fut signée le 2 avril 1559. Elle fut appelée « la paix malheureuse », et elle mérite bien ce nom, si l'on considère la quantité de places que nous fûmes obligés de restituer, et l'état florissant de nos armées, malgré le désastre de Gravelines, au moment où elle fut signée.

Montmorency, redevenu tout-puissant, n'avait garde d'employer, dans les négociations de cette paix, le seul homme qui fût capable de la traiter avec avantage, le cardinal de Lorraine. La cour n'exigeait que les Trois-Évêchés et la ville

---

[1] L'Empereur était mort le 21 septembre 1558.

de Calais. Philippe était disposé à céder ce qui ne lui appartenait pas. Les difficultés relatives à l'Empire furent aplanies, et celles qui regardaient l'Angleterre furent éludees[1].

Aux termes de son traité avec l'Angleterre, la France gardait Calais pour huit ans, moyennant une compensation pécuniaire de cinq cent mille écus d'or. L'Angleterre s'engageait, de son côté, à ne faire aucune entreprise contre la France ni contre l'Écosse. Calais ne fut jamais rendue, et la somme ne fut jamais payée, sans qu'Élisabeth et ses successeurs aient osé élever la moindre protestation.

Le roi de France et le roi d'Espagne, en se jurant amitié éternelle, devaient aussi unir leurs efforts pour combattre l'hérésie. Mais la France restituait à l'Espagne ou à ses alliés cent quatre-vingt-neuf places, en Flandre, en Piémont, en Toscane et en Corse. Elle gardait Metz, Toul, et Verdun, et recevait en dédommagement Saint-Quentin, Ham et le Catelet. En Italie, Henri II renonçait à toutes ses prétentions sur le Milanais et la Lombardie, rendait au duc de Savoie, qui se trouvait le plus favorisé par ces traités, tous ses États, à l'exception de Turin, Pignerol, Quiers, Chivas et Villeneuve-d'Ast, que la France devait garder provisoirement.

Le brave Brissac, qui, depuis si longtemps, luttait en Piémont avec tant de courage, d'intelligence et de patriotisme, ne put retenir son indignation lorsqu'il apprit dans quelles conditions la paix allait être conclue. Avant qu'elle fût signée, il envoya en France son fidèle secrétaire, Boivin du Villars, en lui disant : « Va trouver le roi ; dis-lui qu'on n'enterre pas ainsi la gloire et la valeur de tant de princes et de gentilshommes ; dis-lui que je m'offre à conserver le Piémont. » Du Villars fit diligence, et s'acquitta de sa mission avec une courageuse fidélité. Son langage énergique, que rendaient éloquent la douleur et le patriotisme, fit pâlir le roi, dit-on. Henri II renvoya le messager au connétable, qui le reçut avec froideur et dédain, et ne voulut presque pas l'entendre.

Guise dit au roi : « Un trait de plume de Votre Majesté coûte plus à la France que trente ans de guerre. » Les capitaines et les gentilshommes de la cour, humiliés de s'être battus si longtemps pour en arriver à de tels résultats, faisaient retomber toute leur colère sur le connétable et sur le maréchal de Saint-André, en disant que « leur rançon coûtait plus à la France que celle de François Ier ».

_____________
[1] Lacretelle.

Oui, cette paix fut désastreuse au point de vue de la gloire de nos armes, et l'on comprend aisément la légitime indignation qu'elle souleva à cette époque dans une nation qui avait sacrifié tant d'or et tant de sang pour suivre Louis XII, François I<sup>er</sup> et Henri II en Italie. Mais aujourd'hui que ces guerres de conquêtes ont été estimées à leur juste valeur, et que nous savons combien elles étaient inutiles à la grandeur de la France, nous ne pouvons partager l'indignation que laissèrent éclater les capitaines de Henri II et les historiens de cette époque.

Le traité de Cateau-Cambrésis mettait fin aux prétentions des rois de France à reconquérir, en Italie, un héritage plus onéreux qu'utile, et les forçait à concentrer leur attention sur la France elle-même, qui n'avait pas encore reconquis toutes ses frontières naturelles.

Un grand pas pourtant venait d'être fait. Toul, Metz et Verdun d'un côté, Boulogne et Calais de l'autre, nous garantissaient à la fois de toute invasion allemande et anglaise. Avec un peu moins de précipitation et un autre négociateur que le connétable, qui voulait avant tout être rendu à la liberté et reconquérir ses charges et honneurs, Henri II aurait pu obtenir, en compensation des places qu'il cédait en Piémont, plusieurs villes fortes des Flandres et du Cambrésis pour garantir nos provinces du Nord.

Pendant les conférences de la paix, l'union de don Carlos, fils de Philippe II, avec Madame Élisabeth, fille du roi de France, avait été arrêtée. Mais, à la mort de la reine Marie d'Angleterre, Philippe, ayant été éconduit par la protestante Élisabeth et ayant éprouvé quelque émotion en voyant le portrait de sa future belle-fille, voulut devenir le gendre du roi de France. Don Carlos éprouva un violent chagrin par suite de ce mariage, qui contrariait les inclinations de son cœur. Cet amour malheureux exalta l'imagination du jeune prince et le mit en révolte contre son père. Ce drame de famille a souvent été exploité au roman et à la scène.

Presque en même temps furent célébrés les mariages de Claude, seconde fille du roi, avec Charles, duc de Lorraine, et de Marguerite, fille de François I<sup>er</sup>, avec Emmanuel-Philibert de Savoie, le vainqueur de Saint-Quentin.

« Le pape, l'Empereur, toutes les villes et tous les États de l'Empire, les rois de Pologne, de Suède et de Danemark; l'Écosse, l'Angleterre, la république de Venise, les ducs de Savoie, de Lorraine, de Florence, de Ferrare, de Mantoue, d'Urbin; les seigneurs de Gênes et de Lucques étaient invités nommément à accéder au traité, sans exclure personne de ceux qui voudraient s'y faire comprendre[1]. »

La disgrâce des Guises était éclatante. Après avoir tenu dans leurs mains le pouvoir royal, ils se voyaient tout à coup relégués au dernier plan dans cette cour qui se prosternait naguère à leurs pieds. François, pour savoir jusqu'à quel point il avait perdu l'amitié du roi, n'hésita pas un jour à rappeler à Henri II qu'il lui avait promis la charge de grand maître, occupée par le connétable. Le monarque se montra froissé de ce qu'on lui demandait les dépouilles de Montmorency encore vivant, et, revenant sur la parole qu'il avait donnée à Guise, fit entendre à ce dernier que le connétable avait rendu trop de services à la patrie pour que les honneurs et dignités qui en auraient été les récompenses pendant sa vie, ne fussent pas réversibles, après sa mort, sur les membres de sa famille.

Le duc, toujours intrépide et sincère, adressa souvent au roi de sévères paroles pendant le cours des négociations ; mais son frère le cardinal, bien que mêlé indirectement à ces négociations, sachant que le roi ne voulait entendre parler que « de la paix et de son connétable », sut garder une attitude plus prudente.

Dévorant en silence les affronts et les ingratitudes, craignant, du reste, pour sa famille et pour ses biens, il accepta même, avec [une résignation dont on l'aurait cru incapable, les atteintes qui furent portées aux droits qu'il exerçait dans sa province ecclésiastique d'Amiens, lorsqu'on retira à cette métropole les évêchés de Cambrai et d'Arras. On assura qu'il n'agissait ainsi que pour complaire à Philippe II, dont il voulait avoir la protection. Sa vaste imagination, la connaissance profonde qu'il avait des hommes de son époque lui faisaient juger les choses de plus haut. Habile et dissimulé, au lieu de céder à sa juste colère et à son orgueil, il fut le premier à faire semblant d'oublier les services que son frère et lui avaient rendus à la monarchie, et il s'effaça presque volontairement devant ses ennemis triomphants.

Il attendait les événements, et il voulait être là pour en profiter et pour les diriger ensuite.

Granvelle, lors de son entrevue à Marcoing, près de Cambrai, ne lui avait rien exagéré en lui dénonçant les progrès que le calvinisme faisait en France, surtout dans la no-

---

[1] Anquetil, *Histoire de France*.

blesse, et les embarras que la réforme allait créer dans le royaume.

Tandis que la cour était toute aux préparatifs des fêtes qui allaient avoir lieu pour le mariage de Madame Élisabeth avec le roi d'Espagne, les calvinistes, bravant les édits, se livraient dans Paris à des manifestations séditieuses, qui dégénéraient bien souvent en rixes sanglantes, contre les moines de Saint-Victor.

Le Pré-aux-Clercs, avoisinant l'abbaye de ces moines, était leur lieu de rendez-vous. Au commencement, ne se rendaient à ces réunions en plein air, pour chanter les psaumes de Marot, que des étudiants de l'Université zélés et turbulents, fraîchement convertis au calvinisme, et cette fraction du peuple de Paris qui, de tout temps, n'a négligé aucune occasion de faire cause commune avec les perturbateurs, et cela pour le seul plaisir de fronder le pouvoir. Mais ces réunions prirent un caractère d'une gravité plus grande, d'abord par la protection que semblait leur accorder le parlement, et ensuite par la présence d'Antoine de Bourbon, roi de Navarre, premier prince du sang, de Jeanne d'Albret, son épouse, et de Condé.

Aux psalmodies succédèrent les menaces; aux prières, les coups d'arquebuse. Le garde des sceaux Bertrand somma le parlement de sévir contre les réformés. Mais le parlement était divisé en deux chambres, qui avaient des appréciations toutes différentes sur la réforme et sur les réformés. « La première, qui avait pour premier président Lemaitre, et les deux présidents Minard et Saint-André, ne parlait que de supplices. La seconde, où se trouvaient les présidents de Thou, de Harlay et Séguier, affectait de fermer les yeux sur les indices très-frappants d'hérésie, acceptait comme une profession de foi formelle un désaveu équivoque, et enfin, lorsqu'elle était forcée de sévir, bornait presque toujours la peine au bannissement [1]. »

Le cardinal de Lorraine saisit cette occasion pour exciter le roi contre les réformés, et pour dénoncer le parlement. Il lui conseilla de se rendre au milieu de ces hommes dangereux, de les inviter à parler et à produire en sa présence leurs sentiments, pour les punir ensuite d'après leur propre profession. Le premier président Lemaître, docile aux inspirations du cardinal, engagea le roi « à se rendre au parlement le jour des *mercuriales*, à y ordonner que l'on continuât de

______
[1] Lacretelle.

délibérer en sa présence, et à faire déclarer par son procureur général qu'il était notoire que plusieurs membres de la compagnie, en contravention avec les édits rendus, adhérant aux principes du calvinisme, s'abstenaient de prononcer aucune condamnation pour cause d'hérésie[1] ».

Vieilleville, dans ses mémoires, prête, en cette occasion, au cardinal de Lorraine un langage des plus révoltants. Nous nous refusons à croire, pour notre compte, à l'authenticité de ces paroles. Henri II, malgré la faiblesse de son caractère, n'aurait pas souffert ces lâches dénonciations, et moins encore il eût voulu livrer quelques-uns de ses sujets à la curée du duc d'Albe et des seigneurs espagnols représentant le roi Philippe à la cour de France. Vieilleville, seul parmi tous les historiens du temps, rapporta ces paroles, et après sa conduite à l'égard des Guises, ses anciens bienfaiteurs, elles sont trop sujettes à caution pour qu'elles méritent le crédit que plusieurs historiens leur ont accordé.

Le 15 juin 1559, le roi, cependant, se rendit aux Augustins, où siégeait le parlement, l'ancien palais de justice étant livré aux ouvriers pour les fêtes du mariage de Madame Élisabeth. Il était suivi des cardinaux de Bourbon et de Lorraine, du connétable, du duc de Guise et de plusieurs principaux seigneurs de sa cour. Le parlement délibérait justement sur les peines à infliger aux sectaires, et, sur l'ordre du roi, la discussion ne continua que plus acharnée de part et d'autre. Les célèbres présidents du Harlay, de Thou et Séguier, par leurs éloquentes et spécieuses plaidoiries, élevèrent le débat à de telles hauteurs que leurs appréciations restèrent confuses pour la plupart et leur valurent de n'exciter la colère d'aucun des partis. Mais d'autres conseillers, parmi lesquels il faut citer surtout du Faur et Anne du Bourg, se rangèrent tout à fait à l'avis des calvinistes, et se permirent les allusions les moins déguisées contre Henri II, le duc de Lorraine et même la cour de Rome. « Commençons, dit Louis du Faur, en se tournant du côté du cardinal de Lorraine, par examiner quel est le véritable auteur des troubles, de peur qu'on ne soit obligé de faire la même réponse qu'Élie fit autrefois à Achab : *C'est vous qui troublez Israël.* » Du Bourg parla dans le même sens.

Le président Lemaître prononça ensuite un réquisitoire des plus fougueux contre les calvinistes, dénonçant leur hérésie et les troubles qu'ils jetaient dans l'État. A l'issue

---

[1] René de Bouillé.

de la séance, le roi s'abandonna à un mouvement de colère sans doute trop violent, et ordonna à son capitaine des gardes, Lorges de Montgomery, d'arrêter les conseillers Foy, Laporte, du Faur, du Bourg et la Fumée.

Pendant ce temps, la cour était en fête à l'occasion du mariage dont nous avons parlé. Henri II, qui se piquait, comme son père, d'être un roi chevalier, avait voulu faire revivre l'ancien usage des tournois, et se déclara un des tenants avec les ducs de Guise et de Nemours et le prince de Ferrare. De la place des Tournelles jusqu'à la Bastille le coup d'œil était splendide. Quantité de princes et de capitaines espagnols, à la tête desquels était le célèbre duc d'Albe, représentant Philippe II, assistaient au tournoi, ainsi que les princes et les princesses de la cour de France, les gentilshommes, les officiers et le peuple, toujours avide de ces passe-temps guerriers.

Le roi avait rompu quantité de lances, et le tournoi touchait à sa fin.

C'était l'époque où se trouvaient réunis, chez les mêmes personnes, les caractères les plus fortement trempés et les croyances les plus superstitieuses. Le vendredi 30 juin, dernier jour de la lutte, toute la cour était en prole à cette inquiétude vague qu'on ne saurait définir, mais dont on ne peut se défendre. Depuis longtemps un nécromancien avait prédit qu'Henri II périrait dans un duel. Il avait lui-même, cette nuit-là, fait un rêve qui l'avait épouvanté, et Catherine de Médicis, qui était trop Italienne pour n'être pas très-superstitieuse, avait rêvé, de son côté, que « l'on tiroit un œil de la teste de son mari ». Il n'était pas jusqu'à Montluc qui, quelques jours auparavant, ne se fût livré aussi à de sombres appréhensions relatées dans une lettre adressée au roi de Navarre. Le roi, en fidèle chevalier, portait toujours les couleurs de la duchesse de Valentinois, alors plus que sexagénaire. Apercevant Montgomery, son capitaine des gardes, il voulut rompre contre lui une dernière lance en l'honneur de sa femme, Catherine de Médicis.

La reine, avant d'accorder les *faveurs* que son époux lui demandait, lui dit qu'il s'était montré assez brillant chevalier pendant ce tournoi pour se dispenser de courir à de nouveaux succès, et le supplia de rester auprès d'elle. Le roi, qui était doué d'une grande force musculaire dont il n'avait plus eu l'occasion de faire usage sur les champs de bataille depuis qu'il portait la couronne, retourna dans la lice et défia Montgomery, qui était aussi un athlète d'une rare vigueur. Montgomery hésitait; mais le roi insista, et les champions entrèrent dans la lice. Un enfant, en voyant Montgomery diriger sa lance contre Henri II, s'écria naïvement : « Hélas! cet homme s'en va tuer le roi[1]! »

Au signal donné par les hérauts d'armes, les combattants s'élancèrent l'un contre l'autre. La lance de Montgomery porta directement sur la cuirasse de Henri II, s'y brisa, et dix petits éclats, dit Vieilleville, pénétrant par la visière mal baissée, traversèrent l'œil droit jusqu'au cerveau. Le roi lâcha les rênes de son cheval, qui reprit sa course, l'entraînant avec lui. Lorsque le roi-dauphin, Guise et Montmorency secoururent Henri II, celui-ci, sentant la mort venir, leur dit « qu'on ne pouvait ni fuir ni éviter son destin ».

Voici quelques détails sur les derniers moments de Henri II, extraits d'un sermon prononcé à ses obsèques par Jérôme de la Lovère, évêque de Toulon :

« Depuis que le bon prince fust blessé de ce coup de lance en l'œil droict, qui fust le dernier jour de juing, il se trouva véritablement si estourdi pour ceste heure-là, qu'il ne fist aultre chose que de se laisser médeciner et accoustrer sa playe. Le lendemain il demanda son confesseur, auquel il se confessa fort desvotement et en grande contrition de cœur, et encores n'avoit-on point descouvert qu'il eust fiebvre, laquelle luy estant survenue le quatriesme jour d'après, et gaignant peu à peu l'apostume qui s'engendroit en sa cervelle, l'on cogneut qu'il n'avoit l'entendement si clair et si net qu'il souloit, fors qu'en une chose seule, c'estoit d'escouter ententivemeut et respondre à propos quand on lui parloit de Dieu, ou qu'on lui remémoroit le mérite de la passion de Jésus-Christ et l'espérance qu'il debvoit avoir en icelle de la rémission de ses péchés et du salut de son âme. A quoi luy estoit assisté, oultre ses principaux serviteurs, jour et nuict, de la royne sa femme, du roy et royne qui sont à présent, Mesdames ses filles et Madame sa sœur, et des princes leurs époux présens, et de ceux de son sang et aultres, lesquels tous il prenoit plaisir de sentir auprès de lui, et recogneut presque toujours, et en demanda quelquefois aucuns particulièrement. Se confessa pour la deuxiesme fois, et passa ainsi, comme sommeillant, jusques au dimanche neufviesme de juillet, qu'il receut à la messe, en grande humilité, le précieux corps de Notre-

---

[1] René de Bouillé.

Henri II,
fac-simile d'un dessin de Clouet, *dit* Janet,
conservé à la Bibliothèque nationale.
(*Vie de François de Lorraine*, p. 132.)

Seigneur, protesta qu'il mouroit en la vraye foy catholique et en la créance et union de l'Église, désirant que tout son royaume peust estre témoing de ceste sienne confession, suppliant le benoist Sauveur Jésus-Christ de recevoir son esprit entre ses bras, et monstra signe assez évident qu'il eust continué plus longuement ce propos si possible luy eut esté, car déjà il ne s'aidoit guères plus de sa parole. Et après avoir demandé le roy son fils, luy dict : « Mon fils, je vous « recommande l'Église et mon peuple. » Et comme il vouloit dire davantage, il ne luy fust possible. Toutefois, bientost après luy estant demandé s'il ne vouloit pas laisser quelque aultre commandement au roy son fils : « Qu'il per- « siste, respondit-il, et demeure ferme en la foy en laquelle « je meurs. » Et dict qu'il luy donnoit sa bénédiction du meilleur cœur, que jamais père donna à son fils, et l'embrassa fort amiablement. L'on pensoit qu'il deust passer à ceste heure-là ; mais il se reprint un peu, et luy survint après une grosse sueur, qui lui dura presque jusques au lendemain lundi, qu'il demanda et print fort réverremment la sainte onction. Et ainsi garni de toutes les marques de bon et vray chrétien, rendit l'esprit à Dieu. »

Le corps fut embaumé et exposé, pendant six semaines, sur un lit de parade, au palais des Tournelles, dans la même salle où devait avoir lieu le festin royal. Les étoffes joyeuses furent remplacées par les draperies de deuil.

Les Guises, qui avaient été les premiers à aller saluer le jeune roi leur neveu, conduisirent aussi le jeune monarque au palais des Tournelles. Malgré leur habileté à dissimuler, ils ne trompèrent aucun des courtisans, qui, en les voyant autour de François II, saluaient déjà en eux les véritables rois de fait.

Aux obsèques, qui eurent lieu le 11 août à Notre-Dame et le 13 à Saint-Denis, le duc de Guise, François de Lorraine, prit rang avec les princes du sang. L'habillement royal de deuil était de serge violette, le bonnet carré à rabats et la robe violette longue de plus de trente aunes, avec trois pointes à la queue. Le cérémonial de l'époque voulait que seuls les princes du sang devaient tenir ces trois pointes. Le prince de Condé et le duc de Montpensier en tinrent chacun une, et, sur l'ordre du roi, François de Guise tint la troisième, bien qu'il y eût encore, comme devant passer avant lui, trois autres princes du sang royal.

A l'appel du roi d'armes, près la tombe de Henri II, le marquis d'Elbeuf porta la main de justice, le jeune prince de Joinville la couronne, le grand prieur le sceptre [1].

« **M.** le duc de Montmorency, pair, connestable et grand maistre de France, chef du convoy, à dextre, tenant un baston peinct de noir contremont; et M. de Guise, pair, grand et premier chambellan, portant la bannière de France, à senestre; montez sur grands coursiers couverts et houssez de velours noir, croisez de satin blanc. »

Henri II avait régné douze ans, et laissait quatre fils et trois filles [2]. Il fut conduit à Saint-Denis par les trois hommes que son père, en mourant, lui avait justement conseillé de tenir éloignés des affaires du royaume : Montmorency, Guise et Saint-André.

Avec un peu plus de fermeté de caractère et un peu moins de paresse d'esprit, il aurait fait un roi digne de ce glorieux titre, car il était naturellement bon et généreux, et avait le jugement droit; mais il ne sut jamais imposer sa volonté, qui faiblissait sous le regard de Guise et devant les brusqueries du connétable.

Les nombreux tribunaux qu'il créa ne firent que rendre la justice plus onéreuse au peuple. Pour satisfaire l'insatiable cupidité de ses courtisans et de sa favorite, ses sujets furent chargés d'impôts. Il aimait la guerre par tempérament; mais, n'osant la diriger lui-même, toutes ses aspirations tournèrent à la paix, dont il ne put malheureusement jouir que pendant les derniers mois de sa vie. Sous son règne, deux fois la France se vit à la veille d'être envahie, et deux fois elle dut son salut à ce même duc de Guise qui l'accompagnait à sa dernière demeure, en tenant dans ses mains la bannière de la France.

Nul plus que le célèbre défenseur de Metz et l'héroïque vainqueur de Calais n'était capable de tenir si haut et si ferme le royal étendard.

---

[1] René de Bouillé.
[2] Son règne avait commencé et se terminait par un duel.

# CHAPITRE VII



François II avait quinze ans et demi lorsqu'il monta sur le trône; et sa femme, la belle et intéressante Marie Stuart, en avait dix-sept. Débile de corps, absolument étranger aux affaires de l'État, ce royal enfant, qui ne savait qu'aimer sa jeune et jolie petite reine, docile aux conseils de sa mère, abandonna sans efforts le gouvernement du royaume à ses oncles maternels, le duc de Guise et le cardinal Charles de Lorraine. Les tempêtes les plus terribles allaient passer sur son front innocent, sans qu'il se doutât même des dangers que la monarchie avait courus sous son règne.

Le protestantisme avait fait de rapides progrès. Plusieurs grands seigneurs et gentilshommes avaient embrassé les doctrines de Calvin moins par conviction que par intérêt. La réforme leur offrait les moyens de lever une armée et d'imposer au roi leurs conditions sous prétexte de liberté de conscience. Les raisons qu'ils cherchaient pour se mettre en guerre ouverte contre le pouvoir, ils devaient les trouver bientôt dans les mesures que les Guises furent obligés de prendre pour rétablir l'ordre dans les finances.

A peine Henri II avait-il rendu le dernier soupir, que les deux princes lorrains, sans perdre une minute, s'étaient rendus auprès du nouveau roi et s'étaient, en quelque sorte, emparés de sa personne en ne laissant pénétrer auprès de lui que des amis dévoués à leurs intérêts. Catherine de

Médicis, bien que retirée dans un oratoire, couverte, des pieds à la tête, d'un long voile de deuil, avait promptement jugé la situation, et, obligée de se prononcer entre le connétable et Guise, avait cru plus prudent et plus sage de faire alliance avec ce dernier. Elle ne pouvait, du reste, pardonner à Montmorency de s'être fait, pendant si longtemps, le courtisan de la duchesse de Valentinois, sa rivale abhorrée, et d'avoir tenu sur sa naissance des propos méprisants : il avait dit un jour qu'elle était fille de marchands.

Le vieux connétable avait été dédaigneusement laissé près du corps de son maître. Lorsque, après les obsèques de Henri II, il vint présenter ses hommages au roi, pour l'assurer de son dévouement et lui recommander ses enfants et ses neveux, François, à qui sa mère et les Guises avaient déjà fait la leçon, le reçut avec une apparente déférence, mais lui dit qu'il avait assez rendu de services à la patrie et qu'il devait prendre le repos dont il avait besoin à son grand âge. Il lui conseilla de se retirer dans son beau domaine de Chantilly. Le vieux guerrier accepta fièrement l'exil, et quitta la cour sans proférer une plainte. Quelque temps après, pour complaire aux Guises, et sur les conseils de Catherine de Médicis elle-même, il fut obligé de se dessaisir de la charge de grand maître que François de Lorraine ambitionnait, et qui devait lui donner à la cour des pouvoirs aussi absolus que ceux des anciens maires du palais. En compensation, Montmorency obtint pour son fils aîné le bâton de maréchal.

Les princes du sang, les réformés et les mécontents voulaient que les états fussent assemblés pour donner au roi un conseil de régence, comme on les avait rassemblés à Tours en l'an 1484, au commencement du règne de Charles VIII. Ils espéraient que les Guises seraient rejetés de ce conseil, comme étant étrangers et issus de la maison de Lorraine[1].

« Outre plus on disputoit que, selon les constitutions du droit civil (lequel a toujours esté maintenu et approuvé par le roi de France), celui qui a affecté ou s'est ingéré à quelque tutelle ou curatelle, en doit estre rejetté comme suspect, et que celuy qui prétend quelque droict èsbiens d'un pupille ou mineur, n'en doit avoir aucunement l'administration : au moyen de quoi les dicts de Guyse sont du tout incapables du gouvernement de France, puisqu'ils prétendent y avoir droict comme estant de la race de Charlemaigne, ainsi qu'il a esté

---

[1] Mémoires du prince de Condé.

dit, et que, s'ils veulent desguiser leur intention en cest endroit, toutefois ils querellent manifestement la comté de Provence, le duché d'Anjou, et autres membres de la couronne de France, lesquels ils prétendent leur appartenir; comme de faict ils en entretiennent l'opinion par quelques formalitez de justice, comme retenans toujours la possession dudict duché d'Anjou. [1] »

On voit que la haine contre les Guises était ardente; et entre rivaux d'une telle trempe, la guerre devait être sans merci.

Malheureusement pour les mécontents, le roi était majeur, et, selon les propres expressions de Coligny, il avait le droit de choisir ses conseillers.

Lorsque les membres du parlement vinrent présenter au roi leurs félicitations, et lui demander à qui, dans l'avenir, il fallait qu'on s'adressât pour connaître sa volonté et recevoir ses commandements, François leur répondit : « De l'agrément de la reine ma mère, j'ai choisi le duc de Guise et le cardinal de Lorraine, mes oncles, pour diriger l'État; le premier prendra soin des affaires de la guerre, et l'autre de l'administration des finances et de la justice; il sera le premier ministre. »

C'était donc sur eux, d'après la volonté du roi et de la reine mère, que reposait la couronne de France, et ils étaient, certes, assez forts pour la porter.

Pour subvenir aux frais de la guerre, le dernier roi s'était vu dans la nécessité d'emprunter aux usuriers; et, pour complaire à ses trop nombreux favoris, il avait créé une foule de charges absolument inutiles, et reconnu des pensions non justifiées. Le cardinal de Lorraine prit des mesures énergiques pour alléger la dette de l'État, et réduisit au strict nécessaire les charges créées par le feu roi. Toutes les sinécures furent impitoyablement abolies.

Ces mesures, d'une urgente nécessité, soulevèrent d'immenses clameurs. L'affluence des solliciteurs, qui venaient réclamer au roi des charges et des pensions, fut telle, que le cardinal, on ne s'est jamais expliqué pourquoi, craignit que sa vie ne fût menacée. Sous l'empire de cette terreur folle, il lança un édit aussi barbare que ridicule de la part d'un esprit aussi éminent. Cet édit portait en substance que tous ceux qui étaient venus à la cour, quelle que fût leur condition, pour solliciter des paiements de dettes, des récom-

[1] *Mémoires du prince de Condé.*

penses ou des grâces, eussent à s'éloigner dans les vingt-quatre heures, sous peine de mort. Pour que la menace ne parût point illusoire, un gibet, dit-on, fut dressé à Fontaine-bleau, tout proche du palais.

Mais, tandis que son frère s'abandonnait à la fougue de son caractère souvent irréfléchi, malgré sa haute pénétration, Guise, toujours plus calme, plus maître de lui, atténuait les mauvais effets de ces mesures insensées, en accueillant les solliciteurs avec sa bonne grâce ordinaire, en écoutant leurs réclamations, et en les congédiant avec de bonnes paroles. Dans le nombre, il y avait de braves et vaillants soldats qui avaient servi sous ses ordres et qu'il aimait ; il sut leur prouver qu'il était toujours le chef généreux et loyal qu'ils avaient connu.

Non par générosité, mais par politique, la reine mère aussi accueillait avec intérêt les princes et les seigneurs réformés ou mécontents. En agissant ainsi, elle se prépa-rait déjà des alliés pour le moment où elle croirait nécessaire à ses intérêts de se débarrasser des princes lorrains.

Mais, dans ces entrevues avec les princes du sang et avec les Montmorency et les Châtillon, elle apprit à connaître leurs exigences, et s'en effraya au point de solliciter presque la protection de Philippe II, son gendre. Le roi d'Espagne lui répondit « qu'il emploierait volontiers toutes ses forces à maintenir l'autorité du roi son beau-frère et de ses mi-nistres, et qu'il avait quarante mille hommes tout prêts, si quelqu'un était assez hardi pour y attenter ».

C'était une faute et une gratuite humiliation qu'elle attirait à la France. L'ambassadeur d'Espagne prit depuis, à la cour de France, des airs pleins d'arrogance et de protection que venait de justifier la démarche de la reine mère. Guise en fut profondément affecté.

Telle était la situation intérieure du royaume, lorsque les mécontents, composés presque totalement de réformés, réso-lurent d'user de la force pour renverser le pouvoir des Guises. Cette conspiration est connue dans l'histoire sous le titre de *Conjuration d'Amboise.*

Mais d'abord il convient de faire connaître les principaux acteurs de ce drame mémorable.

Le cardinal Charles de Lorraine, qui, d'après l'ambassa-deur vénitien Jean Michel, aurait été, sans ses défauts, la plus grande puissance politique du royaume, avait alors trente-six ans. Le même historien rapporte qu'il était doué d'un esprit merveilleux, saisissant à demi-mots l'intention de tous ceux

qui lui parlaient. « Il a une mémoire étonnante, une belle
et noble figure, une rare éloquence qui se déploie largement
sur tous les sujets, et surtout dans les matières politiques. »
Ses mœurs étaient pures, son dévouement à sa famille sans
bornes ; mais toutes ces belles qualités étaient presque anni-
hilées par sa cupidité et par son esprit violent et vindicatif.

Au contraire, le duc de Guise était doux et modéré, et,
s'il commit quelques violences, c'est qu'il céda trop souvent
aux conseils de son frère. Guise avait le port altier, et un
regard fixe et pénétrant qui faisait baisser les yeux à
Henri II. Il avait pourtant avec cela un abord affable et le
sourire gracieux. « On ne peut parler de lui, dit le même
historien, que comme d'un homme de guerre, d'un bon capitaine. Personne, dans ce royaume, n'a livré plus de batailles,
n'a affronté plus de dangers. Tout le monde loue son courage,
sa constance, sa vaillance à la guerre, son sang-froid, qualités admirablement rares dans un Français. Il ne s'emporte
pas, il n'a pas une trop haute opinion de lui-même. Ses
défauts à lui sont : d'abord son avarice à l'égard des soldats ;
puis il promet beaucoup, mais, lors même qu'il se propose
de tenir sa promesse, il y met une lenteur infinie. »

Nous avons voulu citer textuellement les paroles du Vénitien Jean Michel, rapportées par M. Guizot dans son *Histoire
de France.* Mais on sait combien est peu fondé le reproche
d'avarice qui lui est adressé. Il prouva son désintéressement
et sa générosité en maintes circonstances, et surtout à
Calais. S'il était lent à tenir ses promesses, c'est qu'il avait
l'habitude de faire toute sa correspondance lui-même.
Montluc, en riant, lui avait plusieurs fois reproché cette manie.

Le cardinal avait appelé au ministère de la justice François
Olivier, homme sage et modéré, et d'une haute intégrité.
Son passage aux affaires fut de courte durée ; mais il fut
heureusement remplacé par le célèbre Michel de l'Hôpital,
qui est resté une de nos gloires les plus pures.

Dans le camp opposé, le plus haut personnage était Antoine de Bourbon, roi de Navarre, époux de Jeanne d'Albret.
Antoine de Bourbon avait vingt-trois ans. Frustré de la plus
grande partie de son héritage et mis dans l'impuissance de
réclamer ses droits sur la Navarre, qui lui appartenait
du chef de sa femme, sa pauvreté relative l'avait rendu
timide et hésitant. Pour se défaire de lui, les Guises l'envoyèrent, ainsi que son frère, Louis, prince de Condé, en
mission auprès de Philippe II, lors de l'avénement du jeune
roi au trône. On lui avait fait espérer qne le roi d'Espagne

consentirait peut-être à lui rendre la Navarre, moyennant des compensations auxquelles la France se prêterait. Il comprit bien vite qu'on s'était joué de lui pour l'éloigner de la cour. Les deux frères revinrent en France, plus aigris et plus mécontents que jamais.

Après les frères du roi, Antoine de Bourbon était le premier prince du sang. Doué d'une physionomie belle et martiale, il savait se faire aimer et gagnait la confiance de ceux qui l'approchaient. Brave jusqu'à la témérité, il avait plutôt les qualités du soldat que celles du capitaine. Il embrassa le calvinisme, non par ambition ni par conviction, mais parce que son épouse, Jeanne d'Albret, qui avait d'abord raillé la réforme, était une protestante zélée, presque fanatique.

Son frère, Louis de Bourbon, prince de Condé, était contrefait de corps, et, malgré cette infirmité, c'était un hardi cavalier et l'esprit le plus vif, le plus remuant et le plus aventureux qui fût. Né pour la lutte et pour le commandement, il rougissait de ne pas occuper dans le gouvernement le rang auquel sa naissance lui donnait droit. Pour satisfaire son ambition dévorante, il n'hésitait pas à se faire l'âme d'une conspiration qui aurait pu mettre tout le royaume à feu et à sang.

Aux deux princes vinrent se joindre deux des plus nobles gentilshommes du royaume, renommés autant par leur bravoure, par leurs talents, que par leur caractère : Dandelot et Coligny, qui faisaient aussi profession de calvinisme.

Au-dessus d'eux se dressait l'austère et énigmatique figure de Catherine de Médicis. L'habile Italienne attendait son heure, et son allié de la veille n'était jamais celui du lendemain.

A cette époque, octobre 1559, les placards[1] les plus séditieux furent affichés dans tous les carrefours de Paris, pour exciter le peuple à la révolte contre le gouvernement légal. Les Guises y étaient traités avec une violence dont nous n'avons pas d'exemple aujourd'hui. C'étaient toujours les mêmes reproches et les mêmes accusations. On leur reprochait leurs prétentions de descendre de Charlemagne, d'avoir soustrait la souveraineté du duché de Bar à la couronne de France, de ne pas vouloir convoquer les états généraux ; et

---

[1] Le texte de ce placard se trouve dans les *Mémoires-Journaux du duc de Guise*, et il est ainsi désigné : « Vers ce temps fut divulgué l'escrit suivant sorti de la main d'un huguenot hérétique ennemy de la maison des Guyses. Et il a pour titre : *Les Estats de France, opprimés par la tyrannie de Guyse, au roy, leur souverain seigneur.* »

on les accusait de vouloir s'emparer du duché d'Anjou et du comté de Provence. Ces libelles diffamatoires leur imputaient même l'odieuse pensée d'attenter à la vie du jeune roi pour s'emparer de sa couronne. Du Thilliez, évêque de Saint-Brieuc, sur l'ordre de Guise, publia un mémoire pour réfuter ces pamphlets. Voyant grossir chaque jour le nombre de leurs ennemis, les princes lorrains crurent activer le zèle de leurs anciens amis ou s'en faire de nouveaux en prodiguant l'ordre de Saint-Michel. Il fut créé ainsi un si grand nombre de chevaliers, que les satiriques du temps appelèrent ce cordon « le collier à toutes bêtes ».

Au mois de décembre suivant s'instruisit le procès de du Bourg, qui fut condamné à mort et dont l'exécution eut lieu le 23. Tandis que ce procès était en cours, le président Minard fut assassiné, rue Vieille-du-Temple, par un Écossais calviniste nommé Robert Stuart. Presque en même temps, un secrétaire du cardinal de Lorraine, Julien Firmin, chargé de plusieurs missives, fut tué et dépouillé des lettres dont il était porteur, dans les environs de Chambord. Ces deux crimes, commis à peu d'intervalle, furent imputés aux calvinistes, et ne firent qu'exciter les rigueurs du cardinal de Lorraine.

Ce fut alors que les réformés et les protestants, qui avaient eu déjà plusieurs assemblées secrètes, soit à Vendôme, chez le roi de Navarre, soit à la Ferté, chez le prince de Condé, résolurent de mettre en communication et en mouvement leurs lieutenants principaux[1].

Unis dans une haine commune, les principaux chefs du calvinisme étaient d'accord sur le but, mais divisés quant aux moyens. Le roi de Navarre et Coligny penchaient pour une conduite prudente, modérée, devant s'exercer surtout par une pression assidue auprès de la reine mère, qui agirait à son tour sur l'esprit du roi. Condé, qui était l'âme de la conjuration, et dont le caractère bouillant se prêtait peu aux ménagements, voulait qu'on fît immédiatement appel à la force. Jusque-là ils n'avaient pu parvenir à se mettre d'accord entre eux; mais le secret de leurs délibérations avait été religieusement gardé.

Toutefois le moment de l'action était proche; mais, aucun des princes ni des Coligny n'ayant voulu se mettre ostensiblement à la tête de la conjuration, ils déléguèrent tous leurs pouvoirs et confièrent l'exécution de leurs projets à Jean de Bari, seigneur de la Renaudie.

[1] Lacretelle.

Ce chef, le premier que se soient donné les protestants pour lever dans la patrie l'étendard de la révolte, était peu fait, malgré son courage, son activité et son intelligence, pour ennoblir et relever une cause. Peut-être ferions-nous mieux de dire qu'une telle cause était bien digne d'avoir un tel chef.

C'était un homme d'un caractère à la fois impétueux et opiniâtre. Livré aux plaisirs et à la dissipation, il avait été, dans sa jeunesse, accusé d'un faux envers le greffier du Thilliez. On a assuré qu'il n'avait point été coupable de ce crime; mais que, pour ne pas dénoncer un de ses proches parents, il en avait accepté la responsabilité. Il allait être condamné à la peine capitale et était retenu en prison à Dijon. Guise, qui l'avait connu à la cour et à l'armée, et qui, malgré ses défauts et ses vices, appréciait les côtés aventureux de son caractère, ne voulut pas croire à sa culpabilité, et le fit évader comme par miracle, le jour de la procession de la Fête-Dieu. La Renaudie gagna Genève, où il se mit en rapport avec Calvin, qui lui enseigna les doctrines de sa religion. Bravant l'arrêt de bannissement qui le frappait, la Renaudie, sous le surnom de la Forêt, avait plusieurs fois traversé la France pour se mettre en communication avec les calvinistes de son pays, ou pour aller demander du secours à Élisabeth d'Angleterre[1]. L'accueil qu'il reçut de cette reine, qui avait tout intérêt à exciter en France la discorde civile, fit de lui un personnage et fixa l'attention des conjurés, qui avaient besoin d'un homme ne reculant devant aucune extrémité.

Alors, de province en province, de château en château, la Renaudie se mit en quête de soldats. Guise lui avait sauvé la vie, et il ne rentrait en France que pour aiguiser les poignards contre son bienfaiteur.

Pour se venger d'un arrêt qui le flétrissait, il livrait son pays aux horreurs de la guerre civile, sous le masque hypocrite de la religion. « Ce n'est point assez, disait-il, de verser votre sang pour la cause sainte; il est temps de faire trembler vos ennemis. » C'est avec ces paroles de haine et d'excitation à la révolte qu'il leva une petite armée de six cents gentilshommes, auxquels il donna rendez-vous dans la ville de Nantes, où se faisaient, en ce moment-là, plusieurs préparatifs de mariages. A l'occasion des fêtes qui devaient avoir

<hr>

1 C'était Coligny qui l'avait chargé de cette mission pour ménager un secours éventuel aux protestants. Ainsi l'austère Coligny lui-même n'hésitait pas à faire appel à l'étranger pour soutenir nos guerres intestines.

lieu dans cette ville, les conjurés purent y pénétrer sans éveiller aucun soupçon. Pour plus de prudence, ils feignaient de ne pas se reconnaître.

Le 1er février, dans une salle basse et obscure, la Renaudie les réunit tous. A la fois théologien, politique et homme d'épée, le chef des conjurés, dans les discours qu'il tint à ses complices, s'efforça de calmer leurs scrupules de conscience, de leur démontrer la légalité de l'acte qu'ils allaient commettre, et d'en assurer le succès par les mesures qu'il se chargeait de prendre. Il redit devant tous ce qu'il avait dit devant chacun en particulier, et son discours ne fut, en somme, qu'une répétition de tous les griefs depuis longtemps amoncelés contre les Guises. Il trouvait parfaitement licite de prendre les armes, si un tel acte était légitimé par l'autorisation des princes du sang et de la majorité des états du royaume. Il faisait sonner bien haut son attachement pour le roi, pour les princes ses frères et pour la reine mère. Ce qu'il voulait, c'était, au contraire, de tirer François II de la captivité dans laquelle ses oncles le laissaient languir. Il fallait qu'il eût recours à toutes ces subtilités pour ne pas soulever contre lui la réprobation unanime, dans un pays où la personne du roi était alors si sacrée. Toute sa fureur tournait contre les princes lorrains. Dans sa haine fanatique, il contestait même à Guise sa gloire militaire et ses plus légitimes succès. C'était l'hiver et les rhumatismes dont était atteint Charles-Quint qui lui avaient valu la défense de Metz. C'était Châtillon (Coligny) qui avait vaincu pour lui à Renty. C'était Sénarpont et Dandelot qui avaient emporté Calais. A Thionville, il n'avait fait que profiter des dispositions de Vieilleville et du dévouement de Strozzi. De telles accusations auraient dû soulever des risées générales, si elles n'avaient été lancées dans un auditoire de fanatiques qui voyaient dans les Guises, et surtout dans François, les défenseurs les plus intrépides de la religion catholique.

La Renaudie était le chef avoué des conjurés; mais au-dessus de lui devait rester dans l'ombre, jusqu'au moment de la lutte ouverte, *le chef muet*, qui n'était autre que le prince de Condé.

Après l'exorde de leur chef et après s'être affermis dans leur résolutions, les conjurés devaient tous se réunir dans un château aux environs de Blois. La Renaudie était informé que la cour allait se transporter dans cette ville, afin que le roi pût y rétablir sa santé chancelante. Un signe de ralliement avait été convenu. Tous les conjurés devaient porter un *esteuf* (sorte de pompon en forme de balle) mi-parti blanc et noir. Enfin, la Renaudie choisit ses lieutenants, dont les principaux furent Castelnau, Maligny, Mazères, Maillé de Brézé, la Chaisneley, Duménille et Châteauvieux. L'attaque définitive fut fixée au 15 mars, et, pour conserver jusqu'au bout une apparente modération, il fut convenu que des députés, sans armes, seraient envoyés auprès du roi et de la reine mère pour leur demander le libre exercice de la religion réformée, l'abrogation des édits lancés contre les protestants et le renvoi immédiat des Guises. Les révoltés devaient ensuite appuyer les prétentions de leurs délégués.

Trop confiant dans la réussite de son projet, la Renaudie se rendit en toute hâte à Paris pour recruter les derniers secours dont il avait besoin et terminer les préparatifs de son entreprise. Il descendit, selon son habitude, dans la maison d'un avocat protestant nommé Avenelles. Ce dernier, en voyant nuit et jour une si grande affluence d'inconnus dans sa maison, s'inquiète et interroge son ami la Renaudie. Le principal lieutenant des conjurés livre son secret, et dévoile à Avenelles tout le plan de la conspiration. Le pauvre avocat, qui, tout en étant protestant, voulait rester bon royaliste, comprit le péril que ses coreligionnaires allaient faire courir au royaume, et la honte qui devait en rejaillir sur eux tous. Pour n'être point leur complice, il dénonça leurs projets à un des secrétaires des Guises, et lui désigna comme un des membres de la conjuration un gentilhomme nommé Linières, dont les frères occupaient des places à la cour, près de la reine mère[1]. Linières fut mandé près des Guises, où, soit par intimidation, soit dans l'espoir d'une récompense, il nomma tous les chefs de la révolte, précisa le jour de l'attaque et l'ordre de son exécution. En apprenant les périls auxquels il était exposé, le cardinal perdit littéralement la tête; mais, plus calme et plus habitué au danger, Guise, au contraire, après avoir froidement envisagé la situation, se félicita de cette conjuration, qui lui permettait, d'un seul coup, d'avoir raison de tous ses ennemis. Son énergie rendit la confiance aux plus timorés et aux plus hésitants.

D'un coup d'œil il avait mesuré le danger, et son plan de défense, aussi habile que hardi, fut immédiatement conçu et exécuté.

Le roi, à qui il fallait apprendre la conspiration, ne put,

---

[1] Bouillé, de Thou, Lacretelle.

à cette nouvelle, retenir ses sanglots. D'amers reproches sortirent même de sa bouche à l'adresse du cardinal. « Qu'ai-je donc fait à mon peuple, s'écria-t-il, pour qu'il attente à mes jours? Je veux entendre ses doléances et y faire droit. C'est vous, c'est vous seul, dit-il au cardinal de Lorraine, qui me rendez odieux à tous mes sujets. »

La jeune reine n'ose élever la voix. Frappée de la douleur et de la colère de son époux, elle se repent d'avoir tout sacrifié à l'ambition de son oncle.

La reine mère, qui se félicite, au fond du cœur, d'avoir donné quelques espérances aux protestants, parle de négocier avec eux. « C'est à l'amiral de Coligny qu'il faut recourir, dit-elle; suivons ses conseils, qu'on a trop dédaignés. Tout est perdu si on ne calme les protestants. » Le cardinal de Lorraine n'a déjà plus d'indignation contre les hérétiques[1].

Coligny et ses frères, Dandelot et le cardinal de Châtillon, furent donc mandés à la cour par Catherine de Médicis, qui, sur le conseil même de Guise, leur écrivit des lettres « très-affectionnées ».

Condé, qu'il fallait à tout prix avoir sous la main, reçut la même invitation, et se rendit aussi auprès du roi. Guise feignit d'avoir en eux la confiance la plus entière et la plus absolue. Il voulait au besoin qu'ils lui servissent d'ôtages. D'autre part, Guise écrivait au connétable de Montmorency pour lui faire connaître la conjuration, ne doutant pas qu'il ne l'aurait en aussi grande horreur que lui.

Voici quel était le plan de Guise. Sous prétexte d'une partie de plaisir, il fit quitter au roi la ville de Blois, et le conduisit à Amboise, dont le château, admirablement fortifié, pouvait être aisément défendu. Pour repousser les assaillants, il feignit de compter sur le secours même de ses ennemis, plus ou moins ouvertement déclarés, de Coligny, de Dandelot, des deux frères la Rochefoucauld, et même de Condé.

Il est vrai qu'il les avait tous entourés d'amis sûrs et dévoués, dont le courage et la fidélité étaient à toute épreuve. Il fallait pourtant que rien n'éveillât leur défiance. Le succès de Guise dépendait de sa confiance absolue.

Quand le prince de Condé arriva à la cour, qui était déjà transportée à Amboise, il ne pouvait plus douter que la conjuration ne fût connue. Mais il était trop engagé pour reculer; et quand le duc de Guise lui confia le poste principal de la défense, il l'accepta, croyant par ce moyen favoriser encore les projets de la Renaudie. Pourtant il crut pru-

---

[1] Lacretelle.

dent de prévenir son lieutenant; mais celui-ci osa maintenir son plan d'attaque. « Nos projets, dit-il à ses compagnons, sont plutôt soupçonnés que découverts; je vois que les Guises tremblent, je ne vois pas encore qu'ils soient préparés : le fussent-ils, il faudrait les affronter. Si nous ne pouvons plus les surprendre dans Blois, nous pouvons les attaquer dans le château d'Amboise. Nous devons au prince de Condé, aux amis qui ont osé entrer dans ce château, de seconder ce qu'ils entreprennent pour nous. Le château de Noizay nous appartient; nous y avons un dépôt d'armes : gardons-nous de l'abandonner; gardons-nous de fuir. Réunis aujourd'hui ou pour la victoire ou pour une mort glorieuse, si nous nous séparons, nous nous présenterons de nous-mêmes aux tortures, à l'échafaud. Il faut oser au delà de ce que nos ennemis craignent de nous : c'est notre serment, c'est notre salut. »

Les conjurés suivirent le conseil de leur chef audacieux et se préparèrent à l'attaque. Mais François de Lorraine, qui avait appris tous leurs secrets par le capitaine calviniste Linières, sut partout leur opposer des forces qu'ils ne comptaient pas rencontrer.

Dans le château d'Amboise, dont il fit murer la porte principale, il plaça le duc d'Aumale, son frère, à côté du prince de Condé. Il arma ensuite tous les serviteurs, et renforça sa garnison par les secours qu'il tira d'Orléans, de Blois, de Tours, de Bourges et de Poitiers. Le duc de Nemours et le maréchal de Saint-André, avec une assez forte cavalerie, étaient postés en observation dans le bois de Château-Renault. Un grand nombre de gentilshommes, ayant appris les dangers que courait le roi, étaient venus spontanément mettre leur épée au service de Guise.

Cependant, sur le conseil du chancelier Olivier, ainsi que sur l'avis de Guise et du cardinal de Lorraine, le roi rendit un édit par lequel grâce était faite à tous les conjurés qui mettraient bas les armes, à l'exception des prédicants et des prisonniers compromis dans les assassinats commis précédemment. Promesse était faite aussi aux réformés du libre exercice de leur religion [1].

Mais cet édit resta sans effet, soit que les conjurés n'en eussent pas eu connaissance, soit qu'ils eussent résolu de n'en tenir aucun compte.

L'attaque, qui devait avoir lieu le 15 mars, fut retardée d'un jour.

[1] Mémoires de Condé.

Le 15, Nemours et Saint-André firent prisonniers Mazères et Raunay. Le baron de Castelnau, qui était venu s'enfermer dans le château de Noizay, après avoir culbuté un faible corps de troupes qui voulait lui barrer le passage, se vit assiégé par le duc et par le maréchal au moment où il attendait les secours de la Renaudie. Désespérant d'être secouru à temps, il entra en pourparlers avec Nemours.

Le baron protesta de son dévouement au roi, et dit qu'il n'avait pris les armes que pour lui présenter une requête afin d'obtenir l'éloignement des Guises. « Jetez donc à bas vos armes, lui dit le duc de Nemours. Quel sujet fidèle ose se présenter à son roi dans un semblable appareil? Je m'engage à vous conduire, vous et vos compagnons, en sa présence, mais adressez à Sa Majesté des prières, et ne lui faites pas de menaces. »

« Après ce propos, et plusieurs prières dudict de Nemours de laisser les armes et venir sous sa foy parler au roy, s'obligeant par foy de prince qu'il ne leur en reviendroit aucun mal ni danger[1], » tous suivirent Nemours sur sa parole. Mais en arrivant à Amboise, au mépris de cette parole, ils furent jetés dans les cachots. En vain Nemours, indigné et confus, protesta-t-il contre leur emprisonnement; en vain la duchesse de Guise joignit-elle ses supplications pour réclamer l'observation de la promesse faite; Castelnau ne put être rendu à la liberté. On assure que dans le cours de l'interrogatoire qu'il subit il avoua « qu'entre les princes, le peuple et autres nations, il y avait une ligue pour mettre à mort, à Amboise, le duc de Guise, le cardinal et leurs frères, et tenir le roi en tutelle[2] ».

Le lendemain 16, ceux des conjurés qui n'avaient pu être prévenus à temps traversaient la forêt de Château-Renault par petites bandes, lorsqu'ils furent atteints, pris ou taillés en pièces par la cavalerie, que le duc de Guise dirigeait en personne. Ces révoltés étaient pour la plupart de malheureux égarés, qui ne comprenaient pas toute la portée de l'acte qu'on leur faisait commettre. Grâce fut faite à presque tous ceux dont les cavaliers de Guise s'étaient emparés. Ils étaient, du reste, « esperdus et sans chefs. »

La Renaudie venait à marche forcée au secours de ses complices, et s'approchait du château de Noizay, lorsque,

---

[1] Mémoires du prince de Condé.

[2] René de Bouillé fait ces citations d'après les papiers de Simancas. Les autres nations dont il est ici parlé sont l'Angleterre et les États allemands qui avaient embrassé la confession d'Augsbourg.

au lieu de rencontrer devant lui Castelnau et ses calvinistes,
il tomba dans une embuscade de guisards, commandée par
un de ses parents et amis, le baron de Pardillen.

Les deux chefs, malgré la parenté et l'amitié qui les
unissent, fondent l'un sur l'autre l'épée à la main. D'un
coup droit, la Renaudie perce son adversaire de part en part
et le tue roide. Le page de Pardillen veut venger son maître,
et d'un coup d'arquebuse blesse la Renaudie. Le chef huguenot a cependant encore assez de forces pour terrasser et tuer
son adversaire; et puis, entouré de toutes parts, il tombe
mort entre ses deux ennemis.

Les protestants essaient de fuir, mais la forêt est cernée,
et ils sont ramenés prisonniers au château. Le corps de la
Renaudie fut aussi transporté à Amboise, où il fut pendu à
une potence dressée au milieu du pont-levis avec cette
inscription : « C'est la Renaudie, dit la Forest, capitaine des
rebelles, chef et auteur de la sédition. » Son cadavre resta
ainsi quelques jours attaché à la potence; puis il fut coupé
en quatre quartiers.

Après la mort de la Renaudie et la capitulation de Castelnau, il semblait que le complot ne dût plus avoir de suites.
Il est même probable que l'édit royal par lequel grâce était
faite à ceux qui n'avaient pas pris les armes dans cette affaire
déplorable eût été exécuté, et que les prisonniers eussent
été traités avec grande clémence. Malheureusement deux
chefs des conjurés, la Mothe et Cocqueville, tenaient encore
la campagne à la tête de leurs bandes, et voulurent tenter
une dernière attaque contre Amboise. Mal leur en prit; car
les paysans eux-mêmes, armés de faux, les attaquèrent dans
les faubourgs de la ville, tandis que Condé, qui aurait dû
passer dans leurs rangs, faisait contre eux une violente
sortie à la tête des royalistes, dont le commandement lui
était confié. Il est vrai que d'Aumale était à ses côtés, l'épée
au poing, et qu'il n'aurait point fait grâce au *chef muet* s'il
avait tenté la moindre incartade.

La Mothe et Cocqueville furent contraints à battre en
retraite, laissant la plupart des leurs entre les mains des
soldats de Guise et des paysans. Prompte justice fut faite de
ces malheureux insurgés. Quand le peuple et le soldat
s'érigent en justiciers, il n'y a plus de grâce à attendre. On
pendit les prisonniers, haut et court, aux arbres de la forêt.
Cet exemple de cruelle et sommaire répression gagna la
cour, qui, moins enivrée de sa victoire qu'outrée de ce dernier acte de rébellion, se livra à de cruelles exécutions. Les

chefs n'avaient point encore subi le sort qui les attendait, dans l'espérance qu'ils dénonceraient quelques-uns des princes ou des Châtillon, peut-être même Montmorency en personne. Mais ni Montmorency, ni le roi de Navarre, ni Coligny, ni Dandelot, ne furent désignés par aucun d'eux comme ayant pris une part quelconque à la conjuration d'Amboise. Condé seul fut un moment soupçonné à la suite des révélations de Labigne, Raunay et Mazères, qui avouèrent que la Renaudie leur avait parlé du prince comme étant le chef occulte de cette entreprise. L'accusation était vague et pouvait porter à faux. Pour acquérir des preuves plus concluantes, les papiers du prince furent tous fouillés; mais, au grand désappointement du cardinal, toutes les pièces compromettantes avaient déjà disparu.

L'exécution des chefs eut lieu en présence de toute la cour. Ce fut un horrible spectacle, qu'il est du devoir de tout honnête homme de flétrir énergiquement.

Une dernière fois d'Aumale, par générosité d'âme, et Catherine de Médicis, par politique, sollicitèrent la grâce de Castelnau; mais le vindicatif cardinal, ne se souvenant que des dangers qu'il avait courus, se montra inflexible.

Villemongey, avant de mourir, trempa ses mains dans le sang de ses compagnons, et, les élevant au ciel, s'écria : « O mon Dieu, je te prie, en mourant, de venger le sang de ces martyrs. » La femme du duc de Guise, Anne d'Este, digne petite-fille de Louis XII, ne put, à cette vue, retenir ses sanglots, et, fuyant cet horrible spectacle, dit à Catherine de Médicis, qui lui demandait la cause de sa terreur et de ses larmes : « Ah! Madame, de tels spectacles font horreur. Combien de vengeances se préparent! Je crois voir encore bien du sang qui va couler. Que Dieu sauve les princes vos fils et mes enfants ! »

Le chancelier Olivier, un des fidèles pourtant du cardinal de Lorraine, souffrant de la maladie qui devait l'emporter peu de jours après, s'écria sur son lit de mort en apprenant ces exécutions : « Ah! cardinal, tu nous fais tous damner. »

Mais aussi que de tristes palinodies! Vieilleville, qui, en cas de triomphe des conjurés, eût été le premier à demander la mort des Guises et à crier : Vive la réforme! fut un des plus ardents à se signaler contre les protestants vaincus. En vrai routier courtisan, il vint présenter ses compliments au duc de Guise et au cardinal de Lorraine, et solliciter d'eux sa râtelée de louanges et de félicitations.

Le roi avait écrit au connétable pour l'informer de cette

« abominable trahison, qui tendoit à l'entière subversion de nostre État. Ce qui ne pouvoit estre, disait François II, tant que nous, nostre très-honorée dame et mère, nostre très-chère et très-amie compaigne la royne, nos frères et autres princes ayant le principaux maniement de nos affaires, ne fussent tout estainctz ou bien à tout le moinz nous ne feussions réduitz à telle partie, que l'autorité du roy feust rabaissée à la mercy du subject ».

Par cette lettre, le connétable avait mission d'informer le parlement de la conjuration d'Amboise et de ses résultats. Il en profita pour faire les plus grands éloges des Guises et principalement du cardinal. Ce fut peut-être grâce à ce panégyrique de Montmorency que François de Lorraine obtint du parlement le titre de « conservateur de la patrie ».

Après les drames, si sanglants et si terribles qu'ils soient, il faut, sur n'importe quel théâtre de la vie humaine, que la comédie montre toujours son masque. Tandis que Vieilleville et Montmorency jouaient leur rôle tout de circonstance, le prince de Condé s'apprêtait à jouer le sien avec encore plus d'audace et d'habileté.

Accusé d'avoir trempé dans la conjuration d'Amboise, il fut, sur les instances du cardinal, interrogé par la reine mère.

Catherine de Médicis feignait de ne se résoudre à cette interrogation que contrainte et forcée, et pour offrir au prince les moyens de se justifier. Charles de Lorraine, qui assistait à l'entretien, témoignait des mêmes sentiments, et conseillait hypocritement au jeune Bourbon de se retirer derrière une tapisserie pour entendre ses accusateurs et les mieux confondre. Condé ne voulut point accepter ce stratagème, et déclara qu'en sa qualité de prince du sang il voulait être interrogé devant toute la cour. Il fut fait ainsi qu'il le désirait.

Le roi, pour cette circonstance, réunit une sorte de tribunal suprême. Il avait à ses côtés les deux reines Marie Stuart et Catherine de Médicis, les princes ses frères, les princes du sang présents à Amboise, les ambassadeurs des puissances étrangères, tous les seigneurs et tous les gentilshommes de la cour, ainsi que les chevaliers de l'ordre.

Au lieu d'essayer une justification de sa conduite, ce qui eût été difficile, le prince s'avança hardiment au milieu de l'auguste assemblée, et dit à ceux qui l'écoutaient : « S'il est ici un homme assez audacieux pour m'accuser d'avoir conjuré contre le roi, je déclare que cet accusateur, à moins que ce ne soit le roi ou l'un des princes ses frères, en a faussement et malheureusement menti. Qu'il se présente, et, mettant à part ma dignité de prince du sang, que je ne tiens que de Dieu, je suis prêt à le combattre et à lui faire avouer qu'il est lui-même l'ennemi du roi, de la famille royale et de la monarchie. »

Grande était la stupéfaction de toute la cour après ces paroles, et nul n'osait faire un mouvement ni prononcer un mot, lorsque le duc de Guise, fier et hardi comme en un jour de combat, se leva et s'exprima en ces termes : « C'est souffrir trop longtemps qu'un si grand prince reste exposé au soupçon du plus noir attentat. Je le prie, s'il soutient un combat, de m'accepter pour son second. »

Ce n'était pas seulement un acte chevaleresque, c'était un acte d'une haute habileté, du genre de ceux dont les grandes âmes sont seules capables. En se déclarant le second de son irascible et impétueux ennemi, Guise marquait sa supériorité et l'obligeait à lui dire merci. Nul ne douta de la sincérité et de la magnanimité du prince lorrain; le cardinal de Lorraine moins que qui que ce fût, car il courbait la tête de confusion.

Le prince alors s'avança vers le roi, et lui dit : « Puisqu'il n'existe plus contre moi ni accusateurs, ni preuves, ni indices, je vous supplie, Sire, de me tenir pour un sujet fidèle. »

Le roi, que cette scène avait profondément ému, restait indécis, ne sachant que répondre, lorsque le cardinal, qui était le plus embarrassé peut-être de tous les personnages de la cour, lui conseilla de lever la séance.

Quelques jours après, le prince de Condé quitta Amboise pour se retirer dans ses domaines de la Ferté-sous-Jouarre, emportant dans son âme un ressentiment plus profond que jamais, et l'espérance d'une prompte et éclatante revanche. Les Coligny se séparèrent aussi du roi avec les mêmes sentiments.

Dans l'Agénois, les gentilshommes que la Renaudie avait soulevés voulurent tenir leur serment, et, après avoir armé leurs recrues, se mirent en révolte. Mais le roi de Navarre, qu'ils croyaient être de leurs principaux chefs, les attira dans une embuscade et les tailla en pièces. Ce fut le dernier acte de cette sanglante équipée.

Après la défaite des conjurés, le pouvoir des princes lorrains prit encore de plus grandes proportions. Par lettres patentes publiées à Amboise le 17e jour de mars 1560, signées François, et par le roi Robertet, Guise fut de nouveau élevé à la dignité de lieutenant général du royaume.

# CHAPITRE VIII

Considérations sur les guerres civiles du xvɪᵉ siècle et sur les Guises. —
Guerre entre la France et l'Angleterre. — Mort de Marie de Lorraine
(10 juin 1560). — Paix conclue entre l'Angleterre, la France et l'Écosse.
— Nouvelle attitude politique du cardinal de Lorraine. — Le chancelier Michel de l'Hôpital. — Procès entre le duc de Guise et le connétable
de Montmorency. — Projets de réunion d'un concile œcuménique et d'un
concile national. — Le prince de Condé forme de nouveaux projets de
révolte. — Réunion du grand conseil. — Discours des divers orateurs. —
Rivalités entre Guise et Coligny. — Le grand conseil décide que les états
généraux se réuniront à Meaux le 10 décembre, et que le concile national s'assemblerait le 10 janvier 1561. — Le complot de Condé est découvert. — Le vidame de Chartres. — Sa condamnation, sa mort. — Situation du Languedoc, de la Provence et du Dauphiné. — Mesures prises
par le duc de Guise pour combattre l'insurrection. — La cour se rend à
Orléans, où doivent se tenir les états généraux qui étaient convoqués à
Meaux. — Antoine de Bourbon et Condé se rendent à Orléans sur l'ordre du roi. — Comment ils sont reçus par le roi. — Condé est accusé de
haute trahison et arrêté. — Projets prêtés au duc de Guise de faire
assassiner Antoine de Bourbon par Henri II. — Procès de Condé. — Le
prince est condamné à mort le 26 octobre. — Mort de François II (5 décembre 1560). — Antoine de Bourbon est nommé lieutenant général du
royaume. — Disgrâce des Guises.

C'est de la conjuration d'Amboise que date l'ère des discordes civiles qui ont ensanglanté la France jusqu'au moment où Henri IV, par son abjuration et par sa politique
aussi ferme que prudente, put ramener la paix et la concorde dans le royaume.

Trois siècles ont passé sur ces lugubres événements. Eh
bien, malgré les révolutions de toutes sortes qui se sont succédé et ont si fortement bouleversé la France depuis cette
époque, il semble que la vérité ne se soit pas faite tout entière sur les guerres de religion, et qu'il soit impossible, à
cette grande distance, de juger impartialement les hommes
qui y prirent une part si active. C'est que malheureusement
les haines intestines soulevées par la réforme n'ont jamais
été complétement éteintes. Elles ont changé de nom et de
caractère; mais dans le fond, elles servaient et servent encore les mêmes passions qui les ont amenées.

On pourrait, si l'on ne craignait de faire perdre à l'histoire son calme et sa gravité, établir un parallèle entre les fauteurs de révolutions de toutes les époques, surtout depuis Condé et Coligny jusqu'aux plus modernes; et il ne serait que trop facile de voir que les uns et les autres, sous le masque trompeur de liberté de conscience ou de liberté politique, n'ont eu d'autre dessein que de renverser le pouvoir légal pour y substituer le leur. Pour arriver à ce but, ils n'ont pas craint de faire appel à la guerre civile et d'exposer le pays à succomber sous les maux qu'elle entraîne après elle.

Les Guises, on peut le dire hautement, et l'histoire est là pour le témoigner, malgré les entraînements dont ils se rendirent coupables, malgré leur ambition démesurée, remplirent, pendant la première période de leur puissance, une mission que l'on peut considérer comme vraiment providentielle. Il est malheureusement trop établi que les chefs du calvinisme avaient un autre but en prenant les armes que de chasser les Guises du pouvoir. Ils voulaient morceler la France en faisant revivre les anciens droits féodaux. Ils auraient ainsi établi une sorte de république oligarchique, dont ils se seraient tour à tour disputé le gouvernement. La reine Élisabeth d'Angleterre et les princes luthériens allemands devaient au besoin les aider dans cette entreprise antinationale. Montmorency lui-même, tout catholique qu'il était, n'était peut-être pas éloigné de cette idée. Ce fut François de Lorraine qui, par son énergie et son sang-froid, déjoua ces projets, et maintint sur le front des Valois la couronne chancelante de Hugues Capet et de François I<sup>er</sup>. C'est à lui que la France doit de n'avoir pas été morcelée par les princes et les seigneurs, qui voulaient se tailler de nouveaux domaines dans les provinces que les rois de France avaient si péniblement conquises.

Ce titre de conservateur de la patrie, que lui décerna le parlement, il l'avait donc bien mérité.

A la mort de Marie Tudor, les Guises avaient fait prendre à Marie Stuart le titre et les armes de reine d'Écosse, d'Angleterre et d'Irlande, comme ayant plus de droits à la couronne d'Angleterre que sa cousine Élisabeth, fille de Henri VIII et d'Anne Boleyn. Ils espéraient ainsi réunir un jour sur la tête des enfants de Henri II et de Marie Stuart la couronne de France et la couronne du Royaume-Uni. Le plan était hardi et bien digne d'être conçu par ces illustres ambitieux. Mais, en le formant, ils n'avaient pas compté avec les progrès que faisait la réforme en Angleterre et même en Écosse, ni avec la réprobation que soulèverait chez ce peuple, rempli de fierté et de patriotisme, la perspective d'être gouverné par un prince étranger.

La reine Élisabeth s'appuya, à son avénement au trône, sur la fraction toute-puissante des protestants ses coreligionnaires, et se montra si habile politique, si jalouse de relever l'orgueil national, que les factions furent apaisées et qu'elle put braver les menaces des Guises.

Ces derniers, malgré les avis contraires de Philippe II, avaient fait passer en Écosse la Brosse avec deux mille fantassins, pour soumettre les révoltés, à la tête desquels était Hamilton, soutenu par l'Angleterre. Élisabeth répondit à cette démonstration armée par un libelle des plus outrageants pour les Guises, et qui fut répandu en France à grande profusion.

Six mille Anglais passèrent en Écosse, et vinrent mettre le siége devant Leith. Les escadres françaises sortirent de la Méditerranée pour aller porter de nouveaux secours à la reine douairière Marie de Lorraine; mais elles ne purent arriver à leur destination à cause des tempêtes dont elles furent assaillies sur l'Océan. Cependant la guerre allait prendre un caractère plus général, lorsque la mort de Marie de Lorraine, 10 juin 1560, contraignit les Guises à conclure une paix qui accordait aux protestants d'Écosse le libre exercice de leur religion, et ne permettait plus à Marie Stuart de porter le titre illusoire de reine d'Angleterre. Le 6 juillet, la Brosse ramena en France les troupes qu'il commandait, moins une garnison de cent vingt hommes qui fut laissée dans l'île de Keith.

La vindicative Élisabeth ne pardonna jamais à Marie Stuart ses prétentions à la couronne d'Angleterre, et ce fut de sa tête qu'elle devait lui faire payer l'ambition de ses oncles.

La dépouille mortelle de Marie de Lorraine fut transportée en France par les soins du cardinal son frère, et déposée dans le couvent de Saint-Pierre de Reims, dont sa sœur la princesse Renée était abbesse. Un magnifique tombeau fut élevé au milieu du chœur de l'église.

A l'intérieur du royaume, le cardinal avait apporté de sérieuses modifications à sa politique. Il ne se montrait plus si rigide ni si violent contre les réformés. Son caractère même s'était adouci dans ses rapports avec les personnages de la cour. On prétend qu'il alla jusqu'à recevoir chez lui les théologiens calvinistes avec lesquels il soutenait de fréquentes controverses sur les points qui les divisaient. Toutefois cette apparente mansuétude ne trompait personne et ne lui attirait aucune sympathie. Il le savait bien du reste ; et s'il agissait ainsi, ce n'était que pour ménager la reine mère et pour attendre un moment plus favorable à ses desseins.

Catherine de Médicis, dont le caractère reste encore une énigme pour ceux qui veulent la juger sans passion, venait d'appeler à la tête de la magistrature le seul homme peut-être dont le nom soit resté sans tache au milieu de ces débordements de passions et de haine, le chancelier Michel de l'Hôpital.

Le père de Michel de l'Hôpital avait été médecin du connétable de Bourbon, et en cette qualité il avait suivi le célèbre proscrit. Son fils fut pour ce fait longtemps retenu en prison. Il fut enfin relâché par commandement exprès du roi François I<sup>er</sup>, parce qu'aucune accusation sérieuse ne pesait sur lui. Son père avait commencé son éducation, aussi solide que brillante ; il la développa ensuite lui-même avec éclat dans les principales facultés d'Italie. Doué d'une intelligence remarquable, il excellait dans la poésie latine et dans la connaissance du droit. Il était en même temps orateur et homme d'État. Quand il revint en France, ramené par l'amour de la gloire et de la patrie, son début au barreau fut si éclatant, qu'on lui pardonna d'être le fils d'une des créatures du connétable, et que François I<sup>er</sup> lui-même voulut l'attacher à cette pléiade de savants, de poëtes et d'artistes, dont il aimait à s'entourer, et qui ont fait la gloire la plus éclatante de son règne.

Michel fut d'abord nommé magistrat. Ensuite Henri II le nomma président de la chambre des comptes. Dans ces fonctions, par son esprit ferme, courageux et conciliant autant qu'élevé, il avait su mériter la confiance et l'affection de tout le monde. Il défendit presque toujours la cause des réformés, qui étaient les plus faibles ; mais il eut souvent à souffrir des tendances antinationales et des idées de révolte qui étaient le fond des doctrines de ses protégés.

Catherine de Médicis l'avait jugé le seul homme capable de contre-balancer la puissance des Guises. Mais le cardinal de Lorraine, qui savait avoir dans Michel de l'Hôpital un admirateur sincère, l'accepta, croyant trouver en lui un instrument docile de sa politique. Le fond de la doctrine du célèbre chancelier était la clémence et la modération. Il ne voulait point que le roi fût un justicier implacable, mais le suprême conciliateur entre ses sujets. C'est à cette politique

si large et si élevée qu'il voulait consacrer les efforts de sa
vaste intelligence. Il y aurait réussi, si une telle tâche, à une
telle époque, n'eût pas été au-dessus de la puissance humaine.

Une misérable question d'intérêt vint encore jeter des
ferments de discorde entre les princes lorrains et le connétable de Montmorency, et accroître les griefs des mécontents
contre les ministres de François II.

Un procès à propos du comté de Dammartin, que François
de Guise voulait acquérir, allait avoir lieu entre lui et le
connétable. Les rapports entre ces deux puissants seigneurs
devinrent si acrimonieux, que Montmorency demanda au roi
de lui désigner d'autres ministres que les princes lorrains,
lorsqu'il aurait à traiter de ses affaires. La cour pourtant eut
la sagesse d'assoupir cette affaire, en obtenant des deux
puissants rivaux qu'ils confiassent leurs intérêts à des tierces
personnes.

La politique de Catherine de Médicis et du chancelier de
l'Hôpital fut suivie de grands effets. Ce fut sur l'initiative du
chancelier que fut lancé l'édit de Romorantin, par lequel la
connaissance du crime d'hérésie fut attribuée aux évêques,
à l'exclusion des juges séculiers. Le discours qu'il prononça
devant le parlement de Paris, pour faire enregistrer cet édit,
contenait un exposé de sa politique ferme et conciliante, et
des projets de réformes qu'il croyait indispensable d'apporter dans l'administration du royaume et même dans la discipline ecclésiastique.

Le cardinal de Lorraine négociait avec la cour de Rome et
avec la cour d'Espagne pour la réunion d'un concile œcuménique, dans lequel serait tranché le différend qui divisait le
saint-père et Philippe II, et où seraient discutées les questions de conscience soulevées par les réformés. En attendant
la réunion de ce concile, la reine mère et le chancelier, sur
les conseils de Coligny, firent accepter aux princes lorrains
la convocation d'un concile national qui devait suivre de
près la convocation des états généraux. Ces importantes assemblées devaient être précédées de la réunion du grand
conseil, fixée au 21 août. Cette décision avait été prise le
21 juillet.

Mais tandis que la cour semblait ainsi portée à la conciliation, et voulait sincèrement l'apaisement des esprits, le
prince de Condé se rendait à Nérac auprès du roi de Navarre son frère, pour susciter de nouveaux troubles et orga-
niser partout la guerre civile. Il espérait que son frère sorti-
rait de son apathie et se mettrait hardiment avec lui à la tête

des mécontents. Le maréchal de Saint-André était parvenu à connaître les nouveaux projets du prince de Condé en s'emparant des lettres dont était porteur un gentilhomme basque, nommé Jacques de la Sagne. Ces lettres étaient fort compromettantes, non-seulement pour ceux qui les avaient écrites, mais encore pour ceux à qui elles étaient adressées. Seule, celle qui était de Montmorency ne dévoilait aucun fait important; mais les autres révélaient une vaste conjuration, qui devait mettre tout le Midi et même la Bretagne en armes contre l'autorité royale.

Guise, à cette nouvelle, fit descendre la Loire à toutes les vieilles bandes venues du Piémont, et se mit en mesure de surveiller de près les mouvements de Coligny, qu'il redoutait entre tous. Cependant l'époque de la réunion du grand conseil approchait, et le roi avait écrit, de sa propre main, à Antoine de Bourbon et au prince de Condé pour les inviter à s'y rendre. Les familiers du roi de Navarre insistèrent auprès de ce prince pour qu'il ne se rendît pas à Fontainebleau, lui assurant que les Guises voulaient le faire assassiner. Antoine et Condé saisirent différents prétextes pour décliner l'invitation qui leur était adressée. Mais le connétable et Coligny n'osèrent pas résister aux ordres du roi. Bien résolus l'un et l'autre à opposer la force à la force, si besoin était, ils arrivèrent à la cour suivis d'une telle foule de gentilshommes, pages et écuyers de leurs maisons, qu'on les eût crus vraiment à la tête d'une armée. De plus, les gentilshommes de l'arrière-ban avaient été aussi convoqués, et étaient prêts à venir à leur secours au premier signal d'alarme. Guise répondit à l'attitude belliqueuse de ses ennemis en renforçant la garnison de Fontainebleau et en accélérant l'ouverture du conseil.

Le 21 août, le conseil se réunit dans l'appartement de la reine mère. Il était composé du roi, ayant à ses côtés Catherine de Médicis et Marie Stuart. Venaient ensuite les frères du roi et les cardinaux de Bourbon, de Lorraine et de Guise. Le duc de Guise, le duc d'Aumale, le connétable de Montmorency, l'amiral de Coligny, le chancelier Michel de l'Hôpital, les maréchaux de Brissac et de Saint-André, Marillac, archevêque de Vienne, Morvilliers, évêque d'Orléans, Montluc, évêque de Valence, Dumortier et d'Avauson, conseillers privés, les chevaliers de l'ordre, les conseillers d'État, les maîtres des requêtes, les secrétaires d'État et des finances, les trésoriers généraux et de l'épargne[1].

---

[1] *Histoire des ducs de Guise*, par René de Bouillé.

Le roi ouvrit la séance par l'exposé des motifs qui avaient nécessité la réunion du conseil, et en exhortant chacun à donner son avis, en toute franchise, sur les moyens les plus convenables pour remédier aux maux du royaume. Il chargeait son chancelier et ses deux ministres, le duc de Guise et le cardinal de Lorraine, de fournir au conseil toutes les explications nécessaires. La reine mère parla à peu près dans le même sens, disant qu'elle attendait du conseil que le sceptre fût conservé à son fils, que ses sujets fussent soulagés, et que les mécontents fussent satisfaits s'il était possible.

Le chancelier fit, en termes précis, le tableau de la situation intérieure du royaume. Évitant avec soin d'aigrir le débat par des faits personnels, il s'en tint à des maximes générales, auxquelles il donna des développements trop étendus. Quant à Guise, il voulut mettre papier sur table, en rendant compte de la charge qui lui était confiée dans la gendarmerie et les forces du royaume. Il n'eut pas de peine à démontrer que si les agitations continuaient, s'il lui fallait tenir tête à de nouvelles séditions, ses forces seraient insuffisantes, et qu'il faudrait les doubler et même les tripler. Le cardinal se borna, ce jour-là, à exposer la situation financière du royaume, qui était relativement florissante. Pourtant il ne dissimula point au conseil que, malgré les économies qu'il avait opérées, le budget se soldait encore par un déficit de près de trois millions.

Cette première séance du conseil ne fut donc troublée par aucun incident. Mais le lendemain, au moment où Montluc, évêque de Valence, allait prendre la parole sur l'ordre du roi, Coligny, qui, en l'absence des princes de Bourbon, était un des principaux personnages de la cour, s'avança vers François II, et lui remit deux requêtes : l'une destinée au roi, et l'autre à la reine mère. Ces requêtes, à son dire, émanaient de fidèles chrétiens de Normandie, adressant leurs prières à Dieu suivant les véritables règles de la piété, et demandant au roi le libre exercice de leur religion. C'était l'incident attendu et inévitable. A la vue de ces requêtes qui ne portaient aucune signature, de graves murmures se firent entendre parmi les chevaliers de l'ordre, partisans des Guises. Coligny dit que ces requêtes seraient couvertes, s'il le voulait, de plus de cinquante mille signatures. Le roi voulut que ces requêtes fussent lues immédiatement par un de ses conseillers. Mais, après que le secrétaire d'État l'Aubépine eut donné connaissance au conseil de ces deux documents, l'évêque de Valence ayant été de nouveau appelé par le roi à donner son avis, l'orage soulevé par Coligny n'eut pas ce jour-là d'autres suites.

Le cardinal de Lorraine, pour que la discussion ne s'égarât pas, avait exposé aux membres du conseil les points sur lesquels ils devaient délibérer, qui étaient de la religion, des finances et de l'obéissance au roi.

L'évêque de Valence fit, avec une grande élévation de pensée, et souvent avec une éloquence aussi ferme que hardie, le tableau des progrès que l'hérésie avait faits dans le royaume, et exposa avec une extrême sévérité les causes de ce progrès :

« La doctrine, Sire, qui amuse vos subjects, a esté semée en trente ans, non pas en un, ou deux, ou trois jours, a esté apportée par trois ou quatre cents ministres diligens et exercez aux lettres, avec une grande modestie, gravité et apparence de saincteté, faisans profession de détester tous vices, et principalement l'avarice, sans aucune crainte de perdre la vie pour confirmer leur prédication, ayans toujours Jésus-Christ en la bouche, qui est une parole si douce, qu'elle fait ouverture des oreilles qui sont les plus serrées, et découle facilement dans le cœur des plus endurcis. Et ayans lesdicts prédicans trouvé le peuple sans conduicte de pasteur ni de berger, ni personne qui prist charge de les instruire ou enseigner, ils ont esté facilement reçus, volontiers ouys et escoutez. Tellement qu'il ne se faut point esbahir s'il y a grand nombre de gens qui ayent embrassé ceste nouvelle doctrine, qui a esté, par tant de prescheurs et par tant de livres, si diligemment publiée [1]. »

Il s'éleva ensuite contre la plupart des édits qui avaient été lancés contre les hérétiques et contre les licences du clergé et même de la cour de Rome. Pour remède à ces maux, il demanda premièrement qu'on recourût à Dieu, qui nous a plusieurs fois montré, dit-il, combien il était courroucé et irrité contre nous. Il cita les punitions que Dieu avait envoyées au peuple juif, et rappela la conduite du saint roi David. « Il vous faut donc humilier, Sire, devant Dieu, et recognoistre que les punitions viennent de lui et de son juste et certain jugement. Il faut mettre peine de l'apaiser avec continuelles prières et changement de vie. » Il recommanda que le saint nom de Dieu ne fût plus blasphémé; que son Écriture fût publiée et interprétée sincèrement et purement;

---

[1] Mémoires du prince de Condé.

que les reines et les princesses chantassent les psaumes de David et les louanges de Dieu.

Ce qui fit croire, sans doute, que ce prélat était entaché d'hérésie, ce fut la façon dont il parla de l'habitude qu'avaient les protestants de chanter les psaumes en français et en tout lieu. Il rappela que saint Paul ordonnait aux Éphésiens et aux Colossiens de chanter les psaumes, et que saint Jacques avait exhorté ceux qui étaient tristes de prier, et ceux qui avaient l'esprit en repos de chanter. Pour le second point, il supplia le roi de vouloir permettre un concile général, « moyen, disait-il, que nos anciens ont suivi pour mettre en paix la chrétienté, qui a été plusieurs fois divisée par des hérésies plus pernicieuses que celles d'aujourd'hui. »

Il divisa les réformés en deux sortes : les séditieux, qui couvrent leurs « meschants desseins d'aulcun zèle de la religion, car il n'y en a point de réprouvée qui leur puisse servir d'excuse, ni de bonne qui leur puisse favoriser »; et « ceux qui ayant reçu la doctrine protestante, la retiennent avec telle crainte de Dieu, et vous portent telle révérence qu'ils ne voudroient point vous offenser ».

Pour réprimer la témérité des séditieux, il avait grande confiance dans les fidèles sujets du roi, qui tous, pour son service, emploieraient leurs personnes, leurs biens et l'aide de leurs amis. Il demanda pour les seconds, non les persécutions et les tourments, qui n'ont de rien profité, mais d'user des moyens de Léon I, et de revenir au zèle et à la charité « des bons et anciens Pères ».

Marillac, archevêque de Vienne, parla dans le même sens, mais avec plus de force et d'énergie encore pour provoquer la réunion d'un concile national ainsi que la réunion des états généraux.

On voit, par le fond des discours que nous venons de citer, que le clergé catholique n'était pas animé contre les réformés de cette haine ardente et même fanatique dont on l'a accusé depuis. Mais les esprits les plus prévenus en leur faveur, les plus sages et les plus tolérants, ne pouvaient, ainsi que Montluc et Marillac, s'empêcher de reconnaître que la religion n'était qu'un prétexte, servant d'excuse à l'ambition des grands. Si donc plus tard de sanglants et tristes excès furent commis, n'est-il pas juste que la responsabilité retombe tout entière sur ceux qui les suscitèrent, en faisant appel les premiers à la guerre civile?

Coligny, qui, dans la séance suivante, prit la parole après

avoir donné son aquiescement aux paroles de l'archevêque
de Vienne, conclut aussi à la prompte convocation des états
généraux. Dans son discours, plein de fougue et de violence,
il attaqua directement le duc de Guise, qu'il accusa, en
quelque sorte, de tenir le roi prisonnier, en l'entourant
d'une garde aussi nombreuse qu'inutile. C'était dans l'affection de ses sujets, dont ses ministres voulaient l'éloigner,
que le roi devait trouver sa sécurité.

Guise riposta à l'amiral en rappelant la conjuration d'Amboise, les périls que le roi avait courus, et la nécessité où
il était d'être toujours armé contre les séditieux.

Il ne voulut point entrer en controverse sur les questions
religieuses, s'en remettant, sur ce sujet, à plus docte que
lui. Il ne s'opposait certes pas à la convocation d'un concile; mais il tenait à déclarer au parlement que, quelle que
fût la décision de cette assemblée, elle ne saurait le détour-
ner de l'observation du culte de ses pères. Ces paroles, dans
la bouche de ce grand homme de guerre, étaient, il faut
bien le reconnaître, le cri de la conscience et de la foi.

Le cardinal, qui sut modérer, cette fois, les emportements
de son caractère, répondit à Coligny avec cette mâle éloquence
qui faisait de lui le plus grand orateur de son époque.
A propos des supp ques présentées par Coligny, qu'il
repoussa comme séditieuses, téméraires, hérétiques et
imprudentes, il dit que si elles pouvaient être couvertes de
cinquante mille signatures, il se faisait fort, lui, de leur
en opposer un million. Il ajouta, non sans raison, que si les
séditieux se présentaient en sujets très-fidèles et très-sou-
mis, c'était à la condition que le roi serait de leur opinion,
de leur secte, ou du moins qu'il les approuverait. Il voulait que les séditieux fussent sévèrement punis, mais que la
plus grande indulgence fût accordée à ceux qui n'étaient
qu'égarés. Par un mouvement oratoire plus habile que
sincère, il déclara qu'il était prêt à faire le sacrifice de sa
vie, s'il croyait que sa mort pût être utile à ces « paulvres
dévoyés ». Rappelant un édit précédent [1], par lequel les

---

[1] En juillet 1560 fut publié en la cour un édict du roy sur le règlement
des maisons-Dieu, hôpitaux, maladreries, aumôneries, léproseries et autres
lieux pitoiables.

En août 1560 furent publiés plusieurs édicts du roy; et premièrement un
édict sur la résidence personnelle des évêques et prélats en leur diocèse.

Autre édict sur la résidence personnelle des gouverneurs, séneschaux,
baillifs, prévôts, et leurs lieutenants, sur les lieux de leurs offices.

Autre édict prohibitif à tous gouverneurs, leurs lieutenants, présidents,
trésoriers généraux et autres officiers royaux de ne prendre ni exiger du

évêques et les magistrats étaient tenus à résider dans leurs diocèses, il dit que les évêques et les curés devaient employer tous leurs efforts à gagner et corriger selon l'Évangile : *Corripe fratrem tuum inter te et ipsum.* Ne pouvant guère s'élever contre la réunion d'un concile et des états généraux, il fut assez habile, encore une fois, pour faire contre mauvaise fortune bon cœur. Il fut d'avis, en terminant, « de rendre résolu et paisible un chascun, de la bonne administration des affaires du royaume, et de leur faire voir au doigt et à l'œil la bonne espérance de mieulx. »

Le conseil décida, à la presque unanimité, par un édit qui fut lancé le 26 août, que le 10 janvier les évêques de France s'assembleraient en concile national, si, avant cette époque, le pape ne les avait pas convoqués en concile œcuménique, et qu'un mois avant, c'est-à-dire le 10 décembre prochain, les états généraux seraient réunis à Meaux.

Mais, pendant que se tenait cette assemblée, Guise et le cardinal se faisaient remettre la correspondance dont la Sagne était porteur, et obtenaient de ce gentilhomme les révélations les plus compromettantes pour le prince de Condé, pour le vidame de Chartres (François de Vendôme), et même pour le connétable de Montmorency. Dans le cours de l'interrogatoire qu'on lui fit subir, la Sagne finit par avouer qu'une vaste conjuration, dont le prince de Condé était le chef, allait éclater dans presque toute la France. Par crainte d'être soumis à la torture, il indiqua à ses juges le procédé dont ils devaient se servir pour lire la correspondance du vidame de Chartres.

En effet, quand l'enveloppe des lettres fut trempée dans l'eau, des caractères, jusqu'alors invisibles, révélèrent le véritable sens de cette correspondance mystérieuse. Le vidame de Chartres, qui était un fougueux protestant, se faisait le bras droit de Condé dans l'entreprise ourdie contre les Guises. Le connétable lui-même était fort compromis dans cette affaire par une note de son secrétaire d'Artois, dans laquelle il était dit que son maître n'abandonnait pas le dessein qu'il avait formé de se défaire des princes lorrains, et d'aider de tout son pouvoir au changement de l'administration du royaume. Il espérait arriver à ce résultat par l'influence qu'il exercerait aux états généraux ; mais en

peuple aucuns deniers sans la permission expresse dudit seigneur roy...
(Mémoires du prince de Condé.)

attendant il voulait que les ministres fussent attaqués à visage découvert.

Le lendemain de la clôture du conseil, 27 août, par ordre du roi, le vidame de Chartres était arrêté et mis à la Bastille. Ce prince, jeune et galant, avait été, dit-on, très en faveur auprès de la reine mère, qui le délaissa pour François de Guise. Il croyait, toutefois, pouvoir encore compter sur le tout-puissant appui de Catherine de Médicis. Mais celle-ci resta sourde à toute supplication, et ne voulut rien faire auprès de son fils pour obtenir sa liberté.

Le vidame, étant chevalier de l'ordre de Saint-Michel, devait être jugé par ses pairs; à cet effet, il adressa une demande au cardinal, qui était chancelier de l'ordre, pour qu'il rassemblât le chapitre; mais Charles de Lorraine s'y refusa énergiquement.

Cependant le duc de Guise, qui, avant d'être dans les bonnes grâces de la reine mère, avait été lié de sincère amitié avec François de Vendôme, se montra, à son égard, plein de commisération, et s'employa activement pour qu'il fût fait droit à sa demande.

De son côté, le connétable, se croyant à l'abri de tout soupçon, les révélations de la Sagne ayant été tenues fort secrètes, exigeait aussi impérieusement la réunion du chapitre. Mais lorsque le prince fut rendu à la liberté, et avant même d'avoir comparu devant ses juges, il mourut presque subitement, empoisonné, selon les uns, victime, selon les autres, des tourments que son emprisonnement lui causa. Avec lui s'éteignit la race des comtes de Vendôme.

Les lettres dont la Sagne était porteur et les révélations orales que fit ce dernier, ne furent pas les seules preuves que les Guises acquirent de l'état de fermentation où se trouvaient la plupart des provinces. Le comte de Villars rendait compte au roi de la situation dans laquelle se trouvait le Languedoc, où il commandait. Les villes de Nîmes, Montpellier, Aigues-Mortes et quelques autres des environs, étaient celles par lesquelles la sédition avait commencé. Les séditieux gardaient les portes des villes et visitaient tous ceux qui se présentaient. Les magistrats et officiers fermaient les yeux ou étaient de connivence avec les rebelles, et les bons sujets gémissaient ou gardaient le silence sous les menaces qui leur étaient faites.

« Les villes qui ont reçu les ministres et les séditieux sont : Nismes, Montagnac, Castres, Montpellier, Annonay, Marcellargues, Aigues-Mortes, Sainct-Jehan-de-Gardon-

Neuches, Uzès, Pézenas, Anduze, Privas, Gignac, Covinon, Sornières, Vauvert.

« Les autres sont prêtes à se déclarer. On voit que le gouvernement est venu sans force; on a fortifié partout; on amasse des armes, on crie à la liberté. La ville de Nismes, qui d'abord avoit répondu avec soumission, est devenue plus insolente par cette raison. Les députés de Montpellier ont déclaré que « le roi n'avoit pas de sujets plus fidèles; « mais qu'à l'égard de leurs âmes, ils le vouloient supplier « de les laisser vivre tranquilles, et qu'ils remettroient leur « requeste aux estats. » Pour prévenir le danger de cette démarche de leur part, le comte de Villars à deffendu, à peine de la vie, de délibérer dans l'assemblée à ce sujet, ne permettant d'y parler que des matières ordinaires.

« Le comte de Villars, pour obvier aux maux dont il instruit, propose de lui donner une armée de dix mille hommes d'infanterie et cinq cents hommes d'armes, avec une artillerie convenable, et qu'après qu'il aura puni les rebelles, cette armée reste dans les villes du pays, parce qu'ils publient que, si on les contraint par la force, ils se retireront et reviendront quand les troupes seront sorties de la province[1]. »

Dans la ville de Nîmes, de Montbrun, neveu du cardinal de Tournon, à la tête des mécontents, n'avait pas craint de piller l'église et de s'emparer de tous les objets apppartenant au culte. Presque en même temps (octobre), les rebelles s'emparaient de la recette générale de la ville de Montpellier; la ville de Lyon était, par surprise, attaquée par un nommé Maligny, un des gentilshommes du prince de Condé et un des principaux fauteurs de la conjuration d'Amboise. Il avait fait entrer dans la ville une centaine d'hommes, et il espérait, avec le concours de la population, chasser la garnison tout entière. Ayant mal concerté son plan, il fut vigoureusement repoussé; mais il parvint encore une fois à s'échapper, laissant entre les mains des troupes une cinquantaine d'hommes qui furent pendus.

Ce n'était pas seulement le Languedoc et la Provence qui étaient ouvertement en guerre civile contre le pouvoir royal; les protestants de Genève faisaient de fréquentes excursions dans le Dauphiné; la reine Élisabeth envoyait ses agents en Normandie, pour venir en aide à Condé, dans le but bien apparent de reprendre Calais et peut-être aussi Boulogne.

[1] *Archives curieuses de l'histoire de France.*

Ainsi les chefs huguenots, pour satisfaire leur ambition, non-seulement n'hésitaient pas à livrer la France aux horreurs de la guerre civile, mais encore ouvraient ses portes à l'étranger; car derrière les protestants de Genève il y avait encore les princes luthériens d'Allemagne.

Pour vaincre cette formidable insurrection, Guise, mal soutenu par la reine mère, attaqué par Montmorency et par les Châtillon, eut besoin de déployer toutes les ressources de son vaste génie. Habile à dissimuler, toujours maître de lui, il paralysa le connétable en feignant à son égard des sentiments de sincère amitié. Il ordonna ensuite une nouvelle levée de troupes, et fit écrire par le roi (7 octobre 1560) une lettre au chapitre de Paris, pour obtenir une somme de quatre mille livres tournois. Ce fut le chancelier d'Avauson qui porta cette lettre en même temps que les instructions royales.

Les gouverneurs des provinces, des villes et des places fortes eurent ordre de rejoindre leurs commandements et de renseigner exactement les ministres sur la situation des pays soumis à leur autorité.

D'Aumale, qui était en Bourgogne, se plaignit de l'indiscipline de la gendarmerie, qui, mal payée, exerçait des vexations sur les habitants. Guise écrivait à d'Humières pour lui dresser son plan de défense du côté de Normandie. De Thermes était dirigé sur l'Angoumois, le Périgord et le Limousin. Coucy de Bary, qui commandait à Bordeaux, recevait du roi une lettre par laquelle il lui était prescrit de tailler en pièces « ceux qui étoient assez fols de prendre les armes contre lui ». Bouillé, qui commandait en Bretagne, avertissait le duc de Guise qu'il venait de trouver près de Nantes, de Châteaubriant et de plusieurs autres villes, des gens armés et masqués, « ne tenant point de pays, et ayant tant de lieux où ils sont supportés qu'il est difficile de les surprendre. »

L'avis de presque tous les capitaines était qu'il ne fallait pas laisser le roi sans escorte, étant avéré que le projet des mécontents était de s'emparer de sa personne. Guise avait fait transporter la cour de Fontainebleau à Saint-Germain-en-Laye. Ensuite il décida que la réunion des états généraux n'aurait pas lieu à Meaux, mais à Orléans.

Le 12 octobre, la cour traversa Paris pour se rendre dans la capitale de l'Orléanais. Elle fut protégée dans sa marche par les compagnies les plus fidèles aux Guises; celles des ducs d'Orléans, d'Angoulême, de Guise, d'Aumale, de Lorraine, de Nemours et de Nevers formaient le plus ferme noyau[1].

Il fallait maintenant que le roi de Navarre, et principalement le prince de Condé, vinssent à la réunion des états. Antoine de Bourbon y était assez disposé; mais son frère craignait de tomber dans un piége.

François II écrivit au roi de Navarre pour l'engager à amener lui-même son frère à Orléans. Dans cette lettre, il lui rappelait que, lors de la conjuration d'Amboise, plusieurs prisonniers avaient fait planer sur lui les plus graves accusations : « chose, disait le roi, qui ne me pouvoit entrer dans l'entendement, en l'honneur du sang dont il est et l'amour que je porte aux miens. » Le roi ajoutait que, depuis cette époque, il avait eu plusieurs avertissements des pratiques et menées de ce prince au préjudice de son service et de la sûreté de son État. Il n'avait jamais voulu y croire; mais les apparences étaient si grandes qu'il voulait s'en éclaircir, « n'estant pas délibéré, pour la folie d'aucuns de ses sujets, vivre toute sa vie en peine. »

« Et pour ce, mon oncle, continuait le roi, que je me suis toujours asseuré de l'amitié et fidélité que me portez, et que vous m'en avez tant fait d'offres et de preuves, que je n'en puis ni ne veux doubter aucunement, je n'ai voulu faillir de vous avertir incontinent et escrire la présente, par laquelle je vous prie sur tout le service que désirez jamais me faire, et ordonne sur tout que vous avez chère ma bonne grâce, de me l'amener vous-mesme, dont je n'ay voulu charger autre que vous, non pour autre intention que pour se justifier en votre présence de ce dont il est chargé : vous pouvant asseurer que je seray aussi aise et aussi content qu'il se trouve innocent et net d'une si infâme conspiration, comme je seroye très-déplaisant que au cœur d'une personne de si bonne race, et qui me touche de si près, si la malheureuse volonté fust entrée, vous pouvant asseurer que là où il refusera m'obéir, je sauray fort bien faire cognoistre que je suis roy, ainsi que j'ay donné charge à M. de Cursol vous faire entendre de ma part, ensemble plusieurs autres choses dont je vous prie le croire comme vous voudriez faire moy-mesme. Priant Dieu, mon oncle, vous avoir en sa très-sainte et digne garde[2]. »

Les ordres du roi était si pressants, que, sur le conseil du cardinal de Bourbon, son frère, le faible et hésitant

---

[1] René de Bouillé.
[2] Mémoires du prince de Condé.

Antoine de Bourbon quitta le Béarn pour se rendre à Orléans. Quant à Condé, son parti était pris. Il était bien résolu maintenant à se rendre aux états et à braver les Guises en face. Sa femme, Éléonore de Roye, qui aimait ardemment cet époux inconstant, le fit prévenir des dangers qui le menaçaient, et, sur l'avis d'une confidente de la reine mère, la duchesse de Montpensier lui conseillait de rester à Nérac, tandis qu'Antoine de Bourbon viendrait seul à la cour. Le prince répondait : « Ils n'oseront pas ! »

Les deux princes, entourés d'une faible escorte, prirent le chemin d'Orléans. A mesure qu'ils approchaient du but de leur voyage, ils pouvaient s'apercevoir que des troupes nombreuses étaient échelonnées sur leur parcours, et qu'elles semblaient se refermer derrière eux pour leur couper la retraite s'ils avaient essayé de retourner sur leurs pas. Des couriers informaient à chaque instant les Guises des incidents du voyage. Quand ils arrivèrent à Poitiers, ils trouvèrent les portes de cette ville fermées. Ces manifestations non équivoques d'hostilité leur faisaient présager l'accueil qui les attendait. Quand ils furent à Orléans (29 octobre), toute l'armée qui avait escorté le roi semblait être sur pied. Au lieu d'être reçus avec les honneurs dus à leur rang, ils ne virent venir au-devant d'eux que le cardinal de Bourbon leur frère et le prince de la Roche-sur-Yon, suivis de quelques gentilshommes. Le roi était logé dans la maison du bailli. Lorsqu'ils voulurent aller lui présenter leurs hommages, ils furent obligés de mettre pied à terre pour traverser la double haie de soldats échelonnés dans la rue. Arrivés au logis du roi, ils trouvèrent sur tous les visages des courtisans et des capitaines les marques d'un respect glacial.

François II était dans son appartement, ayant auprès de lui le duc de Guise, le cardinal de Lorraine, les capitaines de ses gardes et plusieurs seigneurs de la cour. Dès cette première entrevue, le roi, par ses paroles brèves et sévères, leur fit comprendre tout le mécontentement qu'il avait d'eux. Cependant, quittant la chambre où il se trouvait, le roi conduisit avec lui dans l'appartement de la reine mère Antoine de Bourbon et le prince de Condé. Les capitaines et seigneurs, à l'exception des Guises, suivirent les princes chez Catherine de Médicis. L'astucieuse Italienne reçut Bourbon et Condé avec des paroles pleines de tristesse et entrecoupées de pleurs et de sanglots, « véritables larmes de crocodile, » dit un historien.

Le roi mit fin à cette scène de haute comédie en adressant à Condé les plus sévères reproches sur sa conduite, et en lui déclarant qu'il connaissait les entreprises qu'il avaient tentées contre son gouvernement. Le prince était trop orgueilleux pour se défendre par des paroles de soumission et de respect. Il traita de calomnies inventées par les Guises les imputations lancées contre lui, et, voulant faire de sa hardiesse une preuve de son innocence, il dit au roi que s'il ne s'était pas senti la conscience nette, il n'aurait pas mis tant d'empressement à se rendre à ses ordres. Le roi lui répondit que, puisqu'il en était ainsi, il fallait que son innocence éclatât aux yeux de la justice ordinaire, et il donna ordre à Chavigny, capitaine de ses gardes, d'arrêter le prince de Condé. Cet ordre portait la signature du roi et celles du duc de Montpensier, du prince de la Roche-sur-Yon et des maréchaux de Brissac et de Saint-André. On remarque que les Guises ne l'avaient point signé, sans doute pour que cet acte de haute justice n'eût pas l'air d'être une vengeance personnelle. Le prince fut conduit, sous bonne escorte, dans une maison voisine qui devait lui servir de prison, et qui était, à cet effet, garnie de grilles à ses fenêtres. Pour prévenir tout coup de main, elle fut garnie de canons comme une véritable forteresse. Ce fut en vain que le roi de Navarre s'offrit lui-même comme caution de son frère ; ce fut en vain aussi qu'Éléonore de Roye se jeta aux pieds du roi pour lui demander la grâce de son époux. François II se montra inflexible, il rejeta l'offre d'Antoine de Bourbon et répondit à l'épouse éplorée : « Je ne feray jamais grâce à un mauvais parent. Vostre mari m'a voulu oster la couronne et la vie. »

Les commentateurs du temps assurent que le roi de Navarre alla jusqu'à s'humilier devant le cardinal de Lorraine.

A propos d'Antoine de Bourbon, qui, bien que laissé en liberté dans son hôtel, n'en était pas moins surveillé avec une rigueur qui rendait cette liberté illusoire, il est bon que justice soit faite d'une infâme calomnie que plusieurs historiens se sont plu à répéter d'après la tradition, et qui contraste singulièrement avec le caractère des acteurs de ce drame.

Ces historiens[1] rapportent que, tandis que s'instruisait le procès du prince de Condé, Antoine de Bourbon fut prévenu

---

[1] De Thou, Anquetil.

par Catherine de Médicis elle-même qu'un infâme complot était par les Guises ourdi contre lui. Le roi, disait-on, devait le mander en sa présence, et là feindre une grande colère pour forcer le prince à s'abandonner à quelques excès de parole. Alors le roi se serait regardé comme insulté, et aurait frappé Bourbon d'un coup de poignard. On suppose que des estafiers devaient, à ce signal, achever d'assassiner le prince. Malgré les avis de la reine mère, Bourbon se serait rendu à l'invitation du roi et aurait dit à l'un de ses officiers : « Je vais dans un lieu où l'on a juré ma mort ; mais jamais peau ne fut vendue si cher que je leur vendrai la mienne. Capitaine Remi, si je péris, prenez ma chemise percée de coups et toute sanglante, portez-la à ma femme et à mon fils ; qu'ils en envoient des lambeaux à tous les rois ; ils liront dans mon sang la vengeance qu'ils doivent tirer du lâche assassinat d'une tête couronnée. »

L'entrevue entre le roi et Bourbon eut lieu ; mais, soit que le prince fît acte de soumission et de respect, soit que le souverain n'osât pas verser le sang de l'un des siens, le complot n'eut pas de suites. En voyant Bourbon sortir de la chambre du roi, Guise se serait écrié : « Voilà le plus poltron cœur de roi qui fut jamais ! »

Comment a-t-on pu un instant ajouter foi à une si absurde calomnie ? Est-ce bien à Antoine de Bourbon, ce prince faible, pusillanime, toujours hésitant et inquiet, que l'on peut prêter ces paroles viriles et la démarche audacieuse que nous venons de rapporter ? Condé eût agi ainsi ; mais lui, il en était incapable.

Enfin, c'est Guise, cette âme si loyale et si hardie, ce cœur si noble et si généreux, qui, pour se venger lâchement, aurait mis le poignard dans la main de son neveu, pauvre enfant malade et sans force, n'ayant plus que quelques jours à vivre ! Nous le répétons, de pareilles calomnies sont trop grossières pour qu'il soit nécessaire de les réfuter.

Les Guises poussaient activement le procès de Condé : il fallait frapper d'un seul coup, dans la personne de leur chef, l'hérésie et la rébellion. Les commissaires chargés de la procédure étaient le chancelier de l'Hôpital, Christophe de Thou, président au parlement de Paris (le père de l'historien), les conseillers Faye et Violles, le procureur général Bourdin, comme partie civile, et du Tilliez, greffier. Les commissaires arrivèrent à Orléans par ordre exprès du roi, et voulurent immédiatement faire subir un premier interrogatoire au prince (13 novembre). Condé soutint qu'il ne devait pas être jugé par des commissaires, mais par le roi, par les pairs du royaume et par toutes les chambres du parlement assemblé. Il appela des procédures qu'on faisait contre lui au roi d'abord, et ensuite au conseil privé; mais ces appels furent déclarés nuls. Par un arrêt signé François II, daté d'Orléans le 20 novembre, il est ordonné que, nonobstant ladite appellation interjetée par le prince de Condé, ce prince sera tenu de donner, le jour même, ses moyens de récusation contre les commissaires, à faute de quoi ils procèderont au jugement de son procès. Les accusations qui pesaient contre Condé étaient extrêmement graves. Il était démontré qu'il s'était rendu coupable de crime de rébellion et de lèse-majesté, et même d'hérésie. Un prêtre était allé le trouver dans sa prison, et il s'était refusé à entendre la messe.

Guise, dont le cœur était toujours généreux, fit faire au prince des offres d'accommodement par un officier que Condé avait pu entretenir en présence de ses gardes. Il répondit que le seul moyen d'accommodement qu'il y avait entre eux était la pointe de la lance. Les commissaires reprirent leurs délibérations, et, puisqu'ils n'étaient point déclarés incompétents, ils étaient forcés de se déclarer convaincus.

Le 26 novembre, le prince de Condé fut condamné à porter sa tête sur l'échafaud. La grâce du prince avait été demandée non-seulement par Éléonore et la duchesse de Montpensier, mais aussi par la duchesse de Ferrare, fille de Louis XII et belle-mère du duc de Guise. Le chancelier de l'Hôpital ne signa point l'arrêt. Il disait au roi : « Pourquoi se priver d'un puissant moyen de contenir les mécontents? Vous les verrez soumis tant qu'ils craindront de hâter, par leurs révoltes, le supplice de leur chef; vous les verriez terribles et sans frein s'il s'agissait de le venger. » Catherine de Médicis, qui craignait maintenant de perdre, dans la personne du prince de Condé, un auxiliaire contre la puissance des Guises, obtint de son fils que l'exécution serait retardée de plusieurs jours. Elle fut cependant fixée au 10 décembre. Quelques-uns prétendent, au contraire, que cette date avait été reculée pour donner au connétable le temps d'arriver et le faire tomber dans un piége.

Le roi allait partir pour une chasse à Chambord, lorsqu'on apprit tout à coup qu'il s'était évanoui, pendant les vêpres, dans l'église des Jacobins. En revenant à lui, il poussa des cris aigus, et se plaignit d'un violent mal de tête causé par une fistule dont il souffrait depuis longtemps. L'oreille gauche, par laquelle cette fistule prenait son cours, était menacée de la gangrène. Le mal fit, en quelques heures, des progrès si violents, que les médecins se déclarèrent impuissants à sauver le roi, à cause surtout de l'extrême faiblesse de sa constitution. Le 5 décembre, ce pauvre enfant, qui n'avait connu d'autres joies que les sourires de sa petite reine, rendit son âme à Dieu au milieu de souffrances horribles et après un règne d'un an et demi.

Catherine de Médicis, dont la douleur maternelle n'allait pas jusqu'à lui faire perdre de vue ses intérêts, et les Guises, qui savaient tout ce que cette mort, en les précipitant du pouvoir, pouvait porter de préjudice à leur fortune, se préparaient à jouer leur rôle. Prévoyant que les états généraux, usant de leurs droits, pourraient confier la régence du futur monarque à Antoine de Bourbon, ils furent les premiers à conseiller à Catherine de Médicis d'appeler auprès d'elle le roi de Navarre, et de lui confier la charge de lieutenant général du royaume, après qu'il se serait engagé à lui abandonner la régence.

Sur les conseils du chancelier de l'Hôpital, après, toutefois, qu'elle eut donné les ordres les plus sévères concernant le prince de Condé, comme si l'arrêt devait suivre son terrible cours, la reine manda auprès d'elle Antoine de Bourbon.

Pendant les derniers jours de la maladie du roi, le faible et craintif Antoine n'avait presque plus osé sortir de son hôtel, épiant sur la figure des courtisans les impressions de la cour, et redoutant que les événements ne fissent qu'apporter un dernier coup à son crédit déjà si fortement ébranlé. Avant de l'appeler auprès d'elle, Catherine avait fait entendre contre lui des paroles de menace qu'elle savait devoir lui être rapportées. Ce fut donc comme un coupable n'ayant plus qu'à implorer sa grâce que Bourbon se rendit à cette entrevue, d'où il devait sortir avec l'investiture du plus grand pouvoir du royaume. Fidèle à son rôle, Catherine accueillit Bourbon avec des airs presque courroucés, et, sans lui permettre de se disculper, lui reprocha les accusations vraies ou fausses qui pesaient sur lui. Après l'avoir ainsi tenu à sa merci devant les princes de Lorraine, elle lui proposa le titre de lieutenant général du royaume à la condition qu'il renoncerait à la régence. Antoine de Bourbon devait avoir le commandement des armées de terre et de mer, la haute administration de toutes les choses de la guerre ; mais c'était Catherine de Médicis qui devait avoir le sceau royal, et conserver la haute direction des affaires politiques avec l'aide du conseil privé. Par cet accommodement, Catherine de Médicis se flattait de conserver, en réalité, le gouvernement dans sa main, et d'être en mesure d'opposer toujours les uns aux autres les trop puissants seigneurs capables d'accaparer le pouvoir.

Les Guises avaient obtenu du roi mourant un aveu public qui les déchargeait, en apparence du moins, de la part qu'on les accusait d'avoir prise dans le procès et dans la condamnation du prince de Condé. François II mourant [1] avait assumé sur lui tout seul la responsabilité de cet acte.

Antoine de Bourbon feignit donc, en présence de la reine mère, de ne conserver dans le cœur nulle rancune contre les Guises, et il alla même jusqu'à les embrasser, pour témoigner de ses bons sentiments à leur égard. Le cardinal et François, qui, pour se préparer un retour probable à la cour, avaient dû se résigner à descendre volontairement du pouvoir, recevaient de Catherine de Médicis l'assurance que leurs services ne seraient point oubliés, et que, plus que jamais, elle comptait sur leur dévouement. Elle semblait même ne plus vouloir permettre que leur autorité fût diminuée, tandis qu'en réalité elle complotait déjà avec Bourbon leur éloignement de la cour.

Montmorency, qui, à la nouvelle de la maladie du roi, avait quitté ses domaines pour se rendre à Orléans, était revenu prendre sa place de connétable. Quant aux Châtillon, ils relevaient la tête et parlaient haut. Les Guises, bien que toujours membres du conseil, voyaient leurs partisans passer dans les camps ennemis, si bien que quand ils arrivaient à la cour, c'étaient eux maintenant qui, de tous les seigneurs, avaient la plus mince escorte. Le cardinal dut se répéter souvent : *Sic transit gloria mundi.*

---

[1] Malgré son caractère ambitieux et vindicatif, le cardinal Jean de Lorraine se montrait, dans l'exercice de son ministère, un véritable prélat selon le cœur de Dieu. Lorsque François II fut près de mourir, le cardinal lui-même lui dicta ces paroles qui méritent d'être signalées : « Seigneur, pardonnez-moi mes fautes, et ne m'imputez point celles que mes ministres ont commises sous mon autorité. »

Ambroise Paré dit que la mort de François II fut considérée par les réformés comme un coup du Ciel.

Toujours grave et solennel, Coligny, qui était auprès du lit lorsque François II rendit le dernier soupir, s'écria : « Messieurs, le roi est mort ; cela nous apprend à vivre. »

# CHAPITRE IX



Avec le règne de Charles IX, qui monta sur le trône (6 décembre 1560) à l'âge de dix ans et demi, commencent ces
longues et terribles guerres de religion, dont la conjuration
d'Amboise fut le prélude.

La cour offrait à cette époque (1560-61) le spectacle de
toutes les passions, de toutes les haines et de toutes les con-
voitises. A quelques rares exceptions près, à l'exception surtout du chancelier de l'Hôpital, qui ne cherchait que la pacification des esprits par la tolérance, et le relèvement du
royaume par la liberté, il semble que tous les grands personnages, depuis Catherine de Médicis jusqu'au plus obscur
délégué des bailliages, tous fussent saisis de vertige et de

délire, et incapables les uns et les autres de se rendre compte des maux qu'ils déchaînaient sur leur malheureuse patrie. Catherine de Médicis surtout semblait au milieu de ces discordes, qu'elle entretenait à plaisir, être dans l'élément le plus propre à sa nature et à son caractère.

Entourée d'une cour de jeunes femmes à qui elle avait inculqué ses principes dissolus et l'amour des intrigues, elle employait, pour dominer ceux dont elle pouvait redouter la puissance, les moyens les plus bas et les plus méprisables au point de vue de la morale et de la politique. Sa première victime fut naturellement la jeune et belle Marie Stuart, à qui elle aurait peut-être pardonné d'avoir, elle aussi, méprisé sa naissance, mais chez laquelle elle redoutait l'effet que sa beauté et son esprit pouvaient produire sur l'imagination du jeune roi. Elle se souvenait de l'influence que la duchesse de Valentinois avait exercée sur Henri II.

La jeune veuve fut bientôt contrainte à quitter la cour pour aller chercher un refuge au couvent de Saint-Pierre-les-Dames de Reims, dont sa tante, Renée de Lorraine, était abbesse.

Les funérailles du feu roi eurent lieu sans faste. Cependant on s'étonna que les Guises, qui avaient tant entouré François II de son vivant, n'accompagnassent pas son corps à Saint-Denis. La satire ne les épargna pas en cette occasion. Elle fut même sanglante. Sur le cercueil royal un écrit fut attaché portant ces mots : « Où est Tanneguy du Châtel ? mais il était Français ! » Ce Tanneguy du Châtel était un chambellan de Charles VII qui, injustement banni, vint pleurer sur le cercueil de son maître et en fit faire les funérailles à ses frais. Rappeler ce souvenir en de tels termes, c'était reprocher aux Guises et leur ingratitude et leur nationalité. Le reproche est suspect de la part de ceux qui le leur adressèrent. Ils auraient été trop heureux, en effet, de voir les princes lorrains s'éloigner de la cour pour méditer leur ruine en leur absence. Les Guises prétextèrent pour rester la nécessité où ils étaient de ne pas abandonner leur nièce dans ce moment si douloureux pour elle.

Leurs ennemis, les croyant plus tombés en disgrâce et plus faibles qu'ils n'étaient en réalité, les attaquèrent de toutes parts avec cet acharnement dont tous les vaincus sont l'objet. Sur l'instigation du roi de Navarre, Lelongcourt, évêque d'Autun, leur intenta un procès, au sujet d'une terre que Marguerite de Broye, mère de ce prélat, leur avait vendue dans des conditions trop désavantageuses, disait-il. On les accusa de s'être emparés, lorsque François II était mourant, d'une somme de quatre-vingts et même de cent soixante mille livres qui était au trésor de l'épargne. En tout cas, ainsi qu'on l'a fait observer, ce détournement n'aurait pu avoir lieu sans l'assentiment de la reine mère. Or Catherine de Médicis, qui, malgré un revenu de trois cent mille livres, était toujours endettée, aurait gardé la somme pour elle, au lieu de la laisser emporter par les ministres de son fils.

Les Châtillon et le roi de Navarre allèrent jusqu'à faire proposer par les états généraux la restitution de toutes les sommes et de tous les biens qu'on soupçonnait avoir été illicitement acquis sous les deux règnes précédents. Cette proposition, qui était dirigée surtout contre les Guises, ne fit, au contraire, que tourner à leur avantage. Il est constant, du reste, qu'au lieu de s'enrichir alors qu'ils tenaient en main tout le pouvoir royal, ils n'avaient fait que contracter des dettes.

Il faut, du reste, rendre ici justice au duc de Guise. Lorsqu'il vit le roi sur son lit de mort, il savait que le pouvoir allait lui échapper, et qu'il avait soulevé contre lui trop de haines et trop de passions pour n'être pas persuadé qu'il serait l'objet des attaques les plus furieuses et les plus injustes. L'armée, qu'il avait si souvent conduite à la victoire, et qui aimait en lui le plus brave et le plus généreux de ses capitaines, lui était profondément dévouée. Une grande partie de la noblesse et le peuple de Paris le reconnaissaient comme le chef le plus puissant du parti catholique. Par son frère, qui dominait le clergé de France, et qui avait à la fois l'appui de Rome et l'appui de Philippe II, il était sûr d'être soutenu par presque tous les évêques. Il pouvait donc, s'il n'avait été qu'un vulgaire ambitieux, abuser de toutes ces forces et imposer sa volonté aux états généraux, après qu'il se serait emparé des princes et des seigneurs ligués contre lui. Mais, en agissant ainsi, il jetait le pays en pleine guerre civile et recommençait l'œuvre ténébreuse de Condé. Il préféra descendre du pouvoir. Il ne fit que remplir son devoir, c'est vrai; mais combien eussent été capables à cette époque d'en faire autant?

Cependant, si l'agitation et les ferments de discorde étaient dans tous les esprits, la paix en apparence la plus grande régnait à la surface. Le jeune monarque avait, avec son beau-frère Philippe II, une correspondance assidue et amicale; et la reine Catherine de Médicis écrivait également au roi d'Espagne des lettres où elle témoignait d'un zèle exagéré pour la religion catholique, afin d'atténuer, dans l'esprit ombrageux de son beau-fils, le mauvais effet qu'avait pu produire l'arrivée au pouvoir des chefs plus ou moins avoués de la réforme. Les Guises aussi, et principalement le cardinal de Lorraine, ne cessaient de correspondre avec le roi très-catholique. On assure que l'habile cardinal aurait voulu faire épouser sa nièce Marie Stuart au prince des Asturies. Mais Catherine de Médicis se mit au travers de ces négociations, ayant conçu le projet de resserrer encore les liens qui unissaient la maison de France à la maison d'Espagne, par le mariage de sa fille Marguerite avec le même prince. Le cardinal de Lorraine, le connétable et le maréchal de Saint-André furent chargés par la reine mère de négocier cette union avec Chantonnay, ministre de Philippe II.

Les états généraux s'ouvraient le 13 décembre. Le roi Charles IX s'y rendit avec Catherine de Médicis, sa mère, le duc d'Orléans, son frère, et Marguerite de France, sa sœur. Venaient ensuite Antoine de Bourbon, roi de Navarre; Renée de Ferrare, fille de Louis XII; les cardinaux de Bourbon, de Tournon, de Lorraine, de Châtillon et de Guise; Charles de Bourbon, de la Roche-sur-Yon; François de Lorraine, duc de Guise; le connétable Anne de Montmorency, le chancelier Michel de l'Hôpital, Jacques d'Albon de Saint-André et Charles de Brissac, maréchaux de France; l'amiral Gaspard de Coligny, la plupart des chevaliers de l'ordre et les conseillers d'État.

Le chancelier commença par un long discours, plus sage et plus modéré que réellement éloquent. Il dit que, par une grâce toute particulière du Seigneur, les mouvements causés dans l'État par la mort du roi, loin d'augmenter, se trouvent apaisés. La paix étant faite au dehors et la concorde régnant au dedans, il n'y a rien à craindre, rien qu'on ne doive espérer. Il rappela la nécessité qu'il y avait pour le souverain de convoquer les états généraux, et quels étaient les devoirs de ces assemblées.

Après cet exorde, il indiqua les points sur lesquels les états avaient à délibérer, qui étaient le culte et les finances. Sur le premier point, il dit que l'assemblée de Fontainebleau avait décidé la réunion d'un concile pour éviter les dissensions dont la guerre civile est la conséquence. « Le pape, ajouta-t-il, nous le fait espérer; mais, en attendant, il ne faut pas permettre que chacun se fasse une religion à sa fantaisie et introduise de nouvelles cérémonies; car par là non-seulement on trouble la tranquillité publique, mais on expose les âmes au danger de se perdre pour l'éternité. » Avant de combattre les ennemis de la religion avec les armes matérielles, il voulut que chacun se munît d'abord de vertu, de bonnes œuvres, du pain de la parole de Dieu et de la prière. « Ce sont, dit-il, les armes les plus propres au genre de combat que nous avons à livrer. » Il voulut que l'on retranchât ces noms odieux de luthériens, huguenots, papistes : noms qui sentent les anciennes factions de Guelfes et de Gibelins. Il termina ainsi son discours : « Après avoir pourvu à la tranquillité publique, il faut tourner nos soins sur les finances : le roi les a trouvées tellement épuisées par dix années consécutives de guerre et par d'autres dépenses, qu'un père et un frère semblent ne lui avoir laissé pour tout héritage que des matières de larmes. Sa Majesté est disposée, pour réparer ces pertes, à faire dans sa dépense les retranchements que vous règlerez, et qui ne seront pas incompatibles avec l'éclat et la splendeur qui conviennent au trône.

« Ce sont les motifs qui ont porté le roi et la reine sa mère à convoquer et consulter les états du royaume; à exhorter, par la bouche du chancelier, ceux qui forment cette auguste assemblée, à se dépouiller de toute vue et de toute affection particulières, pour exposer avec une entière liberté ce qu'ils croiront avantageux à l'État. L'intention et la volonté de Leurs Majestés est que tous, sans exception, jouissent de cette permission, et que ce qui sera réglé de l'avis de tous les ordres, devienne une loi inviolable de l'État. »

Cette réunion préparatoire fut troublée un instant par les murmures des calvinistes, quand ils apprirent qu'ils n'avaient point à délibérer sur la question de la régence, qu'ils voulaient confier au roi de Navarre. Catherine de Médicis, se retranchant derrière une lettre de son fils, ne voulut point laisser poser la question, et François de Bourbon fut trop faible pour l'exiger. C'est donc à tort que quelques historiens ont présenté Catherine de Médicis comme régente sous Charles IX. Elle en exerça constamment les fonctions, mais elle n'en eut jamais le titre.

Le lendemain, 14 décembre, les trois états se rassemblèrent de nouveau pour délibérer séparément. Le tiers se réunit aux Carmes, le clergé aux Cordeliers, la noblesse aux Dominicains. Mais ici encore une contestation s'éleva. Une grande partie des représentants considéraient leurs pouvoirs comme expirés depuis la mort du roi. Le conseil décida qu'il fallait passer outre, donnant pour raison que, par la loi du royaume, le mort saisit le vif; que l'autorité royale ne meurt point, mais qu'elle passe sans interruption du roi défunt à son légitime successeur.

Le cardinal de Lorraine, dont l'éloquence était universellement reconnue, avait espéré, avant la mort de François II, être nommé orateur des trois états. Mais depuis les événements avaient changé de face. Le clergé consentait bien toujours à voter pour lui ; la noblesse et le tiers, ayant des griefs à formuler contre son administration, lui refusèrent leurs voix.

Les députés qui devaient parler au nom des trois états, et qui, à cet effet, avaient des places réservées, furent, à la seconde séance générale, Jean Lange, avocat au parlement de Bordeaux, pour le tiers état ; Jacques de Silly, comte de Rochefort, pour la noblesse ; et Jean Quintin pour le clergé.

Là, encore une fois, les Guises se virent l'objet des plus vives attaques. Les députés des provinces de Bourgogne et de Dauphiné, dont le duc de Guise et le duc d'Aumale étaient gouverneurs, avaient demandé qu'on donnât aux princes lorrains les mêmes titres qu'on donnait aux princes du sang royal. La noblesse s'y refusa. Les Guises se montrèrent fort irrités de ce refus, et traitèrent de factieux ceux qui s'opposaient à leurs prétentions. Le vidame de Châlons alla porter plainte contre les Guises à Catherine de Médicis, qui évita de répondre directement, en disant que les Guises n'avaient parlé de la sorte que contre ceux qui avaient fait entreprise contre la majesté royale.

L'orateur du tiers état borna presque tout son discours à une censure continuelle des mœurs et de la conduite des ecclésiastiques. Il termina en disant : « Le tiers demande et supplie très-humblement qu'afin de remédier à ces maux le roi emploie son autorité pour faire incessamment célébrer un concile. »

Après Lange, ce fut Jacques de Silly, comte de Rochefort, qui parla, au nom de la noblesse, avec beaucoup de dignité et de force[1]. Après avoir proposé de nombreuses réformes concernant la magistrature, la justice et la religion, il voulut aussi que l'on réformât la cupidité des courtisans, en faisant défense de demander les biens des criminels avant qu'ils fussent condamnés, et en ordonnant que ce qui reviendrait des confiscations après le jugement fût employé en œuvres de piété. En terminant, il présenta une requête dont il fit la lecture au roi, par laquelle, au nom de la noblesse, il deman-

----

[1] De Thou.

dait qu'on lui accordât des temples pour l'exercice de la religion réformée.

Le discours de Jean Quintin, au nom du clergé, fut long et
ennuyeux [1]. Pourtant, au milieu des flatteries exagérées dé-
cernées au roi, à la reine et aux princes, il fit une virulente
sortie contre les protestants, et demanda qu'on punît comme
sectaires ceux qui avaient présenté des requêtes en leur faveur. Ces paroles atteignaient directement Coligny, qui s'en
plaignit au roi comme d'une injure, dont il voulait une réparation publique. Sur ses instances énergiques et réitérées,
Quintin consentit à accorder dans le discours de clôture la
satisfaction que l'amiral demandait.

Quelques sages résolutions, malheureusement restées sans
effet, furent prises pendant la durée des états généraux. Les
prélats eurent ordre de se tenir prêts pour le concile de
Trente. Les juges de province furent tenus de rendre la liberté et les biens à ceux qui en avaient été privés pour cause
de religion, et défense fut faite à tous les sujets de se mal-
traiter les uns les autres sous le même prétexte. Il fut aussi
convenu que tout le monde devrait suivre les anciens rites
de l'Église jusqu'après la décision du concile.

Les Guises, les Bourbon et les Châtillon, tout en parais-
sant vivre en excellente intelligence, ne négligeaient aucune
occasion pour s'attaquer plus ou moins ouvertement. Montmorency dénonça au roi de Navarre le duc de Nemours,
comme ayant posté des gardes dans les faubourgs pour le
surprendre. On savait que Nemours était profondément dévoué au duc de Guise. Le connétable profita de cette occasion pour ne plus quitter le roi de Navarre, qui habitait le
même hôtel que le roi et ne sortait que fort peu. Catherine
de Médicis, après avoir pris les informations les plus minu-
tieuses, ne découvrit aucune trace de cette conspiration. Cependant elle manda en sa présence le duc de Nemours pour se
disculper. Le duc se rendit à l'ordre de la reine, accompagné
du duc de Guise. Il ne lui fut pas difficile de prouver qu'il
n'avait rien tenté, rien ourdi contre la vie ou contre la liberté du roi de Navarre.

De son côté, sur l'instigation des Châtillon probablement,
le roi de Navarre se préparait à frapper les Guises en les
atteignant dans leur fortune.

La situation financière du royaume, malgré les réformes
économiques apportées par le cardinal de Lorraine, était dans

[1] De Thou.

une situation déplorable. François I<sup>er</sup>, en mourant, avait laissé le trésor en pleine prospérité; mais, depuis Henri II, toute l'épargne avait été absorbée, et les domaines royaux étaient obérés d'une dette de plus de quarante millions, rendue plus exorbitante encore par l'intérêt qui, à cette époque, était de douze pour cent. Le roi de Navarre, au nom du conseil, se présenta aux Cordeliers, où siégeait le tiers état, pour obtenir qu'une enquête fût faite sur tous ceux qui avaient abusé des libéralités royales et les contraindre à les restituer. Il s'offrit le premier à donner l'exemple, bien qu'il fût d'un rang à en être excepté. Le chancelier fit tous ses efforts pour que cette résolution n'eût pas de suites, prévoyant les conflits nouveaux qu'elle allait amener. Ce fut, en effet, cette motion, présentée par le roi de Navarre, qui fut la première cause du rapprochement entre le duc de Guise, le connétable de Montmorency et le maréchal de Saint-André.

Le 31 janvier 1561, les états généraux furent prorogés pour être repris au mois de mai de la même année. Seulement, pour éviter des dépenses, il fut décidé qu'il n'y aurait qu'un député par province, au lieu d'un député par bailliage, et que ce député serait muni d'instructions nécessaires pour éteindre la dette royale. Il fut convenu, en outre, que ce serait dans la prochaine assemblée que la requête du comte de Rochefort serait étudiée.

Le cardinal de Lorraine quitta immédiatement Orléans pour retourner à Reims, sous le prétexte spécieux, dit de Thou, de visiter son troupeau. Que le prétexte fût spécieux ou non, le cardinal, pendant tout le séjour qu'il fit dans son diocèse, donna l'exemple de grandes vertus chrétiennes, et prêcha avec une éloquence admirable. Il apporta aussi de sages réformes dans l'administration de son clergé. Le cardinal de Lorraine se serait fait une place à côté des Massillon, des Fléchier, des Fénelon, si, moins entraîné par la politique, il n'avait consacré son immense talent qu'à l'exercice de son saint ministère.

Après la clôture des états généraux, et pour attendre leur réouverture, qui devait avoir lieu à Pontoise, la cour retourna à Fontainebleau. Elle fut troublée par un douloureux accident pendant le séjour qu'elle fit à Orléans. Presque en même temps que la maison royale de France perdait, dans la personne du roi François II, le chef de sa famille, le dernier des princes de cette race, un enfant de quinze ans, Henri de Bourbon, marquis de Beaupréau, faisait une chute de cheval, et était tué par Robert de la Marck, qui, accourant derrière lui et n'ayant pu arrêter sa monture à temps, l'écrasait sous les fers de son cheval. Le jeune prince donnait les plus brillantes espérances, et sa mort, qui mit toute la cour en deuil, coïncidant avec celle du roi, fut considérée comme un sombre présage d'avenir.

Au commencement de l'année 1561, le conseil décida qu'il serait apporté de notables réductions dans les dépenses. Les gages des gentilshommes de la chambre et des autres officiers furent réduits à moitié, et les pensions précédemment accordées furent réduites d'un tiers. Exception fut faite toutefois pour les pensions viagères accordées aux étrangers. Cette exception fut l'objet d'une requête adressée au roi de Navarre, dans laquelle étaient vivement attaqués les Suisses, et principalement les Italiens. Le roi de Navarre ne présenta point ce mémoire à la reine dans la crainte de l'offenser.

Quand la cour fut arrivée à Fontainebleau, le roi écrivit au prince de Condé pour le rappeler près de lui. Le prince quitta la Fère avec une escorte de sept à huit cents cavaliers. Il semblait vouloir aussi imposer par la force les conditions qu'il avait mises à son retour, et qui étaient le départ immédiat du duc de Guise et de ses frères de la résidence royale. Catherine s'effraya d'un tel déploiement de forces, et ordonna à Guise de prendre des mesures en conséquence. Le prince lorrain. ayant posté ses troupes, vint se joindre aux seigneurs et gentilshommee qui devaient aller à la rencontre de Condé. Mais le chef turbulent des huguenots, ayant renoncé à ses projets belliqueux, se sépara de son escorte et fit son entrée à la cour, accompagné seulement du comte de la Rochefoucauld et de Sénarpont. Le lendemain, le prince fut admis au conseil privé. Après s'être justifié des imputations qui pesaient sur lui. il demanda au chancelier s'il existait quelques preuves de sa culpabilité. « Non, » répondit le chancelier; et le prince fut déclaré innocent par l'acte que signèrent tous les membres du conseil. Cela se passait le 15 mars. Le 13 juin, le parlement de Paris confirma cette déclaration.

Le 24 août, en présence du roi et de toute la cour, eut lieu encore une scène de comédie dans le genre de celle d'Amboise. Charles IX ayant interpellé Guise au sujet de l'emprisonnement de Condé, celui-ci protesta de n'avoir jamais mis en avant chose qui fût contre l'honneur du prince. Il ajouta qu'il n'avait été ni auteur ni instigateur de son emprisonnement. « Monsieur, dit Condé, je tiens pour méchant et malheureux celui ou ceux qui en ont été cause. — Je le crois ainsi, Monsieur, répondit Guise, mais cela ne me touche en rien. » Cette scène, inspirée sans doute par Catherine de Médicis, fut appelée acte de « réconciliation »; et après que Bourbon et Guise se furent embrassés, il en fut dressé procès-verbal.

Mais tandis que Condé faisait semblant de se réconcilier avec les Guises, le roi de Navarre, chez qui l'ambition se réveillait, poussé à la fois par sa femme et par les Châtillon, dénonçait les princes lorrains à Catherine de Médicis. Il reprochait à la reine de les avoir sans cesse auprès d'elle, de le sacrifier à leurs rancunes, et voulait exiger que les clefs du château lui fussent remises. Catherine de Médicis lui fit observer que les Guises ne faisaient que remplir à la cour les charges dont ils étaient investis; que tant que Montmorency avait été maître des cérémonies il avait eu les clefs des appartements, et que c'était maintenant au tour de François de Guise à les avoir en sa qualité de grand maître. Guise répondit aux prétentions du roi de Navarre en disant qu'il se ferait plutôt tuer que de lui céder sans un ordre exprès de la reine. Catherine crut trancher le différend en ordonnant qu'à l'avenir ces clefs fussent remises au capitaine de ses gardes, qui aurait soin de les lui rapporter chaque soir. Cette demi-mesure ne satisfit personne. Le roi de Navarre résolut de quitter Fontainebleau, en laissant clairement à entendre qu'il allait à Paris pour se faire nommer par le parlement régent du royaume, charge dont il voulait être investi. Les princes du sang, le connétable de Montmorency et les Châtillon avaient aussi préparé leurs équipages et s'apprêtaient à suivre Bourbon. Le roi appela auprès de lui le connétable, dont il connaissait le dévouement absolu à sa personne, et lui intima l'ordre de ne pas l'abandonner. Le vieux connétable n'osa pas désobéir aux ordres de son jeune roi. Le roi de Navarre et les princes, privés de l'appui du brave guerrier, craignant, du reste, de ne pas obtenir du parlement ce qu'ils désiraient, et que la reine ne s'habituât à se passer d'eux, firent dételer leurs équipages et ne parlèrent plus de s'en aller.

Les états des provinces étaient assemblés. Ceux de l'Ile-de-France, qui siégeaient à Paris, faisaient grand bruit au sujet de la question soulevée à Orléans concernant la restitution des sommes que le roi Henri II avait trop libéralement accordées à la duchesse de Valentinois, aux Montmorency, aux Guises, au maréchal de Saint-André et autres grands seigneurs.

Les états des autres provinces devaient suivre l'exemple

de ceux de l'Ile-de-France, et exiger de plus que la régence du royaume fût confiée au roi de Navarre. Catherine de Médicis se montra vivement émue de ces résolutions, et jugea prudent de faire immédiatement la paix avec le roi de Navarre par l'entremise du connétable.

Dès lors il fut convenu qu'Antoine de Bourbon serait déclaré dans toutes les provinces lieutenant général du royaume, et que la reine mère ne ferait rien sans son consentement. Un acte fut dressé de leur convention par les secrétaires d'État, et signé par les parties contractantes et par les princes du sang appelés exprès de Paris.

François de Montmorency, fils du connétable, qui était gouverneur de l'Ile-de-France, fut chargé de se rendre aux états qu'il devait présider, pour qu'ils ne fussent composés que d'hommes sages et modérés, incapables de se mêler des choses du royaume qui ne les regardaient pas. Le duc s'acquitta de cette mission de façon à ne se point rendre suspect au roi de Navarre[1].

Les Guises ayant aussi contre-signé cet acte, la reine se flattait d'avoir mis désormais tout le monde d'accord. Le jour de Pâques, le roi, les ducs d'Orléans, de Montpensier, de Guise, le connétable et la reine mère devaient sceller leur réconciliation en assistant tous ensemble à la messe, et en recevant la communion des mains du cardinal de Tournon. Mais, fidèle à son système de bascule, Catherine désigna Montluc pour prononcer le sermon. Ce prélat, qui devait plus tard faire l'apologie de la Saint-Barthélemy, était alors fort empreint d'hérésie, et avait le privilége de déplaire surtout au vieux connétable, qui se montra choqué de ce choix. Guise aussi s'en plaignit hautement.

C'est ici que la politique artificieuse de Catherine de Médicis apparaît sous son aspect le plus ténébreux. C'est aussi à cette politique de compromis et d'expédients qu'il faut faire remonter la première cause qui détermina l'alliance conclue entre François de Guise, le connétable de Montmorency et le maréchal de Saint-André, alliance connue dans l'histoire sous le nom de *triumvirat*, et qui, marquant la scission entre les catholiques et les huguenots, fut le point de départ de la Ligue.

Lorsque Catherine de Médicis se crut à la veille d'être dépossédée de la régence, elle mit tout en œuvre pour se réconcilier avec le roi de Navarre; cette réconciliation, on

_______________
[1] De Thou.

vient de le voir, se fit par l'intermédiaire du connétable de Montmorency. Comme preuve de sa sincérité dans le pacte qu'elle venait de conclure, et pour complaire à Bourbon et aux réformés, elle écrivait au pape Pie IV une lettre où chaque mot, selon l'expression de de Thou, devait faire frémir le chef de l'Église. Feignant d'ignorer et de respecter les mystères de la théologie, la reine affectait le savoir d'un docteur de la nouvelle école et en décelait les opinions. Elle demandait au pontife *la suppression des images « condamnées par Dieu même »* (sic) *et désapprouvées par saint Grégoire;* la suppression de plusieurs fêtes, et particulièrement de la Fête-Dieu, nouvellement introduite; enfin la liberté d'employer le français dans les prières publiques. Cette lettre fut écrite, il est probable, sous l'inspiration de Montluc, évêque de Valence. Mais en même temps, fidèle à son système, elle en écrivait une seconde au souverain pontife, où elle démentait tout ce qu'elle avait dit dans la première, mettant cette palinodie sur le compte de la politique.

De son côté, Antoine de Bourbon, pressé de plus en plus par Jeanne d'Albret sa femme, par Condé et par Coligny, prenait au sérieux son rôle de chef de la secte protestante, ne rêvant rien moins que l'écrasement complet de la religion catholique en Europe. Les ambassadeurs de toutes les puissances venaient d'arriver à la cour, pour adresser au roi leurs compliments de condoléance au sujet de la mort de son frère, et le féliciter de son avénement à la couronne. Parmi eux se trouvait Georges Glück, ambassadeur du roi de Danemark. Le lieutenant général du royaume lui témoigna une affection toute particulière, et dans un entretien qu'ils eurent ensemble il lui assura qu'avant la fin de l'année la religion calviniste aurait triomphé. L'ambassadeur alors l'engagea à professer la confession d'Augsbourg, l'assurant que cette préférence ferait plaisir aux rois de Danemark et de Suède, ainsi qu'aux princes protestants d'Allemagne, dont les domaines n'étaient pas moins étendus que ceux des rois et des princes soumis au pape. On dit que le roi de Navarre répliqua que Luther et Calvin étaient opposés à Rome sur quarante chefs, et qu'ils convenaient entre eux sur trente-huit. Qu'ainsi, comme il n'en restait que deux en litige, son avis était de réunir les forces et les troupes de l'un et de l'autre parti, pour accabler l'ennemi commun; qu'étant une fois abattu, il serait aisé de se concilier, et de rendre ainsi à l'Église son ancienne pureté et son premier éclat[1].

---

[1] De Thou.

Déjà une fois, Condé et la Renaudie n'avaient pas hésité à se mettre en rapport avec les princes luthériens allemands et avec la reine d'Angleterre pour les aider dans leur entreprise. Ici encore appel est fait à l'étranger pour écraser, au besoin, les catholiques de France ; de plus, les bases d'une immense conjuration sont posées pour assurer par le fer, dans toute l'Europe, le triomphe du protestantisme. Si, plus tard, les catholiques ont commis de tristes et sanglants excès en repoussant la violence par la violence, si même ils eurent besoin de s'appuyer sur l'Espagne, n'y furent-ils pas contraints par leurs ennemis eux-mêmes ?

Au milieu des haines, des passions, des conflits de toutes sortes, soutenus par l'ambition des uns, par le fanatisme des autres, les consciences effrayées cherchaient un chef autour duquel elles pussent se grouper, et n'en trouvaient qu'un : c'était le duc de Guise. Catholique par conviction, digne héritier de son père, qui avait repoussé les bandes protestantes d'Érasme Gerbert, fidèle aux sentiments que sa sainte et noble mère avait inculqués dans son cœur, il était destiné d'avance, par son courage, par sa foi et par son génie, à être le chef des catholiques et à combattre et à mourir pour la religion de ses pères.

A côté de Guise, sur un plan moins élevé, mais occupant cependant une des premières places dans l'histoire des événements qui se sont produits à cette époque, se dressent le connétable de Montmorency et le maréchal de Saint-André.

Le vieux connétable, qui tenait de sa race illustre entre les plus illustres, noble entre les plus nobles, cette devise : *Dieu conserve le premier chrétien*, était un soldat qui ne se piquait point de théologie. Rude d'aspect et de caractère, hargneux même envers ses maîtres, il gardait dans le fond de son cœur deux cultes également sacrés pour lui : sa religion et son roi. Lorsque, revenant de son château, où le tenait emprisonné, en quelque sorte, la puissance des Guises, il vint saluer, à Orléans, le jeune roi Charles IX, ce fut en pleurant que le vieux soldat, durci à tant de guerres, baisa la main de son jeune maître. Les questions de rivalité, d'ambition personnelle l'avaient fait, jusque-là, le rival et souvent l'ennemi de François de Guise ; mais, lorsqu'il vit que le protestantisme était sur le point de gagner toute la France, que les prédicants étaient partout tolérés et même protégés, que des prêches étaient faits à la cour par ordre de la reine, et que, même dans les églises catholiques, les évêques, comme Montluc, enseignaient des doctrines empreintes d'hérésie, et,

pour complaire à la reine mère, prenaient des airs de ministres protestants, il ne voulut pas davantage prêter son appui
à une politique si tortueuse et rompit brusquement avec ses
neveux les Châtillon, et même avec son fils le maréchal de
Montmorency. Résolu à vivre et à mourir en restant fidèle
jusqu'au bout à la religion de ses ancêtres et de son roi,
oubliant ses rancunes passées, il vint faire alliance avec le
duc de Guise. Ce fut sous l'empire de ces sentiments qu'il
reçut le maréchal de Saint-André lorsque celui-ci vint lui
proposer l'alliance connue sous le nom de *triumvirat*.

Jacques d'Albon, maréchal de Saint-André, appartenait à
une excellente famille du Lyonnais. Il possédait de grands
talents militaires; mais c'était surtout un habile et rusé
négociateur. Homme de plaisir et de luxe, il avait, par la
duchesse de Valentinois, réellement abusé des libéralités
royales. Craignant d'avoir à rendre un compte trop sévère
de sa fortune aux états généraux, il se rangea du côté de
Guise et de Montmorency, sachant qu'ils se trouvaient, eux
aussi, dans une situation à peu près identique à la sienne;
car c'était surtout contre les princes lorrains que la proposition de la reddition des comptes avait été émise par Antoine
de Bourbon. Ce fut donc, il faut le reconnaître, dans un but
exclusif d'intérêt personnel qu'il se fit le négociateur entre
Guise et Montmorency, et qu'il posa les conditions de leur
alliance.

Que le *triumvirat* ait existé de fait, cela est indiscutable.
Son action a été trop prépondérante, et les faits qu'il a produits trop éclatants, pour que son existence puisse faire
l'objet d'un doute. Mais, ce qui est moins certain, c'est
l'existence authentique du pacte conclu à cette occasion par
les trois puissants personnages que nous venons de nommer,
bien qu'il se trouve relaté tout au long dans les mémoires
journaux du duc de Guise.

Ce plan, dit Anquetil, peu suspect de partialité envers les
ligueurs, paraît n'avoir été, pour lors, qu'une de ces pièces
qu'on accrédite afin de noircir ceux qu'on veut rendre odieux..

C'était au roi Philippe que devait être confiée la surintendance de toute l'affaire. C'était lui aussi, d'un commun
consentement, le chef et le conducteur de l'entreprise.

Le roi d'Espagne devait commencer par faire quelques
remontrances au roi de Navarre, sur les dangers que la nouvelle religion faisait courir au jeune roi son pupille. Pour
engager le lieutenant général à changer sa politique à l'égard
des huguenots, Philippe devait lui faire espérer la prochaine

restitution du royaume de Navarre. Si Bourbon ne se rendait
ni aux prières ni aux menaces du roi Philippe, la guerre
alors serait déclarée.

Le roi de Navarre devait d'abord avoir à lutter contre le
roi d'Espagne, qui le prenait à l'improviste. Si, cependant,
il était assez soutenu par les huguenots pour opposer une
résistance sérieuse, le duc de Guise se déclarerait chef de la
confession catholique et entrerait à son tour en ligne, et,
très-certainement alors, Antoine de Bourbon serait chassé de
France, étant mis hors d'état de tenir tête à deux chefs si
puissants.

L'empereur d'Allemagne et les autres princes allemands
qui étaient encore catholiques devaient, de leur côté, « boucher les passages qui vont en France, de peur que les princes
protestants ne fassent passer quelques forces et envoient
secours audit roi de Navarre; de peur aussi que les cantons
suisses ne lui prêtent aide, faut que les cantons suisses qui
suivent encore l'autorité de l'Église romaine dénoncent la
guerre aux autres. » Le pape devait fournir sous main
l'argent nécessaire. Le duc de Savoie devait anéantir Genève.
Le pape et les princes d'Italie devaient reconnaître pour chef
de leur armée le duc de Ferrare; cette armée devait se
joindre à celle du duc de Savoie, augmentée encore de
quelques compagnies de gens de pied et de cheval envoyées
par l'empereur Ferdinand.

Une fois les protestants écrasés en France, l'armée catholique devait envahir l'Allemagne, et, avec l'aide de l'Empereur et des évêques, « la rendre et restituer au saint-siége
apostolique. » La guerre menaçant d'être longue, le duc de
Guise devait prêter à l'Empereur et aux princes d'Allemagne
tout l'argent ramassé, provenant des confiscations et dépouilles des nobles et bourgeois de la nouvelle religion.
Guise devait prendre suffisantes cautions pour être rem-
boursé sur les dépouilles des luthériens allemands. Les
évêques et les cardinaux devaient aussi se priver d'une notable partie de leurs revenus pour la donner « de franche
volonté à l'entretènement de la guerre conduite pour extirper
la secte des luthériens et calvinistes, et restablir l'Église
romaine jusqu'à ce que la chose soit conduite à heureuse fin ».

Ce plan, il est vrai, devait mettre toute l'Europe à feu et
à sang; mais il n'est, en somme, que la contre-partie de la
conjuration entreprise par le roi de Navarre et les Coligny,
avec le concours des princes luthériens allemands. Nous le
répétons, le document qui relate les faits que nous venons

d'exposer n'est rien moins qu'authentique, tandis, au contraire, que l'alliance des calvinistes de France avec les luthériens d'Allemagne et les anglicans est dûment constatée.

Pour cimenter leur union, le connétable et les princes lorrains entendirent la messe et communièrent ensemble. Le soir, le connétable invita Guise et le maréchal de Saint-André à un souper de grand apparat, auquel assista aussi le jeune prince Henri de Joinville, qui, sous le nom du *Balafré*. devait devenir plus tard le chef des ligueurs.

Le lendemain, le connétable de Montmorency se rendait à Chantilly, pour assister au mariage de Guillaume de Tauret. son fils, avec Éléonore d'Humières. Quelques jours après. Guise quittait également Fontainebleau pour se rendre à sa terre de Nanteil, située à quelques lieues de Chantilly. Pendant les quelques jours qu'ils passèrent dans leurs domaines. : le connétable et le duc de Guise eurent de fréquentes entrevues et se firent mille compliments et politesses par les courriers qu'ils s'envoyaient sans cesse l'un à l'autre[1].

La reine mère, ne se croyant en sûreté que tant que la haine et la division règneraient entre les grands du royaume, ne vit pas sans effroi l'intimité qui s'établissait entre Guise et Montmorency.

Cependant, tout en cherchant à savoir quel serait le résultat de cette alliance, la reine s'occupait des préparatifs du sacre de son fils.

La cour quitta Fontainebleau pour se rendre à une maison de plaisance appartenant à Catherine de Médicis et située à Monceaux-en-Brie. De Monceaux elle prit la route de Reims, où le jeune roi devait être sacré par les mains du cardinal de Lorraine. Mais Catherine de Médicis, qui voulait savoir à quoi s'en tenir sur le triumvirat, s'arrêta à Nanteil, sous le prétexte de prendre le duc de Guise en route; mais, en réalité, pour avoir une conférence avec lui et pénétrer ses desseins. Elle demanda à Guise s'il était vrai qu'il eût formé une conjuration dans le but de maintenir la religion ainsi que l'autorité du roi et la sienne propre. Fort de sa conscience, Guise répondit par l'affirmative et se déclara prêt à comparaître devant le parlement de Paris pour rendre compte de ses actions. Voulant s'assurer alors jusqu'à quelle extrémité Guise pouvait porter ses résolutions, elle lui demanda si, par aventure, elle et le roi embrassaient la religion réformée, il leur refuserait son obéissance. La réponse

---

[1] De Thou.

de Guise fut franche et catégorique. Il déclara que, tant que le roi et elle suivaient les traces de leurs prédécesseurs, il était prêt à mourir pour leur service, ne prétendant à autre chose qu'à maintenir la foi dans le royaume et la couronne sur la tête de son souverain. Mais il déclara aussi que si le roi reniait la religion de ses pères, il se perdait et perdait un royaume auquel il avait tant d'obligations.

Dès lors Catherine comprit combien était puissante et résolue dans ses desseins la ligue qui venait de se former, et qui avait placé à sa tête un chef aussi énergique et aussi dévoué aux intérêts de la religion.

Quand la cour arriva à Reims, Jacqueline de Rohan, veuve de François d'Orléans, écrivit à la reine pour la supplier que son fils, le duc de Longueville, remplît au sacre les fonctions de grand chambellan. Il y avait cent vingt ans environ, c'est-à-dire depuis Charles VII, qu'en récompense de leurs services les descendants du fils naturel de Louis, duc d'Orléans, jouissaient de cette prérogative. Mais, depuis les deux règnes précédents, ils s'en étaient vus frustrés au bénéfice des princes lorrains. Guise répondit qu'il voulait bien consentir, pour cette fois seulement, à céder ses fonctions au jeune duc de Longueville, mais sous la condition expresse que cela ne créerait pas un précédent, et ne serait considéré de sa part que comme un acte de courtoisie. Jacqueline de Rohan refusa la grâce qu'on prétendait lui faire, et son fils, le duc de Longueville, ne voulut plus consentir désormais à épouser la fille du duc de Guise, à laquelle il était fiancé depuis longtemps. Du reste, le duc de Longueville avait déjà embrassé la religion réformée, et n'avait pas voulu entendre la messe avec le duc de Guise. Ce fut le jeune prince de Joinville qui aida son père dans les fonctions de chambellan à la cérémonie du sacre. Le duc de Guise prit rang parmi les pairs après le roi de Navarre. Sur la volonté de Catherine de Médicis, ce fut Henri, le frère du roi, qui eut le premier rang.

Pendant le séjour de la cour à Reims, le cardinal de Lorraine fit, dans le conseil, de chaleureux et éloquents discours pour le maintien de la religion catholique. Il signala avec force les dangers que la réforme faisait courir au royaume, et ses observations, assure-t-on, contribuèrent puissamment à déterminer le chancelier à lancer plus tard l'édit de juillet.

La cour était revenue à Saint-Germain, et chaque jour la reine et son conseil apprenaient que de nouvelles agitations venaient d'éclater à Paris et dans les provinces. Ce n'étaient, d'un bout à l'autre de la France, que sombres et terribles pronostics de guerre civile. L'orage grondait sourdement et n'attendait qu'une occasion pour éclater. Lorsque le ciel est noir et roule de lourds nuages, on voit fréquemment leurs flancs déchirés par de sinistres éclairs, avant-coureurs de la tempête.

Par moments, catholiques et protestants, après s'être traités de papistes et de huguenots, se laissaient aller à quelques déplorables excès, et le sang coulait de part et d'autre. Ici c'était un prédicant, là un prêtre, qui tombaient victimes des fureurs populaires. Ces exécutions sommaires étaient les éclairs précurseurs de la grande tempête qui allait passer sur la France et la ravager.

François de Lorraine était retourné à Guise. La reine, qui avait vu avec joie son éloignement de la cour et qui s'était de plus en plus livrée aux Coligny, était maintenant toute tremblante, constatant chaque jour avec effroi l'impuissance où elle se trouvait de prévenir les troubles dont le pays était menacé. Dans son entourage elle ne voyait personne dont le nom fût assez populaire et assez aimé pour contenir la populace de Paris et éviter d'horribles massacres, si les protestants, ainsi qu'on le craignait, voulaient s'opposer à la procession de la Fête-Dieu. Guise seul pouvait remplir ce grand rôle de pacificateur, par l'ascendant qu'il exerçait sur les catholiques et par l'effroi que son nom seul inspirait aux protestants. Catherine n'hésita pas à le rappeler auprès d'elle, et lui écrivit, à cet effet, plusieurs lettres qui l'informaient de la situation. Guise était bien résolu à attendre les événements et à ne pas se mêler de politique. Mais c'était à son zèle pour la religion que l'on faisait appel, il ne pouvait manquer d'y répondre : « Puisque c'est pour l'honneur de Dieu, dit-il, j'y vais ; et qui voudra y entreprendre, j'y mourrai, ne pouvant mieux mourir. » Deux jours après, la veille de la Fête-Dieu, il faisait dans Paris son entrée triomphale. Sa venue relevait le courage des catholiques et jetait la consternation dans le camp des huguenots. A peine installé dans son hôtel, il manda près de lui les principaux magistrats de la ville, pour leur donner ses ordres et leur dicter les mesures propres à assurer la tranquillité publique. Le lendemain, à son lever, il fut salué par une foule immense de seigneurs, de gentilshommes et de capitaines qui venaient lui présenter leurs hommages et briguaient l'honneur de lui faire escorte. Ce fut à la tête d'un cortége vraiment royal qu'il traversa Paris. Le duc montait un magnifique cheval noir appelé *le Moret,* caparaçonné d'une grande housse de velours noir avec des broderies en argent. Selon l'usage de l'époque, François de Lorraine portait les couleurs d'une dame qu'il avait aimée dans sa jeunesse et qui étaient en satin cramoisi. Le manteau était de velours noir. Sa toque était de la même étoffe que le manteau et surmontée d'une haute plume rouge. Il avait la dague à la ceinture, et portait au côté une belle et bonne épée qu'il avait lui-même choisie entre trois.

Ce fut à la tête de trois cents gentilshommes volontaires qu'il traversa Paris aux acclamations de la foule, pour se rendre à Saint-Germain, où Charles IX et sa mère étaient logés. Les solennités religieuses de la Fête-Dieu eurent lieu sans accident regrettable. Du reste, Condé, qui aurait pu seul susciter quelques désordres, était occupé, en ce moment, à obtenir du parlement de Paris l'enregistrement de l'acte qui le justifiait du crime de lèse-majesté. Ce fut à cette époque aussi qu'eut lieu la réconciliation de Condé et de Guise, dont nous avons parlé dans le chapitre précédent.

Mais le duc de Guise ne pouvait exercer partout sa salutaire influence. Redoutant de terribles explosions en province, Catherine et le chancelier lancèrent, au nom du roi, une ordonnance adressée aux gouverneurs et non aux parlements, afin qu'elle fût immédiatement exécutée.

Par cette ordonnance, défense était faite d'employer les noms odieux de huguenots et de papistes, de troubler la sûreté et la tranquillité publiques, d'opérer des perquisitions dans les maisons sous prétexte d'assurer l'exécution des anciens édits. La liberté devait être rendue à ceux qui étaient en prison pour cause de religion. La seule réserve était que chacun devait vivre en catholique et sans scandale. Ceux qui ne voulaient pas se résoudre à cette condition, cependant bien facile à éluder, pouvaient vendre leurs biens et se retirer hors du royaume.

Le parlement ne voulut pas enregistrer cette ordonnance, qui avait été lancée en dehors de toutes les formes légales, qui ouvrait la porte à toutes les dissensions civiles et religieuses, et qui, en fin de compte, allait contre les lois du royaume, d'après lesquelles il était défendu de porter l'argent de la France à l'étranger et surtout à l'ennemi. Le parlement de Paris défendit, par un arrêt, la publication de cette ordonnance, qui n'en fut pas moins exécutée dans la plus grande partie du royaume.

Il fallait pourtant prendre des mesures pour sortir du chaos dans lequel on se trouvait. Ce fut à cet effet que le roi, la reine mère, les princes et les seigneurs du royaume, parmi lesquels le prince de Condé et les conseillers d'État, se rendirent au parlement. Ce fut le chancelier de l'Hôpital qui, dans un discours très-bref, exposa les motifs de cette réunion, et demanda au nom du roi que de promptes résolutions fussent prises, le parlement n'étant pas assemblé pour entrer dans des controverses religieuses, mais pour rétablir la paix et la tranquillité publiques.

Trois sortes de propositions furent faites : la première était de suspendre l'exécution des édits lancés contre les protestants ; la seconde, de les poursuivre et de les punir avec la dernière rigueur ; la troisième, bien que votée à une majorité douteuse, fut acceptée et reconnue sous le nom de l'*Édit de juillet*. Par cet édit, au nom du roi ordre fut donné à tous les sujets de vivre en bonne intelligence ; défense était faite aux prédicateurs, sous peine de mort, de se servir dans leurs sermons de termes trop vifs ; aucune assemblée ne devait être tenue avec ou sans armes ; les sacrements devaient être administrés selon les usages de l'Église romaine ; la connaissance du crime d'hérésie était réservée aux juges ecclésiastiques ; mais les gouverneurs des provinces et des siéges présidiaux devaient prononcer en dernier ressort, et les juges royaux ne pouvaient prononcer que la peine du bannissement contre ceux qui seraient livrés au bras séculier. Ces ordonnances devaient avoir force de loi temporairement, et jusqu'à ce que le concile national eût fait connaître sa décision. Une amnistie générale fut toutefois accordée à tous ceux qui avaient causé des troubles au sujet de la religion, à la seule condition qu'ils vivraient en bons catholiques.

On assure que Guise dit tout haut, en sortant du parlement : « Pour soutenir cet édit, mon épée ne tiendra jamais au fourreau. »

Ce fut aussi dans cette assemblée qu'il fut délibéré et arrêté que tous les prélats de France se réuniraient à Poissy pour y tenir des conférences ou colloques au commencement du mois d'août, et que des sauf-conduits seraient envoyés aux ministres et théologiens protestants de Genève, pour qu'ils pussent y prendre part. Plusieurs prélats, parmi lesquels le cardinal de Tournon, primat des Gaules, ne voulaient point admettre les protestants dans leurs réunions. Leur permettre de discuter les doctrines de Calvin, c'était reconnaître d'avance que ses doctrines n'étaient point si hérétiques qu'on l'avait dit, puisqu'elles méritaient la peine d'une sérieuse controverse. Mais le cardinal de Lorraine, accusé par les uns de rechercher avant tout les succès que devait lui attirer sa grande éloquence, et par les autres d'avoir pour la religion catholique un zèle plus d'apparat que de conviction, fut d'avis qu'il fallait convoquer les protestants afin de les confondre publiquement. Il fut donc résolu que les ministres protestants assisteraient aux colloques.

Cependant les états généraux, qui avaient été convoqués pour le mois de mai, ayant été prorogés jusqu'au mois d'août, à cause des difficultés dans lesquelles la cour se débattait, venaient de s'assembler à Pontoise (1er août). Sur les instances du roi de Navarre, les états du royaume confirmèrent purement et simplement le traité conclu entre la reine mère et lui.

A cause des colloques de Poissy, les états généraux n'étaient composés que de la noblesse et du tiers état. On sait qu'il avait été décidé, en outre, à Orléans, que, dans un but d'économie, il n'y aurait qu'un délégué par province de chacun des ordres du royaume. Les états généraux furent ouverts par le roi, ayant à sa gauche la reine mère, au-dessous Madame, sa sœur, et plus bas le roi de Navarre ; devant eux, à droite, le connétable de Montmorency, et à gauche le chancelier Michel de l'Hôpital. Le duc de Guise, avec le bâton à fleurs de lis d'or, remplissait les fonctions de sa charge de grand maître de la maison du roi. Les princes du sang eurent le pas sur les cardinaux ; ce qui amena une contestation très-vive entre le cardinal de Tournon et le cardinal de Lorraine, d'une part, et les cardinaux de Châtillon et d'Armagnac, d'autre part, ces derniers s'étant rendus aux ordres de Catherine de Médicis [1]. Selon la coutume, ce fut le chancelier de l'Hôpital qui ouvrit la séance. Il exposa très-brièvement les raisons qui avaient fait différer la convocation des états, et, au nom du roi, exhorta les députés à parler avec une entière franchise et liberté.

Il y avait en ce moment, par toute la France, comme un déchaînement de colère contre le clergé. C'était sur lui que le peuple et la noblesse faisaient retomber tous les maux dont souffrait le royaume. Les accusations, comme il arrive toujours en pareil cas, dépassant les limites de la justice, atteignirent les proportions d'une indigne diffamation. Les députés des deux ordres devaient apporter dans les conseils

---

[1] Dans son irritation de n'avoir pu obtenir le pas sur les princes du sang, le cardinal de Lorraine lança cette apostrophe aux prélats qui avaient souscrit à cette dérogation aux usages reçus : « Il est des cardinaux qui honorent leurs chapeaux, il en est d'autres que leurs chapeaux honorent. »

généraux l'expression de ces sentiments, que l'on pourrait croire dictés par une haine aveugle, si nous n'en trouvions la véritable cause dans les excitations que répandaient dans le pays les calvinistes et leurs prédicants. Il y avait sans doute des abus à corriger et des injustices à réparer, il y avait surtout des licences à réprimer ; mais, les haines et les fureurs s'en mêlant, les récriminations dégénérèrent en accusations outrageantes. Jean Bretagne, juge d'Autun, qui parla pour le tiers état, après avoir félicité la reine mère et le roi de Navarre de leur union, qui était pour tous un gage de concorde, continua son discours par une diatribe des plus violentes contre le clergé. Comme conclusion, l'orateur du tiers demanda que toute juridiction fût enlevée aux prélats, que leurs biens fussent saisis, qu'un concile national fût tenu, que le roi le présidât en personne ou le fît présider par un des princes de son sang, et que des sauf-conduits fussent accordés aux théologiens protestants qui voudraient y prendre part. En attendant la décision de ce concile national, il voulait que permission fût accordée aux réformés de tenir leurs assemblées sous la surveillance des gouverneurs et magistrats de province, afin qu'il ne s'y passât rien de contraire au bien du roi et de l'État.

L'orateur de la noblesse parla absolument dans le même sens.

Furent ensuite agitées les questions financières, qui soulevèrent des discussions non moins ardentes que les questions religieuses. Le tiers et la noblesse demandaient que les deux tiers des biens du clergé fussent mis en vente, ce qui produirait une somme de cent vingt millions, somme qui suffirait à payer toutes les dettes de l'État, et qui devait permettre encore de diminuer les impôts. L'autre tiers, bien administré, devait suffire à l'entretien des ministres du culte. Les états demandèrent la révocation de l'édit de juillet, et d'ôter aux ecclésiastiques toutes leurs juridictions pour les réunir aux domaines. Le clergé, bien conseillé en cette circonstance, offrit, de son propre mouvement, de payer au roi quatre décimes pendant six ans, ce qui faisait environ quinze millions. Cette offre généreuse et toute gratuite apaisa la colère des grands. Il fut encore résolu aux états, malgré l'opposition de la noblesse, qu'un subside de douze cent mille livres serait prélevé sur les boissons. Le duc de Guise et le connétable s'étaient faits les conciliateurs entre les états et le clergé, et ce fut Dandelot et Coligny qui furent envoyés par la cour pour négocier auprès des états.

Tandis que les états tenaient leurs séances à Pontoise, les

cardinaux, les évêques, les prélats, ainsi que les ministres, les docteurs et les théologiens protestants, affluaient déjà à Saint-Germain, où était la cour, pour se rendre ensuite à Poissy. Les protestants et les catholiques tenaient séparément de fréquentes assemblées pour régler l'ordre de la discussion, et arrêter les points principaux de la controverse.

Calvin, à qui un sauf-conduit avait été envoyé pour qu'il pût assister librement au colloque et y exposer sa doctrine, craignant, malgré la parole royale, que ses jours ne fussent en danger dans ce pays où il avait semé tant de discordes et de divisions, se fit représenter par Théodore de Bèze, qu'il considérait comme le plus digne de continuer son œuvre.

Théodore de Bèze était né à Vézelay, en 1519, et appartenait à une excellente famille de la Bourgogne. Doué d'une figure agréable, d'un esprit vif et cultivé, possesseur en outre d'une grande fortune, il se livra dans sa jeunesse à toutes sortes d'excès; ce qui ne l'empêcha point, au milieu de son libertinage, de publier en 1548 les *Juvenilia*, poésies licencieuses, mais non sans mérite littéraire. A la suite d'une grave maladie, occasionnée par les désordres de sa vie, il rentra en lui-même, et, ayant fait connaissance à Genève avec Calvin, il suivit la doctrine des réformés. Calvin reconnut tout de suite chez le jeune néophyte une intelligence d'élite, et, malgré son caractère ombrageux et peu endurant, s'éprit pour lui d'une grande affection, et le désigna comme son successeur.

Lorsque Théodore de Bèze arriva à la cour, le cardinal de Lorraine lui fit l'accueil le plus sympathique et même le plus flatteur : « Vous êtes Français, lui dit-il, votre amour pour les lettres semble un indice heureux de votre amour pour la paix. J'espère que le moment où vous rentrez dans votre patrie sera aussi utile à ce royaume que le moment où vous en êtes sorti a été funeste à sa tranquillité. »

Ces paroles et une discussion courtoise sur l'Eucharistie, que le prélat et le ministre eurent ensuite devant le roi et la reine, firent bien augurer des débats qui allaient s'ouvrir, et permirent d'espérer que tout rapprochement n'était pas impossible entre les catholiques et les protestants.

Il venait d'arriver aussi à la cour un personnage qui a rempli un grand rôle : c'était le célèbre Laynez, général des jésuites, le disciple le plus ardent qu'eût formé saint Ignace de Loyola, et son digne successeur. Déjà, au concile de Trente, Laynez s'était distingué, entre le cardinal de Tournon et le cardinal de Lorraine, par son ardeur à combattre les luthériens.

Le mardi 9 septembre 1561, à une heure de l'après-midi, le roi, venant de Saint-Germain, entra dans la grande salle, où étaient réunis plus de quarante évêques et les ministres protestants. Le roi était accompagné de la reine mère, du duc d'Orléans, son frère, de Marguerite de France, sa sœur, des princes du sang et des conseillers d'État. Étaient réunis dans la salle du colloque : les cardinaux de Bourbon, de Tournon, de Châtillon, de Lorraine, d'Armagnac et de Guise, et presque tous les évêques de France, s'élevant au nombre de quarante-deux. Y étaient également le cardinal de Ferrare, légat du pape ; Laynez, général des jésuites ; Claude Despense, Claude de Saintes, et grand nombre de docteurs de la Sorbonne et des universités.

Du côté des protestants se trouvaient : Théodore de Bèze, que, dans son *Histoire catholique du XVI<sup>e</sup> siècle*, le père Hilarion de Coste appelle le *gonfalonier* du calvinisme ; Augustin Marrolat, François de Saint-Paul, Jean Malo, Pierre Vermilly, plus connu sous le nom de Pierre Martyr, et plusieurs autres théologiens de l'Église réformée. Du reste, l'édit de convocation portait que tous les sujets du roi pouvaient assister au colloque.

Lorsque le silence se fut rétabli, le roi prononça quelques paroles pour rappeler les motifs de cette assemblée, et quelles étaient les espérances qu'elle avait fait concevoir. Il souhaitait qu'elle ne fût point dissoute avant qu'on eût fait tous les efforts pour rétablir parmi tous ses sujets la paix, la concorde et l'amitié. Il termina en les assurant tous qu'ils pouvaient compter de trouver dans sa personne et dans ses magistrats la protection que les rois ses prédécesseurs leur avaient toujours accordée.

Le chancelier prit ensuite la parole, pour exposer avec plus de détails les idées sommairement exprimées par le roi. Il élargit même tellement le cadre de la discussion, les points qu'il indiqua comme devant être traités étaient si nombreux, que le cardinal de Tournon, qui présidait l'assemblée en sa qualité de doyen des cardinaux et de primat des Gaules, après les compliments d'usage adressés au roi, à la reine et aux princes, se crut obligé de demander la copie du discours que l'on venait d'entendre, afin que chacun le méditât et pût préparer sa réponse. Le cardinal de Lorraine appuya la motion du cardinal de Tournon. Mais Michel de l'Hôpital vit dans cette demande un motif pour retarder les conférences et refusa de livrer son discours, disant que tout le monde l'avait suffisamment entendu. Les protestants voulaient :

1° que les prélats ne fussent pas juges du débat; 2° que ce fût le roi, avec l'aide de son conseil, qui présidât le colloque; 3° que la seule parole de Dieu résolût et terminât les difficultés et controverses; 4° que tout ce qui serait décidé fût écrit par des notaires, greffiers et secrétaires dont les parties conviendraient, et dont les actes feraient foi [1].

La reine leur donna satisfaction presque sur tous les points, excepté sur le dernier, ne voulant leur accorder qu'un des quatre secrétaires d'État, les laissant libres de tenir leurs registres à leur guise. Sur le second point elle leur donna sa parole, mais ne voulut pas s'engager par écrit.

Les questions à traiter par l'assemblée avaient été résumées par les cardinaux en deux propositions : 1° de l'autorité de l'Église, et de l'interprétation des Écritures et des Pères; 2° de la Cène et de l'existence réelle et substantielle du corps et du sang de Notre-Seigneur Jésus-Christ dans l'Eucharistie.

C'était à Théodore de Bèze à ouvrir la discussion. L'orateur protestant commença par se mettre à genoux, et tous ses coreligionnaires l'imitèrent. Dans cette position, il récita d'une voix émue une fervente prière, et fit l'exposé de sa confession. Cet exorde produisit un grand effet sur son auditoire. Mais lorsqu'il entra dans le cœur de son sujet, se laissant emporter par trop de fougue, il prononça ces paroles qui soulevèrent les protestations de tous les catholiques : « J'avoue, dit-il, en parlant du mystère de l'Eucharistie, et je reconnois que dans la réception du sacrement les fidèles participent au corps et au sang du Christ, d'une manière ineffable et aussi véritablement que s'ils voyoient les sacrements des yeux, qu'ils les touchoient de la main, et les approchoient de leur bouche. Cependant, ayant égard à la distance des lieux (comme il est nécessaire, lorsqu'il s'agit de la présence du corps et de l'humanité même du Christ, considérée séparément), je soutiens que le corps du Christ est aussi éloigné du pain et du vin que le plus haut des cieux l'est de la terre. »

Ce fut du côté des catholiques, quand l'orateur eut achevé de prononcer ces paroles, une soudaine et indescriptible émotion. Plusieurs prélats se levèrent indignés, résolus à ne pas entendre davantage de semblables blasphèmes, et supplièrent la reine de ne pas exposer plus longtemps le roi à écouter des hérésies qui pouvaient exercer sur sa jeune imagination les influences les plus néfastes. Le cardinal de Tournon adressa ses supplications au roi et à la reine d'une voix

<hr>

[1] De Thou.

tremblante et presque avec des larmes dans les yeux, tant était profonde et sincère l'indignation dont son âme était saisie[1].

Il fut question, après cette séance, de ne plus continuer les conférences, à moins que les protestants ne signassent une formule de foi sur les deux points principaux, qui étaient l'Église et la Cène, et de les condamner sans plus de délai s'ils n'y souscrivaient point. Cependant il fut convenu qu'une seconde réunion serait fixée au 16 septembre, pour permettre au cardinal de Lorraine de répondre à Théodore de Bèze.

Le discours que l'éminent prélat prononça à l'ouverture de cette séance est resté un des monuments de l'éloquence française au xvie siècle. Prononcé d'une voix sonore, souligné par des gestes expressifs, l'élégance et la pureté de la forme le disputent à l'élévation des pensées et à l'érudition. Ce fut devant le même auditoire que le cardinal prit la parole. Il préluda en affirmant l'obéissance qui est due au roi. Mais Théodore de Bèze ayant rappelé dans son discours que Constantin avait présidé au concile de Nicée, le cardinal dit que les rois n'étaient point les chefs, mais les membres de l'Église. Les rois sont fils de l'Église, et comme tels assujettis à ses lois, et doivent être les premiers à lui témoigner leur obéissance dans les causes de la foi. « Nos premiers et nos plus illustres évêques ont maintes fois osé écrire et protester en pleine face, aux plus puissants et aux plus redoutables empereurs, sans que ceux-ci l'aient trouvé mauvais. »

Ayant ainsi établi l'autorité de l'Église, il ajouta qu'elle ne pouvait errer, et il appuya son dire par de nombreuses preuves à l'appui, tirées des appréciations des Pères et des décrets des conciles généraux. Si quelque Église particulière tombait dans l'erreur, il fallait s'en remettre aux décisions de l'Église de Rome, c'est-à-dire au saint-père ou aux conciles généraux. Si Arius et ses sectateurs s'étaient jetés dans les erreurs, c'était pour n'avoir point suivi cette règle, et que le même abîme était ouvert pour engloutir ceux qui, ne voyant pas une poutre qui est dans leurs yeux, aperçoivent une paille qui est dans les yeux des autres.

Venant ensuite, par une heureuse transition, à la présence du corps et du sang de Notre-Seigneur Jésus-Christ dans l'Eucharistie, il s'exprima en ces termes : « Un mystère ado-

---

[1] Le cardinal de Lorraine dit, après avoir entendu le discours de Théodore de Bèze : « Plût à Dieu que cet homme-là eût été muet ou que nous eussions été sourds! » Ces paroles ne semblent-elles pas témoigner, ainsi que le fait observer l'historien Lacretelle, l'horreur que l'hérésie inspirait au cardinal et l'admiration qu'il n'avait pu s'empêcher de ressentir pour l'éloquence de son adversaire?

rable, ajouta-t-il, que Dieu a institué pour nous unir plus intimement à lui, deviendroit une source de disputes sans fin, et les liens de la charité, qui doivent nous attacher très-étroitement les uns aux autres, pourroient entièrement se rompre. En effet, si les protestants persévèrent avec opiniâtreté dans leurs opinions, s'ils pensent que Jésus-Christ depuis son ascension n'est pas autrement au milieu de nous qu'il y étoit auparavant son incarnation ; qu'il n'a point à présent d'autre corps que celui qui est visible ; qu'il n'est pas plus particulièrement dans la Cène que dans la prédication ; que de se revêtir de Jésus-Christ dans le baptême, c'est la même chose que de recevoir son corps et son sang dans l'Eucharistie ; qu'il est tellement dans le ciel qu'il n'est plus sur la terre, et qu'ainsi *il n'est pas plus dans la Cène que dans une scène de tragédie, ou même dans la boue* [1] ; s'ils ne renoncent pas à ces erreurs, on ne pourra jamais s'accorder avec eux, ni se réconcilier : s'ils n'ont rien autre chose à répondre, je me servirai de leurs propres paroles, pour leur dire que *le haut du ciel n'est pas plus éloigné de la terre que je le suis de leurs sentiments.* »

Son exorde fut plus pathétique encore. Il engagea les protestants, s'ils voulaient absolument se séparer des croyances catholiques à cause de la haine que leur inspire l'Église romaine, de s'en rapporter aux décisions de l'Église grecque, devant laquelle le différend serait porté. « Mais, leur dit-il, si vous ne pouvez convenir sur le point de ce précieux sacrement avec ceux qui sont séparés de nous, si vous aimez mieux votre opinion, ainsi seule, devenez, par effets, solitaires. Si de notre foi vous voulez si peu approcher, soyez aussi de nous plus éloignés, et ne troublez plus les troupeaux, desquels vous n'avez nulle charge ni nulle légitime administration. Et, donnant loisir à vos nouvelles opinions de vieillir, autant, si Dieu le permet, comme ont fait nostre doctrine et nos traditions, cela sera cause de restituer la paix à tant de consciences troublées, et laissez notre patrie en repos. » Il termina son discours en se tournant du côté du roi, de la reine et des princes du sang pour les supplier de rester fidèles à la religion de leurs ancêtres, et jura, au nom de tous les évêques présents, que l'Église gallicane ne se départirait jamais de la sainte et vraie croyance, de la répandre et de la soutenir au prix de la vie, tout en se dévouant à la personne du roi et au maintien de sa couronne.

---

[1] Il prononça ces paroles en latin de peur des infirmes, dit-il : *in Cœna quam in scena, imo quam in cœno.*

Pendant tout ce discours les prélats, transportés d'enthousiasme et d'admiration, avaient à maintes reprises fait éclater leurs bravos. Quand Charles de Lorraine eut cessé de parler, cardinaux et évêques quittèrent leurs places et vinrent entourer le roi pour jurer qu'ils souscrivaient à tout ce qui venait d'être dit, et qu'ils étaient disposés à vivre et à mourir dans cette foi et à la sceller de leur sang s'il en était besoin.

L'effet de ce discours fut si foudroyant, que Théodore de Bèze, ne voulant pas laisser l'assemblée sous cette impression, proposa de répondre immédiatement. Mais la nuit approchait, et, soit par lassitude, soit pour tout autre motif, la reine n'y voulut pas consentir.

Huit jours après eut lieu une nouvelle séance, à laquelle le roi n'assista pas à cause de son jeune âge. La controverse cette fois fut poursuivie par Théodore de Bèze et par Claude Despense sans amener aucun résultat sur le point principal, qui était l'Eucharistie. Cette séance, qui n'était pas publique, menaçait de dégénérer en querelle, lorsque le cardinal de Lorraine, pour y mettre fin, demanda aux ministres protestants s'ils étaient prêts à signer la confession d'Augsbourg. Ici une contestation s'éleva encore entre Théodore de Bèze et le cardinal de Lorraine. L'Espagnol Laynez, général des jésuites, prononça un discours si violent contre les protestants et même contre la reine mère, que celle-ci en versa des larmes. Cependant des commissions furent nommées de part et d'autre, pour rédiger en commun une profession de foi que tous devaient signer. Voici quelle était cette profession de foi : « Nous confessons que Jésus-Christ dans la Cène nous donne et nous représente véritablement la substance de son corps et de son sang par l'opération du Saint-Esprit, et que nous prenons et mangeons spirituellement, et par la foi, ce vrai corps, qui a été offert et immolé pour nous ; pour être os de ses os, et chair de sa chair, et afin d'en être vivifiez, et en recevoir tout ce qui est nécessaire pour notre salut, et parce que la foi, appuyée sur la parole de Dieu, nous rend présentes les choses reçues, et que par cette foi nous recevons réellement et de fait le vrai et naturel corps et sang du Christ par la vertu du Saint-Esprit ; par cette raison, nous reconnaissons dans la Cène la présence de son corps et de son sang. »

En lisant cette profession de foi, Despense déclara net qu'il n'y souscrirait point, affirmant qu'elle serait rejetée par toutes les Églises catholique, latine et grecque, et même par les protestants d'Allemagne. Le jésuite Laynez et le car-

dinal de Tournon dirent qu'elle était captieuse et hérétique,
et les théologiens, réunis en séance le 9 octobre, en rédigè-
rent une autre, qui était tout le contraire de celle de Théodore de Bèze. Elle se terminait par ces mots : « Nous recevons réellement et de fait le vrai et naturel corps et sang du
Christ ; par cette raison nous confessons et reconnoissons
dans la Cène la présence de son corps et de son sang. »

Le cardinal de Lorraine, accusé déjà de tiédeur envers
l'Église romaine et même d'inclination pour les luthériens
allemands, avec lesquels il s'était allié pendant qu'il était
au pouvoir, approuva hautement la seconde formule, en
ajoutant que qui croit autrement, *anathema esto*, et que de
telles gens ne doivent plus être dorénavant entendus. Les
protestants, de leur côté, avaient rédigé une autre profession
de foi plus conforme aux doctrines exposées par Calvin et
par de Bèze.

Les conférences furent dissoutes, et les deux partis se séparèrent en s'attribuant chacun la victoire.

Paris vit également arriver dans ses murs le disciple de
Calvin et le cardinal Charles. Le premier, pendant quelque
temps, essaya d'attirer à ses prêches la jeunesse tumultueuse
des écoles, tandis que, du haut de la chaire de Notre-Dame,
le prélat s'efforçait par son éloquence de retenir les fidèles
dans la foi de leurs pères.

Le colloque de Poissy n'eut d'autres résultats que de mar-
quer la scission irrémédiable désormais entre les protestants et les catholiques. Tout espoir d'entente, tout retour à
une unité de foi était désormais chimérique.

Il eut cependant un effet auquel nul ne s'attendait. A l'issue des conférences, le premier prince du sang après les
frères du roi, Antoine de Bourbon, roi de Navarre, abandonna le protestantisme pour retourner à la religion de ses
pères. Le prince fit au cardinal de Lorraine l'honneur de sa
conversion. Mais plusieurs historiens ont pensé que c'était
moins l'éloquence du prélat qui avait touché l'âme et le cœur
d'Antoine de Bourbon que l'irritation qu'il ressentait de voir
les protestants prendre pour chef son frère, le prince de
Condé. D'autres ajoutent que ce ne fut pas seulement l'envie
mais l'ambition, qui opéra la conversion du prince.

Hippolyte d'Este, cardinal de Ferrare, légat du pape, et
don Juan Henriquez, ambassadeur d'Espagne, avaient fait
luire depuis longtemps aux yeux d'Antoine de Bourbon les
promesses les plus séduisantes. Le roi Philippe, lui disaient-
ils, se reconnaissait usurpateur du royaume de Navarre, et

ne demanderait pas mieux que de le rendre à son roi légitime s'il n'en était empêché par ses sujets. Mais il pouvait en échange offrir à Antoine de Bourbon l'île de Sardaigne, à la seule condition que le roi de Navarre se montrerait favorable aux intérêts de l'Église catholique.

De leur côté les Guises, qui n'avaient pu faire épouser leur nièce Marie Stuart [1] à don Carlos, cherchaient, assure-t-on, à la marier maintenant avec le roi de Navarre, qui en était profondément épris. Ils lui faisaient espérer que le pape consentirait à son divorce avec Jeanne d'Albret, et que par cette union avec leur nièce non-seulement il serait roi d'Écosse, mais qu'il pourrait prétendre un jour à la couronne d'Angleterre.

Tout ceci est fort obscur et fort douteux. Le pape n'aurait jamais consenti à ce divorce que rien ne justifiait, et, si peu d'intelligence politique que l'on puisse prêter au roi de Navarre, il est impossible de croire qu'il fut séduit un seul moment par la perspective d'aller régner dans l'île de Sardaigne.

Quel que soit le motif de cette conversion, qu'il faut attribuer surtout à la divergence de croyances dont le prince était frappé de la part des sectes protestantes, elle eut un immense retentissement, surtout dans le camp des huguenots, qui, selon Brantôme, ne traitaient plus Bourbon que de *beau diable*.

Il est vrai, selon le même auteur, que lui, de son côté, se montra « le plus animé, échauffé, colère et prompt à les faire pendre ».

Les triumvirs venaient de faire, en la personne d'Antoine de Bourbon, une recrue qui rendait leur puissance plus redoutable que Catherine de Médicis n'eût osé l'entrevoir, et qu'ils ne l'eussent eux-mêmes espéré. Aussi la reine mère, dès ce moment, songea-t-elle sérieusement à faire alliance avec les protestants.

---

1 Marie Stuart, après avoir cherché un refuge au couvent où sa tante était abbesse, s'était rendue à Nancy, puis à Joinville. Ce fut dans cette dernière ville que des ambassadeurs vinrent la solliciter d'aller prendre sans retard l'administration des affaires de son royaume si elle ne voulait s'exposer à perdre la couronne. Catherine de Médicis, de son côté, pressait le cardinal de Lorraine pour qu'il hâtât le départ de sa nièce, malgré les avis contraires de ses oncles d'Aumale et d'Elbeuf.

La jeune reine vint une dernière fois à la cour (juillet 1561) pour faire ses adieux au roi et à sa belle-mère ; ensuite, accompagnée du cardinal de Lorraine, du duc de Guise, de ses autres oncles et d'un grand nombre de gentilshommes, elle prit la route de Calais, où elle arriva le 12 août. La tristesse qu'elle éprouva pendant ce voyage, les larmes qu'elle versa en disant adieu à la terre de France, semblaient lui être inspirées par le pressentiment du sort qui l'attendait.

Tombeau d'Henri II et de Catherine de Médicis
dans l'église abbatiale de Saint-Denis.

# CHAPITRE X



Après le colloque de Poissy et leur réconciliation avec le roi de Navarre, les princes lorrains quittèrent la cour en laissant clairement à entendre que les événements qui se préparaient forceraient la reine à les rappeler bientôt, et qu'ils reviendraient alors plus puissants que jamais.

Une réunion de l'ordre avait eu lieu le 29 septembre ; le cardinal de Lorraine dédaigna de s'y rendre. Il partit pour Meudon ce jour-là, et ensuite se rendit à Reims, où il partagea les loisirs que lui laissait la politique entre l'administration de son diocèse et une correspondance très-suivie avec la cour d'Espagne.

Quant au duc de Guise, il alla d'abord à Nanteuil et ensuite à Joinville. Il était accompagné de sa femme, de ses enfants, de quelques-uns de ses frères et d'une nombreuse escorte de gentilshommes, de pages et de serviteurs. Tout en s'adonnant à la chasse et à l'éducation de ses enfants, il se faisait instruire des moindres événements qui se produisaient à la cour, et écrivait fréquemment au connétable de Montmorency, qui était aussi en villégiature.

La reine mère, qui avait désiré le départ des triumvirs, et profité de leur absence pour se lier plus étroitement avec les Châtillon et le prince de Condé, n'était pourtant point rassurée et faisait observer de près tous les mouvements du duc de Guise. Quand elle apprit que ce dernier était en correspondance avec les princes allemands, elle lui écrivit elle-même pour lui demander ce qu'il fallait en croire, et lui recommander de « bien regarder à la manière dont il useroit ». Le duc fit à la reine une réponse plus franche que rassurante[1], en reconnaissant la vérité des faits et en déclarant qu'il ne se ménageait de tels rapports que pour le service du roi et pour le bien du royaume, et qu'il ne les emploierait que dans ce double but.

L'entrevue des princes lorrains avec le duc de Wurtemberg, à Saverne, a été souvent exploitée contre les Guises, qu'on a accusés d'avoir ainsi cherché à faire alliance avec l'étranger pour soutenir la guerre civile en France. On a voulu, de plus, laisser entendre que le fougueux cardinal de Lorraine n'avait pas été éloigné d'accepter la confession d'Augsbourg. Ce sont là des accusations qui tombent devant les faits mêmes.

Les princes lorrains avaient juré de préserver le pays de l'hérésie. Ce qu'ils devaient chercher avant tout, c'était d'empêcher que les calvinistes de France ne reçussent des secours des luthériens allemands et des protestants anglais. Si la conjuration d'Amboise n'avait été si promptement étouffée et si énergiquement réprimée, Élisabeth d'Angleterre aurait eu le temps de leur fournir les hommes et l'argent qu'elle leur avait promis, et Dieu sait alors ce qu'il serait avenu du royaume de France.

Le cardinal de Lorraine était, il est vrai, un politique peu scrupuleux sur le choix des moyens. Lorsqu'il quitta Amiens pour venir prendre son frère à Joinville et se rendre ensuite à Saverne, où devait venir les rejoindre Christophe, duc de Wurtemberg, accompagné de deux ministres luthériens, Jean

---

[1] **René de Bouillé.**

Breutzen et Jacques Andrea (15 janvier 1562), le cardinal
ne devait pas se faire grande illusion sur le résultat de l'entrevue. Il flatta le prince allemand et les deux ministres luthériens, en leur laissant croire que les catholiques de France
étaient plus rapprochés de la confession d'Augsbourg que
les luthériens ne paraissaient le supposer. Il le prouva en
avançant, ce qui était vrai, qu'il n'avait pas tenu à lui que
l'acte de foi de cette confession sur la Cène ne fût accepté
comme moyen d'accommodement au colloque de Poissy. Il
leur présenta ensuite les calvinistes de France comme les
ennemis des luthériens allemands, et prêts à semer la discorde et la guerre civile dans l'Allemagne, comme ils n'é-
taient que trop parvenus à le faire dans leur propre patrie.

L'Église luthérienne se rapprochant plus, à son dire,
de l'Église catholique que de l'Église calviniste, les princes
du saint-empire et le roi de Danemark ne devaient donc pas
craindre de s'allier contre l'ennemi commun.

Le duc de Wurtemberg, après avoir conféré avec les deux
ministres qui l'accompagnaient, remercia les princes lorrains
de l'affection qu'ils témoignaient à l'Allemagne, et promit
de suivre leurs conseils, à la seule condition qu'on ne per-
drait pas de vue la grande affaire de la réforme de la religion, qu'on y travaillerait sérieusement, et qu'on cesserait
les poursuites, les amendes, les confiscations et les supplices contre ceux qui se seraient séparés du pape[1].

Les conférences durèrent trois jours (du 15 au 18 février),
et le cardinal eut l'occasion de prêcher deux fois devant le
duc et sa suite. Cette entrevue solennelle, et les sentiments
d'amitié et d'estime qui la scellèrent, augmentèrent encore
l'irritation des huguenots contre les Guises. Il est vrai aussi
qu'elle suggéra aux triumvirs, et surtout aux princes lorrains, plus de confiance dans le triomphe de leur cause.
François de Lorraine et son frère pouvaient se flatter, par
l'alliance qu'ils venaient de conclure, d'avoir privé le prince
de Condé des secours que celui-ci avait lieu d'attendre d'Allemagne, ou tout au moins d'avoir retardé pour longtemps
l'envoi de ces secours. En la situation où se trouvait l'État,
un tel résultat n'était certes pas à dédaigner, et Guise avait
raison de dire à la reine mère qu'il n'employait ses rapports
avec les princes allemands que pour le service du roi et pour
le bien du royaume.

Quant il revint de cette entrevue, il reçut, à Blamont, des

[1] De Thou.

lettres du roi, de la reine mère et d'Antoine de Bourbon, qui le pressaient vivement de se rendre auprès d'eux. Les événements prévus ne s'étaient que trop réalisés. La guerre civile venait d'éclater aux quatre coins du royaume; le roi de Navarre, malgré son titre de lieutenant général, était impuissant à lutter contre Condé, et la reine ne savait plus sur quel bras s'appuyer. Le roi de Navarre lui disait d'aller directement à Paris, et d'y pénétrer avec l'escorte la plus nombreuse de gentilshommes et de troupes qu'il pourrait rallier. Mais la reine, toujours ombrageuse, lui enjoignait de venir la rejoindre d'abord à Monceaux, afin de s'entendre avec elle, et d'y venir seul pour éviter toute occasion de nouveaux troubles.

Il faut, ici, remonter quelque peu le cours de notre histoire.

L'éloignement du duc de Guise, le peu d'intelligence pratique du roi de Navarre laissaient Catherine de Médicis et le chancelier Michel de l'Hôpital entièrement maîtres de la situation. Condé, Coligny et Dandelot en profitèrent habilement pour faire dominer leur influence dans le conseil du roi, favorisés, du reste, par le chancelier, qui croyait plus sage et plus prudent de n'opposer aux factions calvinistes qu'une politique de modération et de clémence, qui semblait aller jusqu'à la complicité.

C'était contre son gré qu'avait été lancé l'édit de juillet. Il crut le moment propice de l'abroger par un autre édit qui devait donner de plus grandes satisfactions aux protestants. A cet effet, il convoqua à Saint-Germain, pour le commencement de l'année 1562, les députés de tous les parlements de France; il apporta même un soin tout particulier à ce que les représentants des provinces fussent choisis parmi les hommes les plus connus par leur modération et leur docilité à seconder ses vues.

Cette nouvelle réunion des états généraux s'ouvrit le 17 janvier. Le roi prononça quelques paroles, et ce fut ensuite le chancelier qui, dans un discours plus familier qu'éloquent, mais clair et précis, exposa les motifs de la réunion, et dit aux députés ce qu'on attendait d'eux. Après avoir fait l'historique des événements qui venaient de s'accomplir, et le tableau des calamités qui affligeaient le royaume, il ajouta, en terminant :

« Ce sont ces raisons qui ont engagé le roi à vous consulter. Voyez donc et examinez s'il est du devoir de Sa Majesté de permettre ou de défendre les assemblées (protestantes). Il n'est pas besoin, pour dire sur cela vos avis, de délibérer sur le fond de la religion, ni d'examiner laquelle des deux est la meilleure. Il ne s'agit pas d'établir la foi, mais de régler l'État. En effet, plusieurs peuvent être citoyens qui ne sont nullement chrétiens, et en se séparant de l'Église on ne cesse pas d'être bon sujet du roi. Nous pouvons vivre en paix avec ceux qui n'observent pas les mêmes cérémonies et les mêmes usages, et nous pouvons nous appliquer ce que l'on dit ordinairement, qu'il faut ou guérir les défauts de nos femmes ou les supporter.

. . . . . . . . . . . . . . . . . . . . . . . . .

« Appliquez-vous à écarter tout ce qui est étranger au sujet dont il s'agit, et cherchez moins à briller par un discours long, éloquent et fleuri, qu'à renfermer dans un discours précis, juste et court tout ce que vous croirez utile et nécessaire pour terminer l'affaire dont il est question. »

Malgré les précautions que le chancelier avait prises d'écarter de cette réunion tous les catholiques fougueux, ce ne fut qu'à une très-faible majorité qu'il put obtenir de l'assemblée des adoucissements à l'édit de juillet qui fut ainsi amendé. Par le nouvel édit, qui emprunta son nom au mois où il fut publié, les protestants devaient rendre aux prêtres et aux évêques les églises, les maisons, les terres, les offrandes, les croix, les vases sacrés et les ornements sacerdotaux dont ils s'étaient emparés. Ils ne devaient plus, à l'avenir, renverser les croix, les statues ni les images qui servaient au culte catholique. Ils ne devaient rien faire enfin qui pût scandaliser ou troubler la tranquillité publique. Ils ne pouvaient non plus exiger aucune rétribution, taille ni subside, mais seulement recevoir des aumônes faites librement et sans exactions, et devaient observer les lois civiles, particulièrement celles concernant les jours de fêtes et les mariages entre les proches parents. Moyennant ces conditions, ils pouvaient s'assembler librement, mais sans armes, dans les faubourgs des villes, chanter leurs psaumes et se livrer à toutes les pratiques de leur religion.

Le chancelier se flattait, par cet édit, de mettre fin aux troubles du royaume. C'était là une illusion qui ne s'explique guère de la part d'une intelligence aussi élevée. On a cru faire un grand éloge de Michel de l'Hôpital en disant qu'il devançait son siècle. Nous avons assez témoigné de notre admiration envers le chancelier pour que nous ne puissions être soupçonnés de partialité à son égard. Malgré son talent, son intégrité et l'élévation de son caractère, l'Hôpital ne comprit pas qu'en bonne politique il ne suffit pas de devancer son siècle, et qu'il faut savoir marcher avec lui pour le diriger. Les lois, pour être efficaces, doivent répondre aux besoins du moment. La liberté de conscience, la faculté laissée aux protestants de se réunir et de propager leurs doctrines, ne font plus aujourd'hui l'objet de la moindre contestation. Mais, si l'on se reporte à cette époque où la féodalité avait encore des racines si profondes dans le pays, où les princes et les grands seigneurs étaient encore assez puissants pour lever des armées dans leurs domaines, on comprendra que, sous prétexte de religion, les mécontents et les ambitieux pouvaient, à la tête des fanatiques, dicter leurs volontés à l'autorité royale, et démembrer le royaume, dont l'unification avait été si lente et si pénible. Michel de l'Hôpital ne devait pas ignorer les menées ambitieuses et anti-nationales des fauteurs de la conjuration d'Amboise. Il devait savoir que, pour parvenir à leurs fins, ils n'avaient pas craint de faire appel à l'étranger, et que l'Angleterre n'attendait qu'une occasion pour reprendre Calais et Boulogne. C'était le prix qu'elle mettait aux secours qu'elle avait promis à Condé.

En un semblable état de choses, toute politique de faiblesse et de compromis devait avoir pour la France de funestes résultats. Les clauses mêmes du traité de janvier restent, pour les protestants du XVIᵉ siècle, les charges les plus accablantes que nous fournisse l'histoire. Il leur était enjoint, dit cet édit, de rendre aux églises catholiques les biens et surtout les vases sacrés et les ornements sacerdotaux dont ils s'étaient emparés. Est-ce que jamais les empereurs romains eurent besoin, dans leurs édits, d'enjoindre aux premiers chrétiens de rendre les biens de qui que ce fût? Quels étaient donc ces nouveaux iconoclastes, qui violaient les temples du Seigneur pour briser les croix et voler les vases sacrés? Les chrétiens de la légion Thébéenne confessaient leur foi en marchant au martyre; les disciples de Calvin affirmaient la leur en massacrant les prêtres au pied des autels, et en portant leurs mains cupides jusque dans les saints tabernacles.

Le 27 décembre 1561, les huguenots, qui étaient dans une maison dite *du Patriarche,* troublés par le son des cloches de l'église Saint-Médard, y pénétrèrent pendant les vêpres et commirent toutes sortes d'excès : *Pilla tout! Pilla tout*[1] *!* s'écriait un Gascon huguenot qui était entré à cheval jusque

----

[1] Pillez tout !

devant le maître-autel. Un pauvre homme, qui voulait sauver
le saint ciboire, fut tué sur les marches de l'autel d'un coup
de hallebarde. Près de la porte Saint-Antoine, à Popincourt,
les protestants s'étaient signalés par d'autres hauts faits du
même genre. A Bargeols, en Provence, les cruautés commises
contre les catholiques ne peuvent être égalées que par celles
dont s'illustra, en Dauphiné, le baron des Adrets, dont le
nom est resté légendaire. C'est le baron des Adrets qui faisait
prendre à ses enfants des bains dans le sang des catholiques,
et qui faisait sauter ses prisonniers du haut des tours sur les
piques de ses soldats.

Par ses lettres, datées de Pézenas 16 septembre, de Nar-
bonne 24, 28 octobre, 2 novembre et 19 novembre 1561,
Joyeuse faisait au duc de Guise un récit effrayant de la
situation des catholiques dans le Languedoc. Ce n'étaient
qu'églises saccagées, vols à main armée, meurtres et assassinats. « Monseigneur, lui disait-il le 28 octobre, vous avez
esté adverty des malheureux désordres et grandes cruautez
qui se sont commises en la ville de Montpellier et ailleurs, à
l'endroit des personnes de plusieurs bons subjects du roy,
soubs prétexte de religion. Les affaires prennent tel cours
et vont si en empirant, que, à ce que je voye et oye, il n'y a
personne d'assuré que ceulx qui ont moyen de se retirer en
quelque lieu fort. Je voys plusieurs gens de bien abandonner
leurs propres maisons, et se retirant avecq leurs familles,
pour n'avoir seureté de leurs dites propres vie que en estant
bien loin retirez des séditieux. »

Nous pourrions continuer ces citations à l'infini ; mais à
quoi bon s'étendre sur ces lamentables récits? Dans d'autres
villes, ce furent les catholiques qui s'abandonnèrent à de
sanglants excès. A Cahors, le peuple s'arma au son du tocsin,
et mit le feu dans une maison où les protestants s'étaient réfugiés. Quelque temps après, pour se venger, les huguenots
firent périr le baron de Fumel au milieu des supplices les
plus horribles. A Amiens, à Sens, à Toulouse, presque partout, hélas ! catholiques et huguenots se ruaient quotidienne-
ment les uns contre les autres comme des bêtes fauves.

Montluc fut appelé par la reine pour aller à Cahors rétablir
l'ordre et poursuivre les coupables. Le vaillant défenseur de
Sienne, l'intrépide et fidèle lieutenant du duc de Guise souilla
son nom par la conduite barbare qu'il tint à l'égard des huguenots : « Je fus cruel, » dit-il lui-même dans ses mémoires;
et il semble qu'il a écrit ces mots en se délectant au souvenir
du sang qu'il fit répandre. Du reste, Montluc aimait la guerre

en vrai soudard. En Italie, il se plaisait à faire battre ses soldats entre eux. Il aurait voulu en faire faire autant au duc de Guise et au roi de Navarre [1].

L'édit de janvier ne pouvait donc être d'une grande efficacité en un moment où tous les partis étaient en armes et semblaient ne plus obéir qu'aux instincts les plus féroces. Du reste, cet édit, quelques parlements voulurent bien consentir à l'enregister; mais la plupart le rejetèrent absolument. Le parlement de Paris ne l'enregistra que sur l'ordre formel du roi.

Ce fut alors que le duc de Guise reçut les lettres du roi de Navarre et de Catherine de Médicis, qui le rappelaient (22 février 1562). Il répondit à la reine pour lui annoncer qu'il allait la retrouver. En effet, après s'être reposé un jour ou deux à Joinville, où il laissa sa mère qui était souffrante, il vint à Vassy, en compagnie de sa femme qui était enceinte, et escorté de ses enfants, de son frère le cardinal de Guise et d'une escorte d'environ deux cents cavaliers, gentilshommes, pages, hommes d'armes et valets. Il arriva le dimanche 1er mars.

Sa mère, la vertueuse Antoinette de Bourbon, désignée par les protestants sous le nom de « mère des tyrans et des ennemis de l'Évangile », s'était plainte de la façon dont Jérôme de Barge, évêque de Châlons, avait été traité par les religionnaires de Vassy, au mois de décembre dernier. Cette petite ville, située seulement à cinq lieues de Joinville, qui était la demeure des ducs de Guise et faisait partie du douaire de Marie Stuart, avait été choisie par les protestants pour le lieu de leurs réunions. C'était vouloir braver les Guises en face et s'exposer à de sanglantes collisions. Lorsque l'évêque de Châlons voulut, au nom de la duchesse douairière, pré-

---

[1] Pendant la tenue des états généraux et avant la formation du triumvirat, Montluc, dévoué au duc de Guise, vint le trouver et lui rapporta des paroles injurieuses que, suivant lui, Antoine de Bourbon avait proférées sur son compte : « Le roi de Navarre serait allé encore plus loin, ajouta Montluc, si je ne lui avais fait une réponse dont je suis bien sûr que vous ne me dédierez pas. *Puisque vous avez de tels griefs contre le duc de Guise,* lui ai-je dit, *que tardez-vous à vous en expliquer une bonne épée à la main?* Et le roi de Navarre m'a répondu qu'un tel expédient était fort de son goût. *Montluc,* repartit le duc de Guise, *avez-vous un écrit signé du roi de Navarre pour me tenir un tel langage?* Le confident tracassier fut obligé de répondre qu'il n'en avait pas. *Il vous semble,* lui dit alors le duc avec un froid dédain, *il vous semble être encore en Piémont, vous divertissant à faire battre vos soldats les uns contre les autres. Apprenez que le roi de Navarre ni moi ne sommes pas nés pour exercer votre imagination.*

senter aux huguenots quelques observations à cause de leur
voisinage, ceux-ci reçurent le prélat par les cris : *Au loup!
Au renard! A l'asne! A l'escole!* et ce ne fut pas sans avoir
couru de sérieux dangers qu'il put quitter l'assemblée et retourner à Joinville.

Quand le duc de Guise arriva à Vassy, dans le dessein de
rallier à sa troupe une soixantaine d'hommes d'armes qui
devaient le rejoindre, Guise, comme c'était un dimanche,
alla à l'église pour entendre la grand'messe. Là il reçut de
nombreuses plaintes sur les réunions que tenaient les huguenots, qui, en ce moment, étaient justement assemblés
dans une grange pouvant contenir douze cents personnes
environ.

Soit que le duc de Guise fût incommodé par le bruit des
cloches appelant les protestants aux prêches, soit qu'il voulût lui-même, comme il le dit dans ses mémoires, présenter
quelques observations aux ministres protestants, il dépêcha
deux de ses pages à l'assemblée huguenote. Dans quels
termes ces jeunes gentilshommes s'acquittèrent-ils de leur
mission? c'est ce qu'il est difficile de savoir. Toujours est-il
que des injures furent échangées de part et d'autre, et que
des injures on passa bientôt aux coups. Se voyant repoussés
hors du temple, les pages firent usage de leurs armes, et
furent, au premier coup de feu, soutenus par les valets et
par les soldats de l'escorte de leur maître. Les six à sept
cents religionnaires étaient trop mal armés pour soutenir la
lutte malgré leur supériorité numérique. Ils avaient fermé
la porte du temple, et se défendaient contre les assaillants en
faisant pleuvoir sur eux une grêle de pierres. Ce fut alors
que le duc de Guise, accompagné de la Brosse, un des gentilshommes de sa suite, arriva sur le lieu du combat. Il était
accouru pour faire cesser l'émeute[1]; mais un des projec-
tiles lancés par les assaillants le frappa à la joue, et la
Brosse fut renversé à ses côtés par un coup de pierre. La
blessure du duc était légère, mais son sang coula, et à cette
vue les soldats de sa suite, transportés de colère et de haine,
se ruèrent dans la grange et commirent un horrible massacre. Plus de soixante victimes, hommes, femmes, enfants,
furent tuées et étouffées ou moururent de leurs blessures, et
deux cents autres environ furent aussi contusionnées plus ou
moins grièvement.

Tel est le récit de cet événement, connu dans l'histoire

---

[1] De Thou.

sous le titre vraiment exagéré de massacre de Vassy. Les huguenots se plaisent à prêter au duc de Guise des paroles qui contrastent avec la vie tout entière de ce prince.

« Le duc restoit luy-mesme en la grange, avecques son espée en la main, commandant à ses gens de tuer, et nommément les jeunes gens, et, sur la fin, dit qu'on laissast les femmes grosses; criant après ceulx qui estoient sur les eschaffaux, qui efforçoient de se sauver par ledict toist : « En « bas, canailles, en bas; et usant de grandes menaces [1]. »

Le duc, dans ses mémoires, se défend d'avoir mis l'épée à la main, et dit, au contraire, qu'il fit tous ses efforts pour faire cesser le massacre. Les historiens les moins suspects de partialité envers le duc de Guise [2] repoussent les imputations barbares que les protestants ont fait peser sur lui en cette circonstance. Seulement, Lacretelle se demande ce qu'était devenu le duc de Guise après sa blessure, et il ajoute : « Eût-il été grièvement blessé, mourant, ne devait-il pas employer, à sauver des enfants et des femmes, ce qui lui restait de voix et de forces [3] ? »

Si le duc de Guise se fût trouvé à la tête d'une armée soumise à sa discipline, il eût exercé sans doute la même autorité qui lui permit tant de fois de sauver les villes du pillage. Mais c'était ici une escorte de valets et une compagnie de reîtres qui, avides de carnage, s'étaient jetés sur ces malheureux. En restant sourds à la voix de leur maître, ils croyaient, au contraire, bien mériter de sa confiance.

Les écrivains protestants eux-mêmes se plaisent à reconnaître qu'Anne d'Este, qui traversait la ville en litière, s'étant enquise du bruit et du tumulte qu'on entendait, fit, à maintes reprises, supplier son mari de faire cesser le combat. Si le duc de Guise avait, comme on l'accuse, prémédité ce massacre, n'aurait-il pas eu le soin d'ordonner à sa femme de changer son itinéraire pour ne pas l'exposer, dans la situation où elle se trouvait, aux chances toujours hasardeuses d'une émeute?

Guise, en quittant Vassy, emmena avec lui Claude Tourneur, capitaine du château et de la ville pour Marie Stuart, et un ministre calviniste, Léonard Morel, les accusant tous deux d'être responsables de la tuerie qui venait d'avoir lieu.

---

[1] Discours entier sur la persécution et la cruauté exercées en la ville de Vassy par le duc de Guise le 1er mars 1562.

[2] Anquetil, de Thou, Lacretelle.

[3] Rien ne pouvait les arrêter, ni les menaces ni les prières du duc, qui leur criait de toute sa force et leur ordonnait de cesser. ( De Thou.)

En leur présence, il ordonna qu'une enquête fût faite immédiatement sur ce sanglant événement. Ce fut à la suite de cette enquête que le prince lorrain écrivit à Marie Stuart et au duc de Wurtemberg, afin d'être le premier à les informer de ce qui venait d'avoir lieu, les engageant tous les deux à s'en rapporter à ce qu'il leur annonçait, et à ne pas ajouter foi aux récits erronés qui pourraient leur parvenir du côté des huguenots. En écrivant au duc de Wurtemberg, Guise avait surtout en vue de ne pas perdre les bénéfices qu'il comptait retirer de l'entrevue de Saverne.

Pour se disculper d'avoir autorisé, à Vassy, les prêches huguenots, Claude Tourneur se retrancha derrière les dispositions de l'édit de janvier. On assure que Guise mit alors la main sur son épée : « Détestable édit, s'écria-t-il, c'est avec cette arme que je saurai le rompre. »

Le gouverneur de la ville, qui avait été d'abord arrêté, fut relâché sous caution; mais le ministre protestant fut relégué à Saint-Dizier.

Quand la nouvelle du massacre de Vassy fut connue à Paris, les protestants dépêchèrent une députation auprès de Catherine de Médicis, pour demander contre le duc de Guise prompte et sévère justice. Ce ne fut plus que sous le nom de *Boucher de Vassy* qu'il fut désigné à l'indignation publique. Il est vrai que les catholiques eurent le tort, de leur côté, de célébrer ce triste événement comme un exploit digne des plus grands éloges. Le duc fut présenté, même en chaire, comme un Moïse et comme un Jéhu qui avait vengé la querelle du Seigneur en répandant le sang des impies. Ce sont bien là les exagérations trop fréquentes dans les heures de trouble, où les partis ne prennent pour mobile que leurs passions, jetant de côté tout scrupule et toute pudeur.

Théodore de Bèze, qui faisait partie de la députation des églises réformées envoyée auprès de Catherine de Médicis, fut reçu par la reine mère avec les marques d'une vive sympathie. Aux accusations violentes et passionnées que le célèbre théologien protestant lança contre le chef du parti catholique, la reine répondit par des paroles favorables à sa requête. Mais le roi de Navarre, qui était présent à cet entretien, s'emporta contre les protestants, sur lesquels il fit retomber tous les torts, et il ajouta : « Quiconque touche le bout du doigt de mon frère le duc de Guise, me touche dans mon corps tout entier. » Théodore de Bèze, se tournant alors vers le roi de Navarre, lui répliqua : « Sire, je parle ici pour une religion qui sait mieux endurer les injures que les repousser; » et, faisant allusion aux anciennes croyances du prince, il ajouta : « Mais souvenez-vous que c'est une enclume qui a usé bien des marteaux. »

La triste et sanglante échauffourée de Vassy fut loin d'être aussi meurtrière que celles qui avaient lieu presque journellement dans une foule de villes. Mais la présence du duc de Guise lui donna une importance telle que la guerre civile fut alors inévitable.

Après avoir couché à Éclaron, situé à quelques lieues de Vassy, Guise prit la route de Reims, pour revoir son frère le cardinal Charles. Les protestants, en armes, l'attendaient à Vitry. On ne peut croire que ce furent leurs menaces qui lui firent changer son itinéraire. Il était trop brave et trop hardi pour éviter le combat ou avoir peur d'un vulgaire assassin. De Reims il vint à Nanteuil, où sa présence était attendue par tous les membres de sa famille, le connétable de Montmorency et ses fils, et une foule innombrable d'autres seigneurs.

Catherine de Médicis, effrayée, toujours hésitante et artificieuse, lui écrivit pour le prier de ne pas aller à Paris, ainsi qu'il en avait le projet, mais de venir la rejoindre à Monceaux avec une faible escorte. Guise s'excusa, avec quelque hauteur, de ne pouvoir se rendre immédiatement au désir de la reine, alléguant qu'il avait de nombreux amis à recevoir, et qu'il ne pouvait les quitter de sitôt. Guise voulait aller à Paris. C'était là que l'attendait le roi de Navarre; c'était là qu'il devait faire reculer Condé; c'était là enfin qu'il devait affirmer sa toute-puissance.

Le 16 mars, Guise faisait son entrée triomphale à Paris, ayant pour escorte trois de ses frères, Claude de Lorraine, le duc d'Aumale, et le marquis d'Elbeuf, le connétable de Montmorency et le maréchal de Saint-André, les principaux seigneurs catholiques du royaume et environ deux mille gentilshommes, capitaines et soldats.

En venant d'Auteuil, il aurait dû passer par la porte Saint-Martin; mais il fit un détour, afin de faire son entrée, comme le roi de France, par la porte Saint-Denis. Là, en effet, il vit venir à sa rencontre, comme on avait coutume de le faire pour le roi, les échevins de la ville, ayant à leur tête Guillaume de Marles de Versigny, prévôt des marchands, qui le harangua ainsi qu'un souverain, et le salua du titre de défenseur de la foi. Au nom des bourgeois de la ville, il lui offrit les sommes qui lui seraient nécessaires pour les entreprises qu'il voulait accomplir.

Guise, qui se savait l'âme et la tête du triumvirat, trouvait plus politique de s'effacer derrière le roi de Navarre et le connétable de Montmorency. En conséquence, il répondit modestement au prévôt des marchands que ce n'était pas à lui que de telles offres devaient être faites, mais au roi de Navarre, dont il n'était que l'auxiliaire dévoué.

Le peuple de Paris s'était porté en foule sur le passage du duc, et ratifiait par ses acclamations enthousiastes le titre qui venait de lui être décerné.

Le cortége avait repris sa route, lorsque tout à coup, dans le faubourg Saint-Jacques, Condé, avec une suite de cinq cents chevaux, vint le croiser. Un conflit était imminent. Du côté des catholiques, aussi bien que du côté des protestants, les épées et les dagues semblaient vouloir sortir toutes seules de leurs fourreaux. Condé revenait du prêche et savait bien qu'il allait croiser son rival; mais, dans sa bravoure imprudente, il n'avait pas voulu paraître lui céder. Guise vit le péril; ayant cette fois toute son escorte sous ses yeux, il put la contenir, et, s'avançant le premier vers Condé, il le salua avec courtoisie. Le prince rendit son salut au héros catholique, et les deux troupes se séparèrent sans accident.

Guise n'eut rien de plus pressé que d'ôter à son arrivée à Paris tout caractère séditieux. Il était trop sûr de sa puissance et de son autorité pour laisser planer sur ses intentions le plus léger soupçon. Son premier acte fut d'aller en personne faire visite au cardinal de Bourbon, qui venait d'être nommé gouverneur de l'Ile-de-France, à la place du maréchal de Montmorency. Ensuite il envoya un de ses gentilshommes, nommé Givry, présenter ses salutations au prince de Condé et lui faire l'offre de ses services. Mais cette apparente soumission ne trompa personne. Catherine de Médicis surtout fut prise de si vives alarmes, qu'elle se retira à Melun, emmenant avec elle le roi et toute sa maison.

L'hôtel du chef du triumvirat devint bientôt une véritable cour, où arrivaient, à chaque instant du jour, des membres du parlement et le prévôt des marchands. Ce fut de là que partit une députation, composée du prévôt des marchands et de Claude Marcel, échevin des plus populaires et des plus aimés, pour aller demander au roi et à la reine qu'ils ordonnassent à Condé de quitter la ville de Paris, où sa présence pouvait être un sujet de troubles, et les supplier de rentrer tous deux le plus tôt possible dans la capitale.

Catherine n'osa pas refuser positivement de retourner à Paris, mais elle remit son voyage à un peu plus tard. Sur le conseil du chancelier, elle autorisa les milices bourgeoises à prendre les armes, qui étaient déposées à l'hôtel de ville. Si elle avait refusé cette autorisation, il est assez probable que les bourgeois de Paris n'auraient tenu aucun compte de la défense royale. Par les prières et les menaces dont elle fut l'objet, elle se vit même contrainte d'ordonner à Condé de quitter Paris. Le bouillant chef des huguenots ne voulait pas obtempérer à cet ordre, ou mettait pour condition que Guise se retirerait en même temps que lui. Mais la lutte était trop inégale, et Condé fut obligé de céder.

En sortant de Paris, Condé sonna l'alarme dans le camp protestant, en écrivant ces mots à l'amiral de Coligny : « César a passé le Rubicon : il a pris Rome, et ses étendards commencent à branler par les campagnes. »

La forme dans laquelle cet avis est conçu, le parallèle qui en fait le fond, prouve combien Guise était redouté de ses adversaires.

Condé voulait exiger que Guise désarmât; mais le chef des triumvirs répondit qu'il avait pris les armes sur l'ordre du roi de Navarre, lieutenant général du royaume, qui, du reste, était venu le rejoindre lui-même à Paris, tandis que la reine, qui ne se croyait en sûreté nulle part, avait quitté Melun pour revenir à Fontainebleau.

A Paris, les triumvirs, pour montrer leur union avec le roi de Navarre, et pour remercier ce prince de l'appui qu'il leur avait apporté en faisant cause commune avec eux, s'empressaient de l'entourer des marques du plus profond respect, et de lui abandonner en apparence la direction absolue de toutes les entreprises. Ils écrivirent même au roi d'Espagne une lettre dans laquelle ils s'empressèrent de décerner les plus grands éloges à Antoine de Bourbon, de le reconnaître pour leur chef, et de signaler bien haut les services immenses qu'il rendait à la religion.

Chantonnay, ministre de Philippe II, répondit à cette lettre par d'autres congratulations, et termina sa missive *aux seigneurs catholiques* en assurant que, de son côté, il ne manquerait pas de donner avertissement à son maître, et de faire l'office qu'il doit pour le bien des affaires dudit seigneur roi de Navarre.

Dans les deux camps le même projet avait été conçu : catholiques et huguenots voulaient avoir dans leurs rangs un prince qui, par sa présence, légitimât en quelque sorte leurs entreprises. L'autorité royale était si respectée à cette époque, que les chefs des factions, si grand que fût leur prestige, se sentaient impuissants à lutter contre elle. Déjà Guise avait cherché à entraîner avec lui un des frères du roi, et c'était Nemours qui avait été chargé de l'enlèvement du prince.

Lorsque Condé eut quitté Fontainebleau et se fut retiré dans ses domaines de la Ferté-sous-Jouarre, il vit accourir le ban et l'arrière-ban de la noblesse protestante. Tous ces gentilshommes parcouraient les routes bien armés, bien équipés, conduisant avec eux leurs plus fidèles vassaux [1]. Les principaux étaient les seigneurs Rohan de Bretagne, de la Rochefoucauld, de Genlis, de Montgomery, de Pienne, le prince de Porcien, etc. etc.

Dandelot et Coligny exerçaient, peut-être plus encore que le prince de Condé, un prestige extraordinaire sur ces jeunes et fougueux gentilshommes et sur les troupes qu'ils avaient levées. Cependant, il faut le reconnaître, si Théodore de Bèze tâcha d'introduire dans l'armée huguenote des mœurs austères par les prières qu'il composa lui-même, et qui devaient être récitées à certains moments du jour et surtout pendant que les soldats étaient sous les armes [2], tous les actes des troupes de Condé ne semblaient respirer que la haine et la vengeance.

L'armée du jeune prince grossissait à vue d'œil et allait être bientôt prête pour entrer en campagne. Catherine de Médicis, redoutant l'ascendant des Guises, avait écrit à Condé plusieurs lettres qui semblaient justifier sa prise d'armes. Elle lui disait de conserver les enfants, la mère et le royaume, et lui recommandait de brûler sa lettre incontinent [3]; et dans une autre elle s'exprimait ainsi : « Mon cousin, je vois tant de choses qui me déplaisent que, si ce n'estoit la confiance que j'ay en Dieu et asseurance en vous que m'aiderez à conserver ce royaume et le service du roy mon fils, en dépit de ceux qui veulent tout perdre, je seroye encore plus faschée. Mais j'espère que nous remédierons bien à tout avecque vostre bon conseil et aide ; et pour en avoir dit à ce porteur mon avis bien au long, je ne vous en feray redite par la présente, et vous prieray le croire de ce qu'il vous en dira à tous deux de la part de vostre bonne cousine *Caterine*. »

Le prince, dans ses mémoires, ajoute, dans une sorte d'ap-

---

[1] Lacretelle. — Mémoires de Castelnau.

[2] Ces prières se terminaient toutes par ces mots : « Nostre aide soit au nom de Dieu qui a fait le ciel et la terre. » Elles étaient récitées dans les chambrées des soldats le matin, au corps de garde, le soir à l'assiette de la garde.

[3] Mémoires de Condé.

pendice adressée au lecteur, qu'il n'a cité que quatre de ces lettres, bien que la reine lui en eût écrit sept, parce qu'elles suffisent à faire connaître l'occasion par laquelle « ledict seigneur prince » eut à prendre les armes pour la défense de la couronne de France.

Mais, de leur côté, les triumvirs, qui depuis l'arrivée du roi de Navarre avaient transporté à Paris le siége du gouvernement, ne restaient pas inactifs. Guise avait deviné le projet de Condé, qui était de s'emparer de la personne du roi. Il résolut de le devancer par un coup d'audace. Si à l'appel de Condé les calvinistes avaient répondu avec empressement, à l'appel de Guise les catholiques furent aussi immédiatement debout et en armes. Les seigneurs confédérés qui vinrent le rejoindre arrivèrent à Paris avec une escorte d'environ quatre mille chevaux. La capitale fournit à elle seule un corps d'armée d'infanterie de près de trente mille hommes.

Condé avait quitté la Ferté-sous-Jouarre et avait essayé d'attaquer Paris. Mais, après une reconnaissance qu'il fit dans le faubourg Saint-Antoine, il tourna bride, ne voulant pas s'exposer à un échec qui eût du premier coup compromis toutes ses opérations. Ce fut alors que Guise tint au roi de Navarre, au connétable et à Saint-André le discours suivant : « Ne ménageons plus une reine qui nous trompe et nous trompera toujours ; enlevons le roi et faisons croire qu'il nous appelle. Montrons-nous pendant un jour des sujets hardis, pour nous montrer par la suite des sujets dévoués. Ne séparons jamais ces deux mots : la foi et le roi. Protégeons la vie du monarque, affermissons son trône ; profitons du moment où la reine nous craint, et prévenons celui où elle pourrait se venger. Elle va nous traiter de rebelles ; mais demain le prince de Condé et tous ses partisans seront des rebelles aux yeux de la France et de toute l'Europe. *Quand il s'agit de bien public, qu'importe qu'on l'obtienne de gré ou de force ?* Nos gentilshommes et nos gendarmes sont prêts ; marchons sur Fontainebleau, et n'en revenons pas sans avoir le roi dans nos rangs. »

Le conseil de Guise fut mis immédiatement à exécution. Les triumvirs arrivèrent à Fontainebleau, mais le roi de Navarre et le connétable de Montmorency furent seuls chargés de négocier avec la reine cette entreprise si délicate. Ce fut avec les termes de la plus grande soumission et du plus profond respect que Bourbon engagea la reine à retourner à Paris avec le roi et les autres princes ses fils. Mais la reine se montra indignée d'une telle proposition, et déclara que, quand même elle devrait rester seule et abandonnée, elle saurait encore défendre sa liberté, et celle de son fils, de son roi. Elle menace Bourbon de montrer le roi aux soldats, de désigner les véritables coupables, pour leur faire tomber les armes des mains. Le faible Antoine de Bourbon retourne auprès du duc de Guise et lui fait part de ses insuccès. Mais le prince lorrain, qui connaissait Catherine de Médicis, sachant qu'on n'obtenait rien d'elle par les prières et les supplications, conseilla à Antoine de Bourbon de retourner auprès de la reine, et cette fois il vint lui-même affronter son courroux.

Soutenu par son énergique auxiliaire qui venait de lui dire : « Malheur à qui recule en pareil moment[1] ! » Bourbon revient à la charge et parle en maître à Catherine de Médicis. Tandis que la discussion avait lieu dans les appartements de la reine mère, Guise commençait déjà à donner l'ordre du départ et à faire défiler les équipages. La reine, voyant que si elle ne cédait pas, le roi serait enlevé de force, et qu'une fois isolée elle était exposée à perdre la régence et même la vie, se décida enfin à suivre le roi.

Pendant le voyage, qui dura trois jours, de Fontainebleau à Paris, le roi et la reine firent entendre de longs gémissements, auxquels toute l'escorte resta insensible. Charles IX et Catherine descendirent au Louvre; mais, pour n'avoir point l'air de faire une prison de la maison royale et de se constituer les geôliers de leur souverain, les triumvirs et Antoine de Bourbon allèrent se loger dans leurs hôtels respectifs. Dès ce moment, tout ce que commettaient les chefs du parti catholique était légal.

Le séjour de la reine dans la capitale, pendant les quelques semaines (avril et mai) qu'elle resta sous la domination des triumvirs, est une page de notre histoire qu'il est bien difficile de tirer au clair. Il est probable qu'avec sa souplesse d'esprit ordinaire Catherine de Médicis eut bientôt pris son parti de la nouvelle situation qui lui était faite. C'est ce qui ressort du moins de la lettre qu'elle écrivait à la duchesse de Guise, pour la rappeler auprès d'elle et lui exprimer sa confiance en l'amour que celle-ci lui portait. Elle lui avoue confidentiellement que, « si elle pouvoit être assurée que M. de Guise et les autres seigneurs confédérés avec le roi de Navarre ne prétendissent pas lui ravir le gouvernement,

---

[1] Tavannes.

l'autorité et la personne du roi, elle les croiroit et suivroit leurs conseils. »

Dans une entrevue que François et Charles de Lorraine eurent avec elle, elle chargea le cardinal de donner des instructions à ses fils, recommandant en même temps à ceux-ci d'accueillir attentivement la doctrine du prélat. Elle alla même jusqu'à les assurer tous les deux de l'affection qu'elle portait à leur famille. En la quittant, le cardinal de Lorraine lui baisa la main en témoignage de la grâce qu'il recevaitd'elle [1].

Mais Brantôme raconte ici un fait que nous ne pouvons rapporter que sous les réserves les plus expresses. Malgré les relations, en apparence très-amicales, que Catherine avait avec Antoine de Bourbon, Guise, Montmorency et Saint-André, sa méfiance, toujours en éveil, lui faisait redouter quelque trame mystérieuse. Elle avait bien par ses filles d'honneur, qui ne la quittaient pas, organisé une sorte de police amoureuse pour surprendre les secrets des triumvirs. Mais si adroitement qu'elle eût enlacé le duc de Guise, celui-ci ne se livrait guère, même dans ses heures d'épanchements. Catherine aurait eu alors l'ingénieuse idée de faire un trou dans la muraille de la chambre du conseil et d'y établir une sarbacane, qui venait communiquer dans la pièce voisine. A l'aide de cet appareil acoustique, elle entendit toutes les délibérations des quatre chefs du parti catholique [2].

Le roi de Navarre et Montmorency prirent d'abord la parole; ils n'émirent que des avis sans importance, pour le maintien de la religion catholique et contre l'autorité de la reine mère. François de Lorraine, qui parla ensuite, fut plus explicite et plus énergique dans ses desseins pour frapper les rebelles et rendre la paix au royaume, en le faisant rentrer dans la foi catholique. Il se borna à faire des vœux pour que la reine le secondât avec plus de sincérité. Catherine se croyait découverte, et craignait que ce colloque ne fût que pure comédie, lorsque Saint-André fulmina contre elle les plus violentes et les plus terribles accusations. Le maréchal ne proposait rien moins que de se débarrasser de la reine, en la liant dans un sac et en la jetant ensuite dans la rivière. En entendant ce terrible langage, la reine frémit d'effroi, et ne reprit son calme que lorsqu'elle entendit le duc de Guise s'é-

<hr>

[1] René de Bouillé, d'après les papiers de Simancas.

[2] Le chancelier de l'Hôpital avait été exclu du comité après une altercation avec le connétable. Les triumvirs venaient de déclarer la guerre à Condé et aux siens; l'Hôpital ayant voulu s'y opposer, Montmorency lui répliqua que les gens de robe n'avaient pas à se mêler des choses de la guerre.

lever énergiquement contre un projet qui lui faisait horreur.

Ceci, nous le répétons, malgré Dauvigny et malgré Brantôme, ressemble beaucoup à un conte inventé par Catherine de Médicis pour excuser sa politique hésitante, qui la condamnait à passer sans vergogne d'un camp dans un autre, et à défaire le lendemain ce qu'elle avait fait la veille. Saint-André n'était pas un homme très-scrupuleux; mais il était trop intelligent et avait trop souci de son intérêt pour emprunter aux Orientaux de semblables expédients.

Toujours est-il que, vraie ou feinte, la reine manifesta une telle terreur qu'elle ne voulut plus désormais rester à Paris, et retourna à Monceaux, où elle fut accompagnée par les triumvirs.

Ce n'est pas en proscrit que le prince de Condé était sorti de la capitale. Cependant, si bien soutenu qu'il fût par Coligny et Dandelot, par la noblesse protestante et par tous les ministres du nouveau culte, il eut un moment d'hésitation lorsqu'il apprit l'enlèvement du roi et de la reine, et qu'il calcula toutes les mauvaises chances qu'il avait contre lui. Mais il était trop tard pour reculer, et, ne pouvant plus abandonner son parti, il se jeta tête baissée dans la rébellion à main armée. Son plan fut bientôt arrêté. Ne pouvant plus s'emparer de Paris, il résolut de se rendre maître de toutes les villes qui bordaient le bassin de la Loire.

La ville d'Orléans avait alors pour gouverneur Innocent Tripier de Monterud ou Montereau, favorable aux protestants, qui y étaient, du reste, en majorité. Dandelot s'y introduisit, sous un déguisement, avec trois à quatre cents hommes, et écrivit au prince de venir le rejoindre. Lorsque Monterud apprit que le roi et la reine étaient retournés à Paris, il voulut changer d'attitude; mais il était trop tard. Les protestants en armes, ayant Dandelot à leur tête, s'étaient emparés de toutes les portes, et Condé arrivait à la tête de deux mille cavaliers. Lorsque Condé y eut pénétré, le gouverneur demanda à en sortir, ce qui lui fut octroyé.

Ce fut d'Orléans que le prince écrivit (7 avril) à toutes les églises protestantes du royaume, pour leur demander les secours en hommes et en argent dont il avait besoin pour subvenir aux frais d'une guerre entreprise, disait-il, uniquement contre ceux qui tenaient le roi prisonnier et violaient les édits.

Le lendemain, il lança un manifeste dans lequel il exposait les raisons qui l'avaient contraint à prendre les armes, et faisait retomber la responsabilité de cette action sur les triumvirs et principalement sur les princes lorrains. Le 10, il écrivit aux princes protestants d'Allemagne afin d'en faire les auxiliaires de sa cause. Il leur fit écrire aussi par les ministres protestants, et dépêcha vers eux quelques gentils-hommes en qualité d'ambassadeurs. A tous il adressait le même appel, les conjurant de le soutenir dans une guerre qu'il n'avait entreprise que pour la gloire de Dieu, le salut du roi et celui du royaume.

Enfin, le 11, fut publié le traité qui avait été passé entre les princes et les confédérés. Ce document, qui jusqu'à ce jour avait été tenu secret, porte en substance que les confédérés devaient employer leurs biens et leurs vies à empêcher le culte vain et superstitieux, et toutes les paroles contraires au respect qui est dû à Dieu, la débauche des femmes, les vols, les brigandages, etc. etc., et en général tout ce qui est défendu par les lois divines et par le dernier édit de janvier.

Le prince de Condé était déclaré légitime protecteur et défenseur du royaume de France, jusqu'à ce que le roi fût en âge de gouverner par lui-même. Tous s'engageaient à lui fournir les armes, les chevaux et l'argent dont il avait besoin pour faire la guerre. Les contractants se reconnaissaient passibles de fortes peines et supplices s'ils contrevenaient à leur devoir[1].

Alors aussi fut publié par les protestants le traité qui unissait Guise, Montmorency et Saint-André pour la défense de la religion catholique, traité par lequel le roi d'Espagne devenait, en quelque sorte, l'arbitre des destinées de la France. On a assuré que le plan conçu par les triumvirs avait eu l'approbation du concile de Trente. Nous avons dit ce que nous pensions de ce document dont nous avons cité les principaux passages, et les conditions mêmes dans lesquelles il vit le jour sont une preuve de plus du peu de crédit que l'on doit accorder à son authenticité.

On pense bien que Condé ne négligea pas l'occasion de répandre en même temps les lettres que Catherine de Médicis lui avait écrites lorsqu'elle l'appelait à son secours et à celui du roi. La divulgation de ces lettres, et surtout du traité plus ou moins authentique passé entre les triumvirs et le roi d'Espagne, causa en France, en Allemagne et dans les royaumes du Nord, la Suède et le Danemark, une impression profonde.

Les princes et les chefs du parti catholique ne se dissimulèrent pas combien était terrible le coup qui venait de leur

---

[1] De Thou.

être porté. Ils tâchèrent d'en atténuer les effets, en faisant publier dans Paris un édit (7 avril) par lequel le roi et la reine déclaraient que c'était de leur plein gré qu'ils s'étaient rendus dans la capitale; que le bruit de leur captivité était faux et calomnieux, et que le prince de Condé l'exploitait dans le but de colorer ses desseins pernicieux.

Trois jours après, on envoyait, non au parlement, mais aux juges et magistrats subalternes, un autre édit, qui confirmait celui de janvier, autorisant les protestants à tenir leurs réunions, excepté dans Paris. Ce nouvel édit, qui avait pour but de désarmer la colère des protestants, avait été lancé sous l'inspiration des cardinaux de Bourbon, de Guise et de Lorraine, et avec le consentement des triumvirs, du roi de Navarre, de Brissac et du chancelier de l'Hôpital.

Le trésor du prince de Condé, lorsqu'il avait commencé la campagne, s'élevait à 600 écus[1]. En quelques semaines sa petite armée avait si bien pillé les églises, les villes et les maisons des catholiques, que Condé était plus riche et plus puissant quue le roi de France. Ses succès avaient été aussi rapides que brillants. Après Orléans, ce fut Rouen qui tomba en son pouvoir (15 avril). Il avait été favorisé dans ce coup de main par les bourgeois même de la ville, qui voyaient en lui le légitime défenseur de l'autorité royale.

Lorsque, le 20 avril, le duc de Bouillon, gouverneur de la province, voulut rentrer dans la ville et en reprendre possession au nom du roi, les bourgeois y mirent pour condition qu'ils garderaient les places et les portes au nom du duc, et ne les rendraient que lorsque les Guises et leurs partisans seraient éloignés de la cour et auraient rendu compte de l'administration des finances qu'ils avaient gérée sous Henri II et sous François II. Le duc de Bouillon regarda ces conditions comme un affront, et ne voulut pas entrer dans la ville. Son lieutenant, Martel de Bacqueville, qui y était encore, en sortit sous un prétexte quelconque. Les membres du parlement avaient fait de même (14 avril).

La ville n'ayant plus ni gouverneur, ni parlement, ni lieutenant du roi, et cette révolte, bien que faite sans effusion de sang, ayant complétement arrêté le commerce, les habitants nommèrent douze notables pour les administrer.

Après Orléans et Rouen, Condé vit, en moins de trois semaines, son autorité reconnue, plus ou moins librement, par les villes de Tours, Blois, Beaugency, Pithiviers, Angers, Bourges, Poitiers, la Rochelle, Agen, Moutauban, Castres,

_______________
[1] Lacretelle.

Montpellier, Nîmes, Pézenas, Béziers, Aigues-Mortes, Tournon, Viviers, Orange, Mornas, Grenoble, Montélimart, Valence, Lyon, Mâcon, Châlon-sur-Saône, Dieppe, le Havre-de-Grâce, Caen, Bayeux, etc. etc. Ce n'était donc pas seulement le bassin de la Loire qui se soulevait, c'était d'un bout à l'autre de la France que la guerre civile éclatait.

Toujours habiles et prudents, les princes lorrains opposaient aux violences de Condé et aux entraînements plus que passionnés de leurs propres amis une modération à toute épreuve. Guise voulut se présenter lui-même devant le parlement, pour se disculper du massacre de Vassy. Il raconta les faits simplement, et, devant ce corps qui lui était si sympathique, il s'abstint de porter toute accusation et tout blâme contre Condé. Il protesta de son respect pour le prince, et ne voulut rien dire contre ceux qui soutenaient sa cause, sinon qu'il souhaitait que Dieu les inspirât. Il eut l'adresse de laisser à Montmorency le soin de célébrer ses louanges, et de faire ressortir combien son indulgence avait été grande envers les conjurés, qui depuis son retour à Paris avaient résolu de l'assassiner [1].

Mais les événements avaient fait de tels progrès, qu'il n'appartenait plus à aucune puissance humaine d'empêcher que les deux armées n'en vinssent aux prises. Condé avait obtenu les secours qu'il avait sollicités des princes luthériens allemands, et des cantons suisses qui avaient embrassé la religion protestante. La reine Élisabeth venait, en quelque sorte, de déclarer la guerre à la France, en faisant signifier à Catherine de Médicis, par son ambassaceur Throckmorton, son alliance avec Condé touchant les requêtes que ce prince lui avait adressées relativement à la religion. La reine d'Angleterre profitait de cette occasion pour demander la restitution de Calais, 200,000 écus pour les dommages et dégats de la ville et du Havre, et pour les dépenses faites aux fortifications du Havre-de-Grâce. A ces conditions, la reine consentait à ne pas envoyer des secours à Condé.

Catherine de Médicis fut alors obligée d'adopter les plans du duc de Guise, en demandant, de son côté, aide et secours à son beau-fils le roi d'Espagne. Ce monarque lui annonça alors qu'il allait faire marcher trois mille Espagnols sur Bayonne, et trois mille Italiens qui devaient rejoindre les

---

[1] Lorsque le duc de Guise retourna dans la capitale, quelques huguenots fanatiques, ayant formé le projet d'attenter à ses jours, demandèrent à ce sujet conseil à Théodore de Bèze et aux autres ministres protestants. Les ministres de l'Église réformée s'opposèrent à cet attentat.

troupes royales en Dauphiné. La reine Marguerite, sa sœur, gouvernante des Pays-Bas, devait faire entrer en France un corps d'environ sept mille hommes, composé d'Allemands et de pistoliers. Toutes ces troupes devaient faire serment au roi de Navarre contre les vassaux rebelles, et sous la conduite du chef qui leur serait donné.

Le duc d'Aumale était envoyé en Normandie, Montpensier en Touraine, et Montluc en Gascogne. Brissac avait remplacé le cardinal de Bourbon dans le gouvernement de Paris[1].

Ces mesures prises, les triumvirs et le roi de Navarre résolurent de marcher à la rencontre des confédérés.

Catherine de Médicis, qui prévoyait qu'après le premier choc son autorité serait annihilée, et que, quel que fût le résultat de la lutte, le pouvoir devait passer tout entier entre les mains de Guise ou entre les mains de Condé, voulut essayer encore une fois de prolonger cette situation équivoque par des négociations qui la faisaient médiatrice entre les deux partis.

Après qu'eurent été lancés les deux édits des 26 et 27 mai, par lesquels les protestants pouvaient quitter Paris sans crainte d'être molestés, le roi de Navarre et les triumvirs, à la tête d'une armée de quatre mille hommes de pied et de trois mille cavaliers, s'avancèrent vers Châteaudun. Condé, de son côté, en apprenant cette nouvelle, sortit d'Orléans et vint camper à quatre lieues de la ville avec six mille hommes d'infanterie et deux mille de cavalerie.

Catherine de Médicis laissa le roi dans le château de Vincennes, et, après avoir rejoint en toute hâte l'armée du roi de Navarre, fit demander une entrevue au prince de Condé, lui assignant un rendez-vous à Toury, dans la Beauce. La reine devait être accompagnée de trente-six cavaliers, et le prince devait avoir pour escorte un même nombre de gentilshommes. Mais dans la crainte que des propos blessants ne fussent échangés de part et d'autre, et qu'une collision ne s'ensuivît, catholiques et huguenots devaient rester en arrière à une distance d'environ huit cents pas. Le 10 juin, l'entrevue eut lieu au point indiqué et dans les conditions qui avaient été arrêtées. Mais, lorsque les seigneurs et les gentilshommes qui faisaient partie des deux escortes se reconnurent de loin, ils oublièrent les conditions qui leur étaient imposées, et, franchissant les distances, ils se précipitèrent les uns vers les autres pour se tendre les mains et s'embrasser. Celui-ci reconnaissait un frère, cet autre un parent, tous

---

[1] René de Bouillé.

des amis qu'ils n'avaient pas vus depuis longtemps, qu'ils n'avaient pas oubliés, et qu'ils chérissaient toujours. Que de soupirs de regret furent poussés dans les deux camps! que de larmes même furent versées par ces enfants d'une même patrie que les discordes civiles avaient séparés!

Pour cacher leur émotion, en voyant les banderoles blanches des protestants et les banderoles rouges des catholiques si étroitement unies dans ces embrassades fraternelles, quelques-uns se tenaient à l'écart. « Mais en songeant, dit Lanoue, que dès que les visières seroient abattues, et que la prompte fureur auroit bandé les yeux, tous ces frères, tous ces amis ne se reconnoîtroient plus, les larmes leur sortoient des yeux. »

Cependant l'entrevue de la reine et de Condé n'avait amené aucun résultat après deux heures de discussion. Le prince exigeait que les triumvirs quittassent la cour, et que l'édit de janvier fût observé. La reine avait répondu qu'elle ne voulait pas céder sur le premier point, et que l'exécution du second ne dépendait pas d'elle, mais du clergé, d'une grande partie de la noblesse et de presque tout le peuple qui s'y opposaient. Toujours fidèle à sa tactique, elle avait formulé ces objections, en laissant à entendre à Condé combien elle serait heureuse d'acquiescer à ces conditions. Le roi de Navarre, qui avait suivi la reine comme Coligny avoit suivi Condé, se montra hautain et intraitable, et les deux frères se séparèrent plus irrités que jamais l'un contre l'autre.

Condé revint à Orléans, et rendit compte à ses confédérés de ce qui s'était passé à l'entrevue qu'il venait d'avoir avec Catherine de Médicis. Les amis du prince jugèrent qu'il était impossible de faire une paix solide et durable tant que ceux qu'ils appelaient la faction ennemie, c'est-à-dire les triumvirs, resteraient armés et tiendraient la reine ainsi que le roi en leur puissance. En conséquence, le prince, par une lettre écrite à la reine et au roi de Navarre, le lendemain de l'entrevue (11 juin), les suppliait tous les deux de ne pas trouver mauvais que lui et ses amis employassent les armes, qu'ils n'avaient prises que pour repousser la violence des conjurés et remettre tout le monde en liberté. Le même jour, Condé envoyait en même temps à la reine un ambassadeur, le sieur Dufour du Vigan, avec une lettre par laquelle il la suppliait de prévenir le carnage dont on était menacé [1].

---

[1] S'il devait y avoir un carnage, il en avait d'avance accepté la responsabilité lorsqu'il s'était écrié en présence de Coligny et avant de rejoindre Dandelot à Orléans : « C'en est fait! nous sommes plongés si avant, qu'il faut boire ou se noyer. »

Aux prétentions du prince, la reine, sur l'avis des triumvirs, dépêcha le secrétaire d'État, Florimond Robertet, pour faire commandement à Condé et à Dandelot, ainsi qu'à tous les confédérés, de mettre bas les armes, et de rendre au roi les places et villes dont ils s'étaient emparés. Après ces actes de soumission, les triumvirs devaient se retirer de la cour, ainsi qu'ils s'y étaient engagés eux-mêmes, par un écrit publié le 4 mai. Cet écrit, connu sous le nom de requête [1],

[1] *Requête présentée au roy et à la royne par le triumvirat.*

Nous, duc de Guise, pair, grand maître et grand chambellan de France; duc de Montmorency, pair et connétable de France ; de Saint-André, maréchal de France : à ce qu'il soit notoire à Vos Majestez et à tout le monde que nos cœurs et intentions assez cogneus et déclarez par toutes nos actions passées et tout le cours de nos anges et vies employées et despendues non ailleurs qu'au loyal et fidèle service des Majestez de nos bons deffuncts roys (que Dieu absolve) à la conservation et augmentation de leur honneur, grandeur, estat et couronne, ne furent jamais, ne sont aujourd'hui et ne seront (Dieu aydant) de nos vies, autres que tendant à la même bonne et loyale fin que dessus, et par moyens justes, raisonnables, légitimes et louables : à quoy nous avons voué (après le service de Dieu) le demeurant de nos dictes vies, biens et fortunes.

Supplions très-humblement les Majestez de vous, Sire, et de vous, Madame, entendre le fond de nos intentions et pensées, que nous vous découvrons et manifestons en toute syncérité par cet écrit ; ensemble les causes de nostre venue et séjour près de Vos Majestez, et pour lesquelles nous estimons en nos loyautez et consciences (veu les estats et charges que nous avons), ne nous en pouvoir ne devoir aucunement départir, sans encourir note et reproche perpétuels, pour nous et nostre postérité, d'estre infidèles serviteurs et officiers déserteurs de l'honneur de Dieu et du bien de son Église, de l'honneur, bien, salut et incolumité du roy et de nostre patrie, et de la paix et repos de l'estat d'icelle, que nous voyons sur le poinct d'évidente et inévitable ruine, s'il n'y est promptement et sans aucun délay pourveu, par le seul remède des ordonnances que nous estimons devoir par Vos Majestez estre faites, scellées, émologuées et approuvées tant en vostre grand conseil qu'en la cour de parlement de Paris et autres cours de vostre royaume, telles qu'elles sont contenues aux articles suyvans qu'en toute révérence et humilité nous proposons :

*Premièrement.* Nous estimons nécessaire non-seulement pour l'acquit de nos consciences, mais pour l'acquit de la conscience du roy, et du serment par lui faict à son sacre, pour le repos, union de ses subjects, et pour ne confondre tout ordre divin, humain et politique, de laquelle confusion dépend et s'ensuit nécessairement l'éversion de tous les empires, monarchies et républiques, que le roy, par édict perpétuel, déclare qu'il ne veut, et entend authoriser, approuver ne souffrir en son royaume aucune diversité de religion ny d'Église, prédications, administration de sacrements, assemblées, ministères ne ministres ecclésiastiques ; ains veut et entend la seule Église catholique, apostolique et romaine, receue, tenue et approuvée de Sa Majesté et de tous ses prédécesseurs, les prélats et ministres d'icelle, prédications, administrations de sacrements d'eux et de leurs commis, avoir lieu en tout son royaume et pays de son obéissance, toutes autres assemblées pour tel effect rejetées et réprouvées.

Que tous officiers de France, domestiques de Sa Majesté et de messeigueurs ses frères et sœurs, tous officiers, tant de judicature que de la

est une des preuves les plus convaincantes des intentions
pacifiques dont le duc de Guise était animé, s'il était persuadé que la religion catholique fût suffisamment préservée

milice, comptes et finances de ce royaume, et autres ayans charges, administration ou commission de Sa Majesté, tiendront et observeront la
mesme religion et en feront expresse déclaration ; et les refusans, délayans
ou contrevenans seront privez de leurs estats et offices, gages, charges et
administrations ou commissions : sans pour ce to2scher à leurs biens ny à
leurs personnes, sinon qu'ils fissent tumulte, sédition, monopole ou assemblées illicites.

Que tous les prélats, bénéficiers et personnes ecclésiastiques de ce royaume,
feront semblable confession ; et les refusans et contrevenans seront privez
du temporel de leurs bénéfices, qui sera régy sous la main du roy ; et gens
de bien et de bonne religion, commis à l'administration d'iceux par les
supérieurs et ceux à qui il appartient y pourvoir ; lesquels, selon qu'ils
verront estre à faire, les priveront du titre, et pourvoiront d'autres en leur
lieu, par les voyes deues et légitimes.

Que toutes les églises violées, desmolies et spoliées en ce royaume, au
grand mépris de Dieu et de son Église, du roy, ses ordonnances et édicts,
tant anciens que modernes (qui tous ont prohibé tels sacriléges sous peine
de la vie), soyent réintégrez, réparez et restituez entièrement en leur premier estat et deu, et les intérêts satisfaits de tous les dommages soufferts ;
et les délinquans infracteurs des édicts violez, et spoliateurs, punis comme
il appartient.

Que les armes prinses en ce royaume par quelque personne que ce soit,
pour quelque couleur, raison ou occasion que ce puisse être, soyent lais-
sées et ostées par ceux qui les ont prises sans exprès commandement du
roy de Navarre, lieutenant général de Sa Majesté, et représentant de sa
personne en tous ses royaumes et pays de son obéissance, et ceux qui se
sont ainsi armez et persévèrent encores à présent, déclarez rebelles et ennemis du roy et du royaume.

Qu'audict roy de Navarre seul (comme lieutenant général de Sa Majesté
et représentant de sa personne), et à qui de par luy sera ordonné et commis, soit loisible avoir et assembler forces en ce dit royaume pour l'exécution et l'observation des choses dessus dictes, et autres qui pourront estre
advisées pour le bien du roy et de son royaume.

Que les forces commencées à assembler par ce dict seigneur roy de Navarre pour le service de Sa dicte Majesté, pour les effets que dessus, soient
maintenues et entretenues soub son authorité pour quelques mois ; dedans
lequel temps on espère, si c'est le bon plaisir de Vos Majestés, voir le fruict
des remèdes que dessus, et le repos de ce royaume.

Les autres provisions nécessaires et requises tendant au bien et repos
de ce royaume qui pourroient estre ici par nous obtenues soyent priuses
et suppléées du conseil et advis qui fut donné par la cour de parlement de
Paris, lorsque dernièrement vous envoyâtes vers elle le sieur d'Aramon,
pour avoir son advis sur les remèdes qui luy sembloient convenables, pour
pourvoir aux troubles de ce royaume, et sur ce que ladicte cour y pourra
présentement ajouter.

Ces choses faites et accomplies entièrement comme dessus (sans lesquelles
nous tenons ce royaume ruiné), nous sommes prests de nous en aller, chacun
non-seulement en nos maisons s'il nous est commandé et ordonné, mais au
bout du monde (si besoin est) en exil perpétuel ; après avoir eu contentement, en notre âme, d'avoir rendu à Dieu, à notre roy, à notre patrie
et à nos consciences l'honneur et service, l'amour et charité, et tout autre
fidèle office que nous leur devons en si grand et évident, si important et

en France contre les empiétements de l'Église réformée. En même temps que Robertet, étaient envoyés à Orléans le maréchal de Vieilleville et le comte de Villars pour négocier avec le prince. A toutes ces avances, Condé se borna à rendre grâce au roi et à la reine du soin qu'ils semblaient prendre du salut et de la sûreté de leurs vrais serviteurs, mais il n'en persistait qu'avec plus d'énergie dans les prétentions qu'il avait déjà formulées. En même temps qu'il se prêtait à ces négociations, il écrivait, à la date du 16 juin, à l'électeur palatin, pour lui demander de l'assister de son crédit et de ses secours.

Toutes ces allées et venues, toutes ces négociations, tour à tour interrompues, n'avaient fait qu'aigrir les esprits et les exalter. Les soldats et les gentilshommes des deux camps, ne voulant rien comprendre à toutes ces ruses politiques, faisaient entendre de sourds murmures et poussaient leurs chefs à les conduire au combat. Les confédérés huguenots étaient d'avis qu'il fallait immédiatement attaquer la capitale. Le 20 juin, l'armée protestante sortait d'Orléans, et était commandée par le comte de Grammont, à la tête des Gascons ; par Jean de Rohan, à la tête des troupes du Dauphiné et du Languedoc ; et Dandelot, qui avait particulièrement sous ses ordres l'infanterie du pays de France. Les deux armées étaient presque en présence, campées à peine à quelques lieues l'une de l'autre, lorsqu'on convint d'une nouvelle trêve de six jours. La reine en profita pour accourir de nouveau dans le camp et demander encore une entrevue à Condé. Le prince y consentit, voulant, disait-il, prouver par cette démarche qu'il était prêt à tout risquer, jusqu'à sa vie, pour qu'on ne l'accusât point de mettre obstacle à la paix. Ce fut cette fois Jean de Montluc, évêque de Valence, bien connu pour son

notable péril et nécessité ; pour auxquels obvier nous sommes prêts de sacrifier et vouer nos vies et tout ce que nous avons de cher et de précieux en ce monde : ce que nous signifions à Vos dictes Majestez et au roy de Navarre, tant pour nous en être témoins et juges, que pour mettre aux inconvénients que vous voyez les remèdes dessus dicts, que nous estimons estre très-nécessaires et seuls convenables, afin qu'il vous plaise en déclarer votre volonté et résolution.

Protestant, devant Dieu et Vos Majestés, que la note telle que dessus ne tend qu'au bien et salut du roi et de son royaume ; et que nous estimons que ceux qui l'auront en recommandation, ne se pourront esloigner des choses cy-dessus recordées et remontrées en cest escrit, que nous avons signé de nos mains pour l'acquit de nos consciences et nostre descharge envers Dieu, Vos Majestez et tout le monde à l'advenir.

Fait à Paris, ce 4e jour de may, l'an 1562.

Signé :     FRANÇOIS DE LORRAINE,    DE MONTMORENCY,

SAINT-ANDRÉ.

attachement à la reine et par ses sympathies pour les protestants, qui s'entremit comme médiateur. Les conditions qu'il posa étaient que les triumvirs quitteraient la cour immédiatement, et que le prince de Condé en ferait de même. C'était la présence des chefs qui empêchait tout accord de s'établir. Le prince y consentit.

Lorsque la reine retourna au camp auprès des triumvirs, elle leur donna communication de ce qui venait d'être conclu. Montmorency et Saint-André se refusèrent d'abord à y souscrire. Mais Guise, dont l'intelligence politique était éminemment supérieure à celle de ses amis, n'eut pas une minute d'hésitation. Son coup d'œil sûr et pénétrant a deviné tous les artifices de la reine. Par cet accommodement, elle espère être débarrassée à la fois de lui et de Condé. Le plus sûr moyen de déjouer ses projets, c'est encore d'y souscrire loyalement. Sans Condé l'armée protestante n'a plus de chef et perd tout son prestige. En quittant le camp, les triumvirs laissent l'armée royale intacte, ayant à sa tête le roi de Navarre. En outre, François de Lorraine y comptait trop de partisans pour n'être pas persuadé que ses idées y prédomineraient toujours.

« Eh quoi ! disait Montmorency au duc de Guise, est-ce bien vous que je vois abusé par les mensonges et *piperies* de la reine ? Vous attendez-vous qu'après nous avoir si habilement congédiés, elle nous rappelle jamais et qu'elle nous pardonne son départ de Fontainebleau ? Bien fou qui s'y fierait. — Non pour l'amour de la reine, mais pour l'amour de la paix, » répondit Guise.

La résolution de Guise fut inébranlable, et, sans attendre que Condé eût tenu sa promesse, les triumvirs quittèrent leur camp. Cette décision, qui eut un immense retentissement, excita au suprême degré l'admiration des catholiques, tandis qu'elle jetait les protestants dans la consternation. Ce fut de toutes parts un immense concert de louanges à l'adresse de Guise, qui venait de donner une preuve si éclatante de son désintéressement.

Le 28 juin, Catherine de Médicis et Antoine de Bourbon adressaient au connétable de Montmorency la lettre suivante :

« *Acte par lequel la reine mère et le roy de Navarre déclarent que la retraite volontaire que font de la cour le duc de Guyse, le connestable et le mareschal de Saint-André, ne pourra porter préjudice à leur honneur.*

« Afin que le deppartement et retraicte de messieurs le duc

de Guyse, pair, grant maistre et grant chambellan, du duc
de Montmorency, aussi pair et connestable, et du sieur de
Saint-André, mareschal de France, ne puisse, pour le présent ny à l'advenir, donner occasion de penser ou dire chose
au préjudice de leur honneur, estime et réputation, et que
nul en ladicte retraicte ne puisse ymaginer cause ny motif
proceddant de leur coulpe,

« Nous déclairons et certifions, à tous qu'il appartiendra,
que eux meuz du seul respect et affection qu'ilz portent au
service du roy, conservation de sa couronne et repoz de ses
subjectz, et sans aucune autre cause dont on leur puisse
donner blasme ne faire reproche, se sont retirés et deppartiz
de l'armée du roy de leur bon gré et franche volunté, afin de
lever tout umbre d'excuse à ceulx qui en eussent voullu fonder sur leur présence; en quoy, comme en toutes leurs
œuvres et desportements du passé, nous recognoissons leur
singulière affection au service du roy. . . . . . . . . .

. . . . . . . . . . . . . . . . . . . . . . . . . . . . . .

« Fait à Beaugency, le 28ᵉ jour de juing 1562.

« CATHERINE,      ANTOINE,

« DE L'AUBESPINE. »

Lorsque Condé eut reçu avis du départ des triumvirs, ce
qui le mettait en demeure de tenir sa promesse avec la même
ponctualité, il manifesta d'abord quelque hésitation et en
appela à son conseil. Ses confédérés et les ministres protestants s'opposent à ce qu'il tienne sa parole. Coligny, l'intègre
Coligny l'engage même à profiter du départ du duc de Guise
pour attaquer soudainement l'armée royale endormie dans
sa sécurité [1]. Condé ne voulut pas se parjurer aussi ouvertement; mais il se prêta à un subterfuge qui n'était guère
plus loyal. Lorsque l'ambassadeur de la reine vint de nouveau, le lendemain, lui rappeler son engagement, à la réponse évasive qu'il fit, Dufresne, voyant qu'il y avait du
changement [2], lui donna un rendez-vous. Il revit donc la
reine, et dans un langage plein de réticences il expliqua son
manque de parole en disant que ses ennemis n'étaient qu'à
Châteaudun, qu'il avait la preuve écrite que le duc de Guise
lui tendait un piége [3], et que, toutes ces conférences n'abou-
tissant à rien, il demandait la permission de se retirer.

---

[1] D'Auvigny, *Vie des hommes illustres.*
[2] De Thou.
[3] Condé prétendit avoir en main une lettre écrite par le duc de Guise
au cardinal de Lorraine, son frère. Nous faisons observer que cette lettre,

Lorsque le prince retourna à son camp, il fut reçu par ses officiers, par ses soldats, et même par la noblesse, avec des murmures de mécontentement. On l'accusa d'exposer inutilement ses jours et de perdre les occasions que l'on avait de vaincre. Condé alors ne sut plus résister, et l'on décida immédiatement de surprendre l'armée royale par une attaque nocturne.

Coligny conduisait l'avant-garde avec huit cents chevaux ; Dandelot suivait son frère avec douze cents arquebusiers, qui devaient attaquer l'infanterie royale, tandis que huit cents autres et deux compagnies de piquiers devaient aller contre l'artillerie. Le prince était à l'arrière-garde avec cinq cents gendarmes et le reste de l'infanterie. Mais, à la suite des marches et contre-marches qui l'avaient égarée pendant la nuit, l'armée huguenote n'atteignit le camp royal, situé à la Ferté-Aleps, qu'au point du jour. Montmorency, duc d'Anville, voyant approcher l'ennemi, fit tirer un coup de canon, et soudain tous les chefs furent à leur poste et toutes les troupes sur pied. Le roi de Navarre se borna à ranger son armée sur le pied d'une vigoureuse défensive, tandis qu'il envoyait courrier sur courrier pour prévenir les triumvirs et presser leur retour.

Condé et Coligny, voyant que leur projet avait échoué, n'osèrent plus tenter l'attaque et se retirèrent.

Pour se venger, Condé vint mettre le siége devant Beaugency, qu'il avait, quelques semaines auparavant, cédée à son frère. Après avoir fait brèche aux murailles, il s'empara

bien qu'elle se trouve dans les Mémoires-Journaux du duc de Guise, est fort contestée. En tous cas, en admettant même son authenticité, elle ne contient que des prévisions et ne justifie en aucune façon le manque de parole du prince de Condé :

« Je vous envoye ce porteur en diligence, pour vous advertir que tout
« fut hier accordé, et puis vous dire que le commencement est à l'honneur
« de Dieu, service du roy et repos du royaume. Ledit porteur est suffi-
« sant, et n'auront la nouvelle nos chers cardinaux que par ceste lettre ;
« comme aussi nostre mareschal de Brissac, qui cognoistra qu'il y en a
« qui sont bien loing de leurs desseins : notre mère et son frère ne jurent
« que par la foy qu'ils nous doivent, et qu'ils ne veulent plus de conseil
« que de ceux que sçavez qui vont le bon chemin. Conclusion, la religion
« réformée, en nous conduisant et tenant bon, comme nous ferons jusques
« au bout, s'en va aval l'eau, et les admiraux, mal ce qui est possible :
« toutes nos forces entièrement demeurent, les leurs rompues, les villes
« rendues sans parler d'édicts ni de presche et administration de sacre-
« ments à leur mode. Ces bons seigneurs croiront, si leur plaist, ce dict
« porteur de ce qu'il leur dira de la part des trois de leurs amis, et baise
« la main.

« De Beaugency, ce jeudy vingt et cinquième de juin 1562. »

de la ville, qui fut pillée, et presque toute la garnison fut passée au fil de l'épée. Les protestants mêmes ne furent pas épargnés dans le carnage [1].

C'est par le massacre que ces austères réformés, grands diseurs de patenôtres et grands chanteurs de psaumes, commençaient à s'illustrer. Cet acte de cruauté fut, comme on devait malheureusement s'y attendre, suivi de promptes représailles.

L'armée royale leva le camp, et vint à son tour faire le siége de Blois (11 juillet). Guise, qui commandait l'avant-garde, et dont le retour au camp fut un triomphe, s'en empara presque sans coup férir ; mais le prince lorrain fut impuissant à empêcher que la ville ne fût pillée et que de sanglants excès n'y fussent commis. Sur ces entrefaites, plusieurs villes, telles que Tours, Poitiers, Angers, se rendaient aussi sans résistance, et leurs garnisons s'enrôlaient dans l'armée royale, au milieu de laquelle Charles IX se trouvait maintenant en personne. De huit mille hommes qu'elle était à son début, elle s'élevait maintenant à plus de dix-huit mille, grâce aux recrues qu'elle avait faites et aux renforts étrangers amenés par le rhingrave Philippe et par le colonel Frülich [2].

La ville de Bourges, défendue par d'Ivoy, officier d'un grand mérite, et par quatre mille fantassins et quatre compagnies de cavalerie, devait offrir plus de résistance. Guise en entreprit le siége, qui semblait devoir être long et périlleux. Cependant d'Ivoy, privé de nouvelles de son parti et n'ayant pas d'espoir d'être secouru, tandis que les assiégeants recevaient chaque jour de nouveaux renforts, se laissa séduire par les promesses du duc de Guise, et demanda à capituler dans des conditions avantageuses. Il lui fut accordé que ses troupes et leurs officiers sortiraient de la place pour se rendre librement où bon leur semblerait, et que les habitants auraient sûreté de leurs vies et biens et liberté de leurs consciences, sans danger d'être recherchés en quelque sorte que ce fût, tant du fait des armes que de la religion. Quant à d'Ivoy et à ses subordonnés, ils pouvaient en toute sûreté aller rendre leur serment au prince, et choisir ensuite entre une retraite paisible ou servir dans l'armée du roi. Cette capitulation fut signée le 31 août par le roi, la reine mère, le frère du roi, qui devait être plus tard Henri III, le roi de Navarre, Guise, etc. Plusieurs officiers passèrent du côté de Guise.

---

[1] De Thou, Lacretelle, etc.
[2] René de Bouillé.

Nous ne nous écarterons pas de notre sujet pour entrer dans le récit, même succinct, des événements militaires qui eurent lieu à cette époque dans toutes les provinces de la France. Il y aurait de part et d'autre tant de crimes à signaler, tant d'iniquités à flétrir, que le cœur en est soulevé d'horreur et de dégoût. L'imagination épouvantée recule devant ces atrocités, dont on ne retrouve un exemple que dans les siècles de la barbarie et sous le règne de la Terreur. Nous n'avons à excuser personne; mais la responsabilité de tous ces crimes ne doit-elle pas retomber sur ceux qui, sans foi et sans conviction, embrassèrent les nouvelles croyances et réveillèrent le fanatisme des peuples dans le seul but d'agrandir leur puissance? Sous prétexte de liberté de conscience, ils voulaient ramener la France aux temps de la féodalité. Les princes de la maison de Guise, si ambitieux qu'ils fussent aussi, eurent du moins l'immense mérite, en se mettant à la tête du parti catholique, de se dévouer à la cause qu'ils avaient embrassée avec un dévouement et une abnégation qui leur assignent une place honorable dans notre histoire. Qu'on ne s'y trompe pas : si, au xvi<sup>e</sup> siècle, la réforme ne fit pas en France de progrès plus grands, si le royaume de Clovis, de Charlemagne et de saint Louis resta fidèle à l'Église romaine, c'est à François de Lorraine surtout qu'il le dut. Il lui dut aussi de conserver son unité, car il était impossible de prévoir ce qui serait avenu si la noblesse réformée, victorieuse sur les champs de bataille, était parvenue à s'emparer du pouvoir.

# CHAPITRE XI



Le duc de Nemours venait d'être envoyé à Lyon, au grand mécontentement de Tavannes. Le duc d'Aumale était en Normandie, où, malgré les prodiges qu'il accomplissait, il était impuissant à lutter contre les réformés, commandés par Montgomery et soutenus par les troupes anglaises. Il avait ravagé toute la province pour couper les vivres aux ennemis, et, le trompant par ses coups d'audace, il était venu mettre le siége devant Rouen, en essayant de s'emparer du fort Sainte-Catherine, et devant Dieppe, qu'il n'avait pu surprendre. Les renforts qu'il reçut de son frère le grand prieur et de Matignault, lui permirent tout au plus de forcer Montgomery à se jeter dans la ville de Rouen.

C'était du côté de la Normandie que le danger était le plus imminent. Guise craignait, non sans raison, qu'aidée des protestants la reine Élisabeth ne tentât une sérieuse invasion. Après la prise de Bourges, Guise, au lieu de marcher sur Orléans, ainsi que tout semblait l'indiquer, fit volte-face et vint, à marche précipitée, sous les murs de Rouen.

Ce n'était pas seulement l'armée qui vint assiéger la ville, ce fut la cour tout entière. Catherine de Médicis et ses filles d'honneur semblaient se faire une fête des combats qui allaient se livrer autour de la capitale de la Normandie. Elles avaient toutes leurs chevaliers, qu'elles s'empressaient d'envoyer aux postes les plus périlleux, afin de leur décerner, le soir, le prix de la valeur. Lacretelle croit que c'était un moyen inventé par Catherine de Médicis afin de se débarrasser des chefs redoutables dont elle subissait les lois.

Montgomery, qui gouvernait la ville, était le même gentilhomme qui s'était si malheureusement illustré dans sa joute contre Henri II. Depuis ce jour, Catherine de Médicis n'avait plus voulu le voir ni entendre prononcer son nom. Cet ostracisme dont elle l'avait frappé lui avait fait embrasser avec une ardeur farouche le parti de la réforme, et lui avait fait envisager sans remords la responsabilité de commander les Anglais dans une guerre contre les Français. Un de ses lieutenants, Morvillers, envoyé en Normandie par le prince de Condé, avait mieux aimé abandonner son commandement que de servir dans les rangs des éternels ennemis de sa patrie.

Ce fut le 25 septembre 1562 que l'armée royale établit son campement dans le bourg de Darnetal, en vue de Rouen. Trois jours après, la ville n'ayant pas voulu se rendre aux sommations qui lui furent portées par un héraut, l'attaque commença contre le fort Sainte-Catherine, qui protégeait la montagne à laquelle Rouen est appuyée [1].

L'armée royale était forte de seize mille hommes d'infanterie et de deux mille chevaux. La garnison se composait de deux mille fantassins anglais, de huit cents Français, de quatre escadrons, d'une centaine de gentilshommes volontaires et de la milice de la ville bien armée.

Plusieurs attaques avaient été repoussées par les assiégés, lorsque Guise, qui était resté six jours dans les tranchées sans se déshabiller, parvint enfin, après un assaut qu'il conduisit lui-même, à s'emparer du fort Sainte-Catherine. De nouvelles sommations suivirent ce fait d'armes; mais, Montgomery n'ayant pas voulu se rendre à discrétion et prétendant capituler, le siége fut repris avec une nouvelle vigueur.

Le connétable de Montmorency et Catherine de Médicis écrivaient fréquemment, pendant ce siége, à Anne d'Este, pour lui donner des nouvelles de son mari et lui raconter ses plus brillants exploits. Ce fut à cette occasion que le duc de Guise donna une preuve de plus de la grandeur et de

[1] René de Bouillé.

la magnanimité de son caractère. Montaigne rapporte, d'après Jacques Amyot, le récit suivant, qu'à l'exemple de Lacretelle nous reproduisons dans le texte même que nous a laissé le grand écrivain du XVIᵉ siècle. Ce serait l'affaiblir que d'y changer une seule expression.

« Jacques Amyot, grand aumônier de France, me récita un jour cette histoire à l'honneur d'un prince des nôtres, et nôtre étoit-il à très-bonnes enseignes, encore que son origine fût étrangère : que durant nos premiers troubles, au siége de Rouen, ce prince, ayant été averti par la reine, mère du roi, d'une entreprise qu'on faisoit sur sa vie, et instruit particulièrement par ses lettres de celui qui la devoit conduire à chef, qui étoit un gentilhomme angevin ou manceau, fréquentant lors ordinairement pour cet effet la maison, il ne communiqua à personne cet avertissement; mais, se promenant le lendemain au mont Sainte-Catherine, d'où se faisoit notre batterie à Rouen, ayant à ses côtés le seigneur grand aumônier et un autre évêque, il aperçut ce gentilhomme qui lui avoit été remarqué et le fait appeler.

« Comme il fut en sa présence, il lui dit ainsi, le voyant pâlir et frémir des alarmes de sa conscience : « Vous vous « doutez bien de ce que je vous veux, et votre visage le « montre. Vous n'avez rien à me cacher; car je suis instruit « de votre affaire si avant, que vous ne feriez qu'empirer « votre marché d'essayer à le couvrir. Vous savez bien telle « chose et telle (qui étoient les tenans et aboutissans des « plus secrètes pièces de cette menée); ne faillez, sur votre « vie, à me confesser la vérité de tout ce dessein. » Quand le pauvre homme se trouva pris et convaincu (car le tout avait été découvert à la reine par l'un des complices), il n'eut qu'à joindre les mains et requérir la grâce et miséri-corde de ce prince, aux pieds duquel il se voulut jeter; mais il l'en garda, suivant ainsi son propos : « Venez çà. Vous ai-» « je autrement fait déplaisir? Ai-je offensé quelqu'un des » « vôtres par haine particulière? Il n'y a pas trois semaines » « que je vous connais. Quelle raison vous a pu mouvoir à » « entreprendre ma mort? » Le gentilhomme répondit à cela, d'une voix tremblante, que ce n'étoit aucune occasion par-ticulière qu'il en eût, mais l'intérêt de la cause générale de son parti, et qu'aucuns lui avoient persuadé que ce seroit une exécution pleine de piété, d'extirper, en quelque ma-nière que ce fût, un si puissant ennemi de leur religion. »« Or, suivit ce prince, je vous veux montrer combien la re-»« ligion que je tiens est plus douce que celle de quoi vous

« faites profession. La vôtre vous a conseillé de me tuer
« sans m'ouïr, n'ayant reçu de moi aucune offense, et la
« mienne me commande que je vous pardonne, tout convaincu
« que vous êtes de m'avoir voulu tuer sans raison. »

Déjà à Paris, le duc de Guise avait été informé qu'on devait l'assassiner, et on lui amena le soldat qui s'était chargé
de cette besogne. Voyant celui-ci pâle et tremblant devant
lui, le duc passa froidement et dit en haussant les épaules :
« Ce n'est pas encore cet homme-là qui me tuera. »

Un accident plus tragique eut encore lieu pendant ce siége.
A défaut des qualités du capitaine et de l'homme politique,
Antoine de Bourbon possédait du moins, comme, du reste,
tous ceux de sa race, un brillant courage militaire. Jaloux
des succès du duc de Guise, Bourbon, malgré son titre de
lieutenant général du royaume, voulut aussi se distinguer
par sa bravoure.

Il était dans une tranchée, exposé au feu de l'ennemi
ainsi que le dernier de ses soldats, lorsqu'un coup d'arquebuse vint le frapper à l'épaule (15 octobre). Guise, qui était
à ses côtés, courut immédiatement pour lui porter secours,
et, avec des planches, fit improviser une civière sur laquelle
le prince put être transporté, car sa blessure le faisait horri-
blement souffrir. Les médecins ordinaires de l'armée se flat-
taient de le guérir; mais le célèbre Ambroise Paré, mandé
en toute hâte, ayant sondé la blessure sans pouvoir retrouver la balle, déclara, dans une consultation en présence de
la reine mère, du cardinal de Bourbon, du prince de la
Roche-sur-Yon et du duc de Guise, qu'il n'avait pas, quant
à lui, le moindre espoir de guérison.

Les opérations du siége se poursuivaient, et aux nouvelles
sommations qui avaient été faites les assiégants, qui avaient
reçu du renfort des Anglais, opposaient de nouveaux refus
ou imposaient comme conditions le libre exercice de la religion réformée et l'éloignement des princes de la maison de
Lorraine. Mais, le 25 octobre, la porte Saint-Hilaire ayant
sauté, et les assiégés ayant été repoussés après un terrible
combat, Guise résolut pour le lendemain l'attaque décisive.
Il choisit pour diriger les assaillants un jeune officier nommé
Sainte-Colombe, dont le courage lui était bien connu, et auquel il voulait faire obtenir un rapide avancement en le mettant à même d'accomplir des actions d'éclat.

Dans une courte mais chaleureuse harangue, qui est l'élo
quence propre des grands capitaines, Guise enflamme d'abord
le courage de ses soldats. Mais, ne voulant pas souiller sa

victoire par des actes indignes, il rappelle en même temps à ses compagnons d'armes « que ceux qu'ils vont combattre sont aussi des Français ». dignes et nobles paroles qu'Henri IV devait répéter plus tard. Il leur dit ensuite que « la victoire de se commander est plus grande que celle qu'ils peuvent remporter sur leurs ennemis, et que ce serait chose indigne de soldats bien disciplinés de ruiner et saccager une cité du royaume en présence et contre la volonté du souverain ». Il exige enfin, de la part de tous ceux qui l'écoutent, la promesse de s'opposer à tout acte de pillage, s'engageant, de son côté, à accorder franche paie aux officiers et aux soldats.

Après ces exhortations, il donne le signal de l'assaut, et, l'épée au poing, ayant à ses côtés son frère d'Aumale, il court à la brèche et combat au plus fort de la mêlée. D'Aumale eut son casque brisé et tomba tout étourdi sous le coup; mais, se relevant aussitôt, il continue l'escalade. Les assiégés, découragés, sont mis bientôt en complète déroute, et l'armée royale pénètre de toutes parts dans la ville. Malheureusement les sages recommandations de Guise sont oubliées; les portes des maisons sont enfoncées, le pillage commence et les bourgeois sont mis à rançon. Vainement Guise ordonne à ses officiers de pénétrer aussi dans les maisons et de jeter par les fenêtres les soldats qui s'y trouvent. Les bataillons suisses furent à peu près les seuls à se montrer dociles à ses commandements, et ce ne fut que trois jours après qu'il put enfin remettre l'ordre dans les rangs de l'armée.

Pendant la mêlée, Montgomery parvint à s'échapper, ainsi que sa maison, et les troupes anglaises et écossaises qui lui restaient. Ce furent les forçats auxquels il avait promis la liberté qui, à force de rames, le conduisirent au Havre.

Lorsque l'ordre fut rétabli dans la ville, le duc de Guise vint chercher le roi, la reine et les membres du parlement. Il leur avait préparé une entrée triomphale qui devait avoir lieu par la brèche; mais, pendant qu'il faisait cette entrée solennelle à côté de ses souverains, le prince aperçut un triste cortége. C'était son lieutenant, le brave Sainte-Colombe, que l'on conduisait presque mourant. Il courut à lui et s'informa de sa santé; mais le jeune officier, que la mort n'épouvantait pas, lui répondit : « Je vais mourir, Monsieur, et sans regret, pourvu que vous m'assuriez que le roi et vous êtes contents de mes services. » Guise lui donna quelques paroles d'encouragement et d'espérance, et, après l'avoir assuré que pendant toute sa vie il le considèrerait comme son ami et son compagnon d'assaut, il s'éloigna en versant des larmes. Sainte-Colombe mourut le lendemain. Guise daigna lui rendre lui-même les derniers devoirs et fit récompenser sa famille. En cette circonstance comme en toutes les autres, Guise se fit désigner les officiers et même les simples soldats qui s'étaient distingués pendant l'assaut, afin de leur assurer de l'avancement ou des gratifications.

Bien que fort souffrant, en apprenant la prise de Rouen, le roi de Navarre voulut, lui aussi, pénétrer dans la ville. Il y fut procédé au son des musiques, et toutes les troupes en armes lui rendirent les honneurs militaires. Mais cette journée trop fatigante lui occasionna une telle fièvre qu'il voulut quitter Rouen immédiatement et se faire conduire par eau à Saint-Maur-des-Fossés, pour y respirer un air plus sain ; forcé par la souffrance de s'arrêter à Saint-Jean-d'Angely, il expira dans cette ville, le 17 novembre, après avoir donné par testament ses chevaux au duc de Guise. On assure que le roi de Navarre, à ses derniers moments, désabusé sur les promesses que lui avait faites le roi Philippe, manifesta le regret d'avoir abandonné la religion protestante. Rien n'est moins prouvé [1] que cette nouvelle apostasie ; mais, bien qu'elle eût fort crédit dans le camp des protestants, ceux-ci n'en témoignèrent pas moins une joie immense à la nouvelle de cette mort.

C'était l'époque des épigrammes rimées. On attribue la suivante à Bussy d'Amboise, où il est fait allusion au genre de mort de Henri II, de François II et du roi de Navarre :

> Par l'œil, l'espaule et l'oreille,
> Dieu a fait en France merveille ;
> Par l'oreille, l'espaule et l'œil,
> Dieu a mis trois rois au cercueil ;
> Par l'œil, l'oreille et l'espaule,
> Dieu a tué trois rois en Gaule,
> Antoine, François et Henry,
> Qui de luy point n'ont eu soucy.
> Dieu par son Christ voulant régner en Gaule,
> Pour l'empescher trois rois se sont haussés,
> Mais tost par luy ont esté repoussés
> En leur frappant l'œil, l'oreille et l'espaule [2].

Antoine de Bourbon, roi de Navarre, père de Henri IV, mourut à l'âge de quarante-deux ans. Les dernières paroles

---

[1] Le roi de Navarre se confessa à l'official de Rouen le 9 novembre, et reçut le saint viatique à la façon de ses ancêtres, en présence du prince de la Roche-sur-Yon et de l'évêque de Mende. (De Thou.)

[2] Mémoires manuscrits de l'Estoile.

qu'il adressa à un de ses serviteurs furent pour lui recommander son fils et pour exhorter le jeune Henri à être toujours fidèle à son roi.

La mort d'Antoine de Bourbon fut surtout regrettée par Catherine de Médicis, qui voyait dans le lieutenant général du royaume son appui le plus solide pour contre-balancer la puissance de Condé et celle de Guise. Cette mort laissait au vaillant prince lorrain la première place dans l'administration des affaires du royaume. Il aurait pu exiger que le titre de lieutenant général lui fût rendu; mais il était trop habile pour vouloir d'un titre qui, sans augmenter son autorité réelle et son prestige, l'aurait fait le supérieur de Montmorency et aurait blessé l'amour-propre d'un allié qu'il avait tout avantage à ménager.

Lorsque le parlement fut retourné à Rouen, il se signala malheureusement par des actes de représailles qui souillèrent encore une fois les succès de l'armée catholique et royale. Il fit poursuivre, avec un cruel acharnement, tous ceux qui lui furent dénoncés, et les condamna impitoyablement à mort. Guise, dont l'autorité n'aurait pas été suffisante pour épargner les officiers que menaçait la même sentence, eut besoin de faire appel à la clémence royale pour les soustraire aux supplices qui les attendaient.

Lorsque le prince de Condé apprit les vengeances exercées à Rouen, il voulut, de son côté, se montrer non moins féroce et non moins implacable, en consentant, sur la demande des ministres protestants, que trois prisonniers catholiques, qui n'avaient cependant pas été pris les armes à la main, fussent mis à mort. Ces trois prisonniers étaient : un conseiller au parlement de Paris, nommé Sapin, neveu du président Lemaître; Jean de Troyes, abbé de Gastines; et Odet de Selves, qui se rendait à Madrid en qualité d'ambassadeur de France[1]. Deux furent mis à mort; le prince de Condé, pour ne pas violer le droit des gens, fit grâce au troisième. Le pauvre ambassadeur mourut cependant, trois jours après, de frayeur.

Après la prise de Rouen, il fut publié une nouvelle déclaration par laquelle le roi accordait le pardon à tous ceux qui, dans le passé, avaient pris les armes contre lui. Ils pouvaient tous se retirer dans leurs maisons et jouir tranquillement de leurs biens, à la seule condition de professer la religion catholique, de ne pas assister aux prêches des protestants et de ne plus reprendre les armes sans son autorisation. Étaient exclus de cette grâce les chefs et les auteurs des séditions,

[1] Lacretelle.

ceux qui avaient pillé et profané les églises et s'étaient emparés des fonds publics ou les avaient livrés.

Cette déclaration jeta quelque émoi dans le camp de Condé. Plusieurs gentilshommes et soldats qui avaient embrassé sa cause croyant que c'était celle du roi, et qui n'attendaient qu'une occasion pour se délier de leurs serments, en profitèrent. Ces désertions, jointes à la prise de Rouen, auraient mis l'armée de Condé dans une position des plus critiques, sans les secours qui lui arrivèrent soudain.

Nous avons dit que Montluc était en Guyenne, où l'énergique et spirituel défenseur de Sienne portait une grave atteinte à sa renommée par les excès qu'il laissait commettre à ses troupes et par les cruautés qu'il exerçait lui-même. Toutefois son courage et ses talents militaires furent, dans cette guerre civile, à la hauteur de son passé. A la bataille de Ver, il avait battu Duras ; mais le capitaine protestant était parvenu, après une retraite savante, à échapper à son adversaire, et ramenait dans Orléans, au prince de Condé, quinze cents hommes de pied et trois cents cavaliers. La Rochefoucauld était avec Duras.

En même temps Dandelot amenait d'Allemagne, où Condé l'avait envoyé auprès des princes luthériens et de l'Empereur, trois mille cavaliers et quatre mille hommes d'infanterie. Le frère de Coligny dépensa pour procurer des ennemis à sa patrie un grand talent de négociateur. Sa parole ardente et passionnée triompha des résistances que le cardinal de Lorraine lui avait préparées auprès des luthériens. A sa rentrée en France, le lieutenant de Condé était attendu par le duc de Nemours, en Champagne, et par Saint-André, en Bourgogne, qui devaient l'écraser tous deux avec des forces supérieures. Il parvint à passer entre ces deux armées, sans être inquiété dans sa marche. Le prince de Porcien et une centaine de gentilshommes étaient allés à sa rencontre jusqu'à Strasbourg [1].

Lorsque Condé eut rallié les forces de Duras et de Dandelot, il se crut en situation d'entreprendre enfin le siége de Paris. Avant de quitter Orléans, le prince publia un nouveau manifeste, qui n'était, dans le fond et dans la forme, qu'une répétition de toutes les accusations lancées contre les Guises, le connétable et Saint-André, et dans lequel il pro-

---

[1] L'arrivée de Dandelot à Orléans fut considérée comme miraculeuse par ses coreligionnaires. C'est en envoyé de la Providence que ses frères le reçurent. « Dieu a marché devant lui, disaient les ministres protestants, Dieu même a conduit ses légions. »

mettait de soumettre le bon droit de sa cause à une assemblées des états du royaume, au jugement des princes de toutes
les nations, et même à la décision simple et naturelle du roi.
Les ministres protestants, en venant lui rendre leurs devoirs, le supplièrent de ne souffrir dans son armée ni débau-
ches de femmes, ni vols, ni brigandages. Ils voulurent aussi
que dans chaque régiment il y eût un ministre ou un pasteur, et que, selon l'usage, la prière se fît publiquement le
matin et le soir.

Le 11 novembre, l'armée protestante s'emparait de Plu-
viers, qui n'avait pas voulu se rendre, égorgeait tous les
prêtres qui se trouvaient dans la ville, et pendait haut et
court, comme des voleurs, les capitaines Mathurin, Garnier et
Francisque.

Après la prise d'autres villes, qui se rendirent à discrétion
ou capitulèrent presque sans résistance, Condé continua sa
marche sur Paris. Le 17 novembre, le prince, cependant,
vint mettre le siége devant Corbeil. Là, encore une fois, les
négociations furent reprises entre Catherine de Médicis et le
prince, sans amener aucun résultat. La ville de Corbeil étant
défendue par plusieurs régiments de troupes auxiliaires envoyées de Paris avec Saint-André, le prince ne jugea pas prudent d'en continuer le siége, et reprit sa marche. Deux jours
après il arrivait à Villejuif, et s'installait le lendemain dans
une abbaye de religieuses. Nouvelle négociation, nouvelle
rupture. Cette fois ce fut Montmorency lui-même et le duc de
Nevers qui, presque sans escorte, allèrent trouver Coligny
d'abord et ensuite le prince de Condé dans leur propre camp.
De violents reproches et des récriminations furent échangés
de part et d'autre.

Le 28 novembre, Condé et ses troupes commençaient le
siége de Paris en s'établissant au-dessous de Montrouge, et
sur la route de Bourg-la-Reine, de Vaugirard, de Genlis et
d'Arcueil.

A la première nouvelle du mouvement de Condé, Guise
avait quitté Rouen et, en toute hâte, était venu au secours
de la capitale. A sa vue, les Parisiens, déjà pleins d'épou-
vante, reprirent courage. En 1536 et 1544, lorsque la capitale était menacée par les Impériaux, Claude de Lorraine
était venu au milieu des Parisiens pour vaincre ou mourir
avec eux, et l'effet de sa présence fut de rendre aux Parisiens
tout leur courage et toute leur confiance. L'arrivée de son
fils dans des circonstances presque analogues eut les mêmes
résultats. Déjà les boutiques se fermaient, ainsi que les écoles

et les tribunaux; la consternation et l'abattement étaient dans tous les cœurs; mais, lorsque le héros de Metz et de Calais eut pénétré dans la ville escorté de ses fils, de ses frères et des gentilshommes de sa maison, la confiance succéda au découragement, et la grande cité reprit soudain ses allures.

Sans perdre de temps en vains discours, Guise alla s'installer, ainsi que tous les siens, au milieu des faubourgs qui semblaient les plus menacés, arma la milice, rappela Saint-André et Nemours, et, après avoir organisé tous les moyens de défense, attendit l'ennemi de pied ferme.

Le 10 décembre, l'armée royale est encore renforcée par quelques troupes allemandes que Condé, malgré tous ses efforts, n'a pu lui soustraire, et par un corps de troupes de trois mille Gascons et de quatre mille Espagnols. Cette nuit même, Guise fit une sortie qui jeta l'alarme dans l'armée de Condé.

Le prince et les chefs réformés comprirent alors combien était grande la faute qu'ils avaient commise en venant mettre le siége devant la capitale. Sans plus de retard, ils décampèrent immédiatement des positions qu'ils occupaient (10 et 11 décembre), et se dirigèrent du côté de la Normandie pour reprendre Rouen, ou tout au moins pour ne pas se laisser couper leurs communications avec les secours attendus d'Angleterre.

Aussitôt Guise fait sortir de Paris l'armée royale et se met à la poursuite de l'ennemi, afin de saisir l'occasion favorable de le battre en pleine campagne.

Tandis que Condé suivait sa marche par Abli, Ganardon, Maintenon et Auneau, ayant Dreux à sa droite et Château-neuf à sa gauche, l'armée royale faisait de son côté un circuit analogue. Mais les tentatives que les huguenots furent obligés de faire contre Étampes et Chartres, et le temps qu'ils perdirent pour passer l'Eure à Mézières, permirent à l'armée royale de gagner tout un jour, et de venir camper sur une petite colline plantée de vignes et voisine de la ville de Dreux, barrant ainsi le chemin à Condé. Dans la nuit du 19 décembre, Montmorency avait fait passer la rivière à son armée en deux endroits, ainsi qu'à toute son artillerie. Condé, pris à l'improviste, ne put même pas faire reconnaître l'armée royale, ni se rendre maître d'aucun des villages construits sur la rive de l'Eure. Les deux armées étaient en présence, et la bataille décisive, depuis si longtemps attendue, était désormais inévitable.

Il semblait que de part et d'autre on voulût, dans un combat loyal, faire oublier les crimes et les actes de barbarie dont les deux armées s'étaient souillées en s'emparant de villes presque sans défense. L'amour-propre et l'honneur étaient encore plus en jeu que la cause de la religion.

Condé, Coligny et Dandelot étaient en présence de Montmorency, Guise et Saint-André. « C'était en délibérant autrefois dans les mêmes conseils, en combattant sous les mêmes drapeaux, qu'ils s'étaient formés ensemble à leurs habitudes guerrières. Coligny et Dandelot tenaient de leur oncle, de leur bienfaiteur les moyens de le battre. Le duc de Guise, modeste dans sa profonde politique, s'était bien gardé de disputer au connétable l'honneur du commandement, de lui indiquer des dispositions à prendre, des fautes à éviter[1]. »

Guise n'avait pas voulu assumer sur lui la responsabilité de tirer le premier coup de canon. Lorsque l'armée royale se mit en marche pour rejoindre Condé, il envoya courrier sur courrier à la reine mère pour obtenir d'elle l'ordre formel de livrer bataille. Mais Catherine, devinant les desseins des triumvirs, et particulièrement ceux de Guise, affectait un étonnement profond. Ce n'était pas, disait-elle, à une femme et à un enfant que des généraux si expérimentés devaient demander conseil sur les choses de la guerre. Elle se renfermait ensuite habilement dans les chagrins que lui causait la guerre civile. Pressée par les questions de Castelnau, ambassadeur des triumvirs, elle poussa l'ironie jusqu'à répéter la question qui venait de lui être faite à la nourrice du roi, qui entrait en ce moment-là. Lui commandant d'approcher, elle lui dit : « Nourrice, le temps est venu que l'on demande aux femmes conseil de donner bataille ; que vous en semble[2] ? »

Cependant la situation était trop grave pour que la reine et son conseil pussent songer à éluder éternellement la question. Le nouvel ambassadeur de Losse ayant exigé une réponse immédiate, la reine, après avoir pris les avis du prince de la Roche-sur-Yon, du chancelier de l'Hôpital, de Vieilleville et de quelques autres personnages, fit répondre aux triumvirs qu'elle s'en remettait à leur prudence sur le choix des moyens qui seraient le plus opportuns. C'était bien là une réponse digne de Catherine de Médicis, toujours prête à se retrancher derrière une équivoque afin de pouvoir se retourner du côté du parti qui favoriserait le mieux son ambition.

Les triumvirs, on l'a vu, ne délibérèrent pas longtemps. Ils savaient que Condé voulait renforcer son infanterie, qu'il

<hr>

[1] Lacretelle.
[2] Mémoires de Castelnau.

comptait pour cela sur les secours de l'Angleterre, et qu'ils n'avaient nul autre moyen pour l'en empêcher que de lui couper la route de Normandie par une bataille décisive.

Pour éviter cette bataille, Dandelot, dans la matinée du 19, monta à cheval et vint lui-même reconnaître l'armée royale, qui était postée devant Dreux. Il fut d'avis, sa reconnaissance faite, qu'il était possible d'éviter le combat et d'aller ce jour-là jusqu'à Tréon. Condé fit, en conséquence, avancer son aile droite; mais, au premier mouvement, Montmorency démasqua ses batteries et força les arquebusiers, qui ouvraient la marche, à rebrousser chemin. Les cavaliers allemands firent de même, et dès lors la lutte s'engagea.

L'armée française, sous le commandement en chef du connétable de Montmorency, était composée de seize mille hommes d'infanterie et de deux mille chevaux. Elle était rangée entre le village d'Épinay et celui de Blainville. Son aile droite faisait front à l'ennemi. Les Espagnols, sans cavalerie, étaient adossés sur les murs d'un village, et abrités derrière des chariots. Venaient ensuite les troupes de Gascogne et Saint-André couvrant le flanc gauche des Espagnols. Sur le devant on avait placé l'infanterie allemande. L'avant-garde, commandée par d'Aumale et d'Anville, formait la première aile de l'armée, composée de dix-neuf cornettes de gendarmes, quatorze enseignes d'infanterie espagnole, vingt-deux de vieilles troupes françaises, onze d'Allemands et quatorze canons. Les Suisses, un bataillon carré de Bretons, un escadron de cavalerie commandé par Sansac, dix-sept cornettes de cavalerie légère, dix-sept enseignes françaises et huit canons formaient le corps principal de bataille, commandé par le connétable.

Le duc de Guise, avec sa compagnie d'hommes d'armes et quelques troupes d'infanterie et de cavalerie, formait l'arrière-garde. Il avait la Brosse pour principal lieutenant. Masqué par les troupes et par un rideau de verdure, il semblait rester étranger au combat qui allait se livrer, voulant choisir le moment pour jeter son épée dans la bataille, sûr d'avance que la victoire pencherait de son côté.

L'armée de Condé était forte de huit mille hommes de cavalerie, mais n'avait que cinq mille fantassins presque tous Allemands et mal disciplinés. Si Montmorency avait fait faire à l'armée royale une marche de plus en avant, le combat n'aurait pas eu lieu en rase campagne, et la cavalerie du prince n'eût pas pu donner; mais dans cette plaine de la Beauce, elle pouvait manœuvrer avec trop de facilité pour ne pas écraser l'infanterie qui lui serait opposée.

L'aile de l'armée huguenote était commandée par Coligny et était composée de cent cinquante gendarmes, quatre compagnies de reîtres, six enseignes d'infanterie allemande et deux d'infanterie française. Le corps de bataille était composé de quatre cent cinquante gendarmes, de six compagnies de reîtres, de six enseignes de fantassins allemands et douze de français. Il y avait encore quelque cavalerie légère et six enseignes d'arquebusiers à cheval commandées par Guillaume de la Curée.

Condé, toujours impétueux, commit deux fautes graves : la première fut d'engager toute son armée contre le corps principal en laissant intactes les deux ailes de l'armée royale ; la seconde fut de ne pas lancer sa cavalerie, si supérieure en nombre, contre celle de ses ennemis, qui, trop faible, n'aurait pu lui opposer aucune résistance. Cependant son attaque fut terrible. L'épée au poing, à la tête de sa cavalerie, il franchit les premières lignes et tomba en queue sur les Suisses. Ces fidèles alliés de la France donnèrent, pendant cette journée, l'exemple du plus grand courage, comme ils avaient donné, avant le combat, l'exemple des plus grandes vertus. Ces fiers et héroïques montagnards, pieux sans ostentation, suivaient les préceptes de la religion avec une simplicité qui faisait l'admiration de l'armée catholique. Ils reçurent la charge de Condé la pique au poing et sans broncher.

Cependant leurs premiers rangs sont rompus. La cavalerie allemande, qui suit Condé, fond sur eux en flanc et en fait un horrible carnage. D'Anville, n'écoutant pas les conseils de Guise qui disait « de laisser passer cette furie », veut venir au secours des Suisses avec trois escadrons de cavalerie légère ; mais, entouré par deux enseignes de chevaux allemands, il est obligé de se replier sur l'aile droite, commandée par Saint-André, qui gardait ses rangs un peu plus loin. Dans cette charge intempestive, il eut la douleur de voir tomber à ses côtés son frère Gabriel de Montmorency, baron de Montbeyron. Pendant ce temps, les Suisses sont encore attaqués, de front cette fois, par le comte de la Rochefoucauld ; mais ils le repoussent avec pertes.

Tandis que Condé cherchait à enfoncer les Suisses, Coligny, avec deux cornettes allemandes et les troupes du prince de Porcien, chargeait le connétable son oncle. Le chef huguenot eut à essuyer d'abord quelques volées de coups de canon ; mais, les pièces ayant été mal ajustées, il arriva comme une avalanche sur l'armée royale, balayant tout sur son chemin.

Le vieux connétable, ayant à ses côtés quelques cavaliers

d'élite, met l'épée au poing et charge contre son neveu. Mais, comme à Saint-Quentin, il est trahi par la fortune. Son cheval est tué sous lui, et au moment où un de ses lieutenants, d'Oraison, lui en donne un autre, il est blessé lui-même d'un coup de pistolet à la mâchoire, et, environné de toutes parts, se voit dans l'obligation de se rendre au prince de Porcien, qui le traita avec les plus grands égards, malgré leur ancienne rivalité.

Le duc d'Aumale, qui était à côté de Montmorency, est foulé aux pieds des chevaux, a l'épaule brisée et l'os du bras découvert et presque éclaté jusqu'à la jointure. Le grand prieur est aussi blessé, ainsi que Beauvais et le sieur de Givry.

Le principal corps de l'armée catholique est refoulé, dispersé de toutes parts; et les fuyards, croyant la bataille perdue, ne s'arrêtent qu'à Paris, où ils vont répandre l'alarme. Le choc a été si violent et si impétueux, que l'ennemi a franchi toutes les lignes et est arrivé jusqu'aux bagages, où il pille la vaisselle d'argent du duc de Guise.

Pendant ce temps, les Suisses ont de nouveau reformé leurs rangs, et, les yeux tournés vers les canons que l'ennemi emporte, ils n'attendent plus qu'on les attaque, ils reprennent à leur tour l'offensive.

Guise, au milieu de sa compagnie d'armes et de quelques troupes d'élite, avait assisté à tout ce combat sans que son visage trahît les émotions auxquelles son âme était en proie. Par moments il se dressait sur ses étriers pour mieux suivre les péripéties de la bataille. Ses hommes, impatients, faisaient mine souvent de vouloir courir au combat; mais il les contenait d'un geste, d'un regard, et tous rentraient dans leurs rangs.

Lorsque d'Anville vit son père emmené prisonnier et son frère tué, il accourut auprès du prince lorrain, le conjurant de délivrer le connétable par une charge impétueuse. Guise, calculant froidement la distance qui le séparait des ennemis, et voyant l'impossibilité de les atteindre, répondit simplement: «Mon fils, nous nous vengerons; mais il n'est pas encore temps, les ennemis nous mettront bientôt en état de les battre.»

Il n'y avait plus dans la plaine que des régiments épars et les Suisses, qui, reformés en bataillon carré, soutenaient avec une bravoure inouïe les dernières charges des cavaliers, des lansquenets et des reîtres. Les restes de l'armée protestante, avides de butin, couraient en désordre pour s'emparer des bagages. Coligny, qui de loin avait reconnu Guise, s'inquiétait de son inaction, et faisait de vains efforts pour rallier

ses troupes : « Où courez-vous? leur disait-il ; attendez donc
que vous ayez vaincu pour vous emparer des dépouilles.
Tournez au duc, craignez son repos ; il épie votre désordre.
Le voyez-vous qui fait serrer les rangs, qui se lève sur ses
étriers pour nous observer? Bientôt cette grosse nuée va
fondre sur nous. »

En effet, c'était le moment que Guise attendait. Détachant
sur sa droite deux cents chevaux et des arquebusiers, sous
les ordres de la Brosse, ralliant l'avant-garde, il fait décrire
à ses troupes un croissant, dont il occupe une extrémité et
Saint-André l'autre. Alors, se tournant vers ceux qui l'entourent, il s'écrie, en dirigeant la charge lui-même : « Allons,
compagnons, tout est à nous, la bataille est gagnée ! »

A son commandement, tout s'ébranle à la fois, et la bataille
entre dans une nouvelle phase. L'infanterie protestante ne
peut plus soutenir le choc et se débande. Dandelot veut rallier les reîtres, mais ne peut en venir à bout. Condé a pu
ramener quelque cavalerie; mais, assaillis par une vive arquebusade, ses gendarmes sont dispersés et lui-même est
blessé à la cuisse, tandis que son cheval est tué sous lui. Il
veut remonter sur un autre; mais d'Anville, qui brûle de
venger son père en s'emparant d'un des chefs ennemis, fond
sur lui et le force à demander merci.

Cependant Coligny a essayé d'opérer la même manœuvre
que Guise. Il a rallié quelques cavaliers qu'il a embusqués
dans un bois, et s'élance tout à coup contre Saint-André.
Dans ce choc, qui fut terrible et suivi d'un grand massacre,
Saint-André se vit entouré de toutes parts, et, avant qu'il
eût eu le temps de se rendre, il fut tué d'un coup de pistolet
par un de ses anciens serviteurs. Là aussi périt le fils du duc
de Nevers.

Guise voulut réparer l'échec éprouvé par Saint-André;
mais Coligny le vit arriver et eut le temps de se replier,
laissant le champ de bataille à son ennemi.

La nuit était venue, facilitant la retraite aux fuyards, qui,
sous les ordres de Coligny, purent se retirer en assez bon
ordre. L'amiral gagna Neuville, et essaya le lendemain de
ramener les reîtres au combat, leur assurant qu'ils obtien-
draient une facile victoire, l'armée royale ayant perdu deux de
ses chefs, sa cavalerie étant en déroute et les Suisses taillés en
pièces. Mais, s'il était vrai que l'armée royale et catholique
eût subi des pertes importantes, l'armée huguenote était en
débandade complète, et les reîtres que Coligny voulait rallier
avaient presque tous jeté, en fuyant, leurs pistolets et leurs

épées. Ils avaient été même dans l'obligation d'enterrer deux pièces de canon, dont Guise s'empara. Coligny, qui n'avait peut-être fait cette proposition à ses troupes que pour atténuer, autant que possible, les effets de l'échec qu'il venait de subir, se vit contraint de retourner à Orléans.

A la bataille de Dreux, huit mille hommes furent tués ou blessés : cinq mille du côté des catholiques, et trois mille du côté des protestants. Le combat avait duré quatre heures et avait été marqué par les péripéties les plus dramatiques. Les deux chefs, le connétable et Condé, étaient prisonniers : le premier de son neveu, le second de Dandelot et du duc de Guise ; et le maréchal de Saint-André était mort.

A la bataille de Renty, ce fut par le fait de l'inaction du connétable que l'armée française ne put achever sa victoire ; ce fut aussi à Renty qu'éclata la rivalité de Guise et de Coligny. La bataille de Dreux laissa Guise et Coligny chefs suprêmes des deux partis qui divisent la France, et met dès lors en présence ces deux implacables rivaux, jadis si intimement unis.

Si le connétable de Montmorency fut fait prisonnier, plusieurs voix se sont élevées pour l'attribuer à Guise et à l'inaction dans laquelle il s'était renfermé au début de la bataille, inaction qui rappelait celle du connétable à la bataille de Renty, lorsque Guise était seul engagé contre toute l'armée espagnole.

Ce reproche est immérité. La grande âme de Guise était inaccessible à ces petites rancunes. Le prince lorrain avait le coup d'œil prompt et hardi des grands capitaines. Il connaissait le connétable, et aussi ceux qu'il avait à combattre, et, calculant d'avance les fautes qu'ils pouvaient commettre les uns et les autres, il s'apprêtait à en profiter pour décider de la victoire. Bien que dépourvu de tout commandement, ses ennemis le regardaient comme l'âme et le chef de l'armée catholique ; et c'était contre lui qu'ils devaient porter leurs coups les plus terribles. Guise savait qu'il était depuis longtemps désigné aux soldats de l'armée protestante, et que dans son propre camp il y avait des traîtres chargés d'indiquer la place qu'il devait occuper et la couleur de ses armes. Pour tromper les desseins conçus contre lui, il avait annoncé la veille, à son souper, quel serait le cheval qu'il monterait et l'armure dont il serait revêtu. Un de ses écuyers, de Varicarville, sachant que la vie de son maître était menacée, le supplia au dernier moment de lui abandonner son cheval et de lui permettre de se revêtir de ses armes. L'ennemi, ainsi trompé, fondit sur ce malheureux serviteur, qui paya de sa vie son noble et généreux dévouement à son maître. Mais, lorsque Guise apparut au milieu des combattants, Coligny, qui le croyait mort, s'écria : « Voici ce matois dont nous avons poursuivi l'ombre ; nous sommes perdus ; la victoire va nous tomber des mains. »

C'est alors que Condé fut fait prisonnier, et que Coligny fut obligé de battre en retraite.

Tandis que l'amiral emmenait son oncle le connétable à Orléans, d'Anville conduisait Condé auprès du duc de Guise. En voyant son ennemi vaincu et prisonnier, le duc sembla oublier toutes leurs querelles passées et l'accueillit en frère malheureux. Par l'hospitalité chevaleresque qu'il lui offre, par le respect plein de générosité dont il l'entoure, il force Condé à s'avouer vaincu. La pauvre maison du village de Blainville où Guise avait établi son camp, avait été pillée par les reîtres. Le duc s'excuse auprès du prince de ne pouvoir lui offrir qu'un repas trop frugal, et pendant le souper il ne lui parle que des actions d'éclat qu'il lui a vu accomplir pendant cette terrible journée, que de ses talents et de sa bravoure, et des conditions qui pourraient être consenties de part et d'autre pour mettre fin à la guerre civile. Dans cette maison dévastée, il ne restait plus qu'un lit. Guise l'offrit au prince ; mais Condé, luttant avec lui de générosité, proposa au duc de partager l'unique couche. Guise accepta l'offre avec la même simplicité qu'elle lui était faite. On assure seulement que pendant cette nuit où ces deux implacables ennemis reposèrent côte à côte, Condé, agité par la fièvre et les soucis de la défaite qu'il venait d'éprouver, ne put pas fermer l'œil, tandis que Guise dormit profondément.

Cet acte de générosité de la part du duc de Guise, de confiance et d'abandon de la part de Condé, est un des traits les plus touchants de cette époque aux haines farouches et implacables. Il témoigne du moins que les héros de ce drame terrible étaient toujours animés des sentiments chevaleresques de leurs ancêtres.

Lorsque Guise remit, le lendemain, le prince de Condé entre les mains de d'Anville, il lui dit avec sa grâce accoutumée : « Je vous rends votre prisonnier, ayez soin de le bien garder ; il pourra vous aider à payer la rançon de M. le connétable. »

Guise resta encore trois jours sur le champ de bataille pour faire soigner les blessés des deux armées, aider à les faire transporter à Évreux, et enterrer les morts. Il aida aussi

au rapatriement de quinze cents lansquenets, auxquels sa
mère Antoinette de Bourbon devait encore porter secours
lorsque, mourants de faim et presque sans vêtements, ils
traversèrent la Champagne pour gagner la frontière.

Nous avons dit qu'au premier choc de l'armée protestante
les fuyards de l'armée catholique arrivèrent jusque dans
Paris, où ils jetèrent l'alarme. A cette nouvelle, les Parisiens
crurent à un désastre complet, et Vieilleville dit, dans ses
mémoires, que tous disaient que si la bataille était perdue,
c'est qu'il fallait absolument que le duc de Guise se fût fait
tuer en combattant.

Les fuyards, — parmi lesquels se trouvait Pierre Dossun,
brave officier, dont la conduite en Piémont avait fait l'admiration de tous, et qui se laissa mourir de faim, ne voulant
pas survivre à la terreur panique dont il avait été saisi à la
bataille de Dreux, — les fuyards, disons-nous, en annonçant la
nouvelle à la cour, trouvèrent Catherine de Médicis assez
maîtresse d'elle-même pour ne laisser paraître aucune émotion : « Eh bien! dit-elle avec le plus grand calme, nous
prierons Dieu en français [1]. »

Cependant elle réunit à la hâte le conseil, et il y fut décidé
que, si le lendemain la nouvelle de la défaite était confirmée,
elle se retirerait en Guyenne. Mais le lendemain Jean de
Losse, envoyé par Guise, arriva à la cour, porteur des dé-
pêches du duc, des trophées et des enseignes pris à l'ennemi.
Catherine n'aimait pas Condé, mais elle redoutait Guise.
Elle voyait dans Louis de Bourbon un instrument de sa
politique. Elle dissimula cependant les sentiments qui l'agi-
taient et manifesta la joie la plus vive. Mais les Parisiens
firent éclater leur enthousiasme par des démonstrations publiques aussi sincères que spontanées. Ce n'étaient que
prières, actions de grâces, illuminations et feux de joie. Les
cloches de toutes les églises sonnaient de joyeux carillons;
dans certains quartiers, c'étaient des processions; dans les
autres, des mascarades; et le nom de Guise était acclamé
par tous comme celui du sauveur de la patrie. On se flattait
déjà que cette bataille allait mettre fin à la guerre civile.
Montluc disait que si elle avait été perdue, il en était fait de
la France; car l'État eût changé de religion, et à un jeune
roi on fait faire ce qu'on veut [2].

Cependant la reine et même Charles IX s'empressèrent
d'envoyer au duc de Guise des lettres de félicitation, et de

[1] Lacretelle.
[2] Commentaires de Montluc.

lui confirmer (22 décembre) le titre de lieutenant général
du royaume. Guise, par une modestie feinte ou réelle, ne
voulut pas d'abord accepter ce titre, estimant qu'il convenait
mieux à un prince du sang ou au maréchal de Brissac. Il
dut céder devant les ordres formels du roi et de la reine.

Cette prévenance de la cour à son égard était loin d'être
sincère ; mais les circonstances imposaient, en quelque sorte,
le duc à Catherine de Médicis. Le roi de Navarre était mort ;
le connétable était prisonnier ; Saint-André venait d'être tué ;
il restait seul debout pour défendre le trône et la religion.

Lorsque, le 21 décembre, le prince lorrain écrivit à
Charles IX, lui demandant le bâton de maréchal pour un de
ses protégés, le jeune roi, en lisant cette lettre, ne put dissimuler aux seigneurs qui l'entouraient le dépit qu'elle lui
causait. Dans cette demande, pourtant bien naturelle, il trouvait que Guise « lui mettait le marché au poing », et qu'il
« faisait bien le roi » et regardait « l'armée comme sienne ».

Pourtant, pour ne pas irriter un capitaine « auquel feu
son père et lui avaient donné tant de crédit et d'autorité »,
Charles IX s'excusa d'avoir déjà disposé du bâton de maréchal en faveur de Vieilleville, et, en même temps qu'il lui
confirmait les pouvoirs de commandant en chef de l'armée, il
lui envoyait le collier de l'ordre pour deux de ses protégés.

Guise s'en montra satisfait, et sur-le-champ voulut exprimer au roi sa reconnaissance ; mais, en lisant ces nouvelles
lettres, le digne fils de Catherine de Médicis s'écria en italien :
« Ne t'y fie pas, et tu ne seras pas trompé[1]. »

Mais qu'importaient à Guise les bouderies du jeune roi et
les jalousies de la reine ? Son puissant génie, sa fermeté, la
certitude dans laquelle il était de mener avec l'aide de Dieu
son entreprise à bonne fin, lui permettaient de déjouer toutes
les intrigues et d'affronter tous les périls.

Après la bataille de Dreux, il ne restait plus qu'à marcher
contre Orléans, véritable repaire des huguenots, et de terminer ainsi, par un seul coup, la guerre civile.

---

[1] *Non ti fidar, e non sarai gabbato.*

# CHAPITRE XII



Le pape Pie IV avait enfin convoqué tous les évêques de la chrétienté en un concile, pour y débattre les questions soulevées par les protestants et qui avaient mis toute l'Europe en armes. Ce concile, qui n'était que la continuation du précédent, était tenu à Trente et avait été ouvert au mois de janvier 1562.

Les ambassadeurs du roi de France, Lansac, Ferrier et du Faur de Pibrac, qui étaient arrivés au mois de mai porteurs d'instructions contraires à la discipline de l'Église et même à sa doctrine, se voyaient l'objet, dans cette auguste assemblée, des suspicions les plus justes, et leur influence était annihilée à un tel point qu'ils demandaient chaque jour à être rappelés. Ce fut alors que Catherine de Médicis conçut le dessein d'envoyer au concile le seul prélat de France qui, par le prestige de son nom, l'éclat de ses talents, la renommée qu'il s'était acquise à défendre la religion, pût forcer les évêques ultramontains à engager une sérieuse controverse sur les questions qui leur étaient soumises, touchant les réformes à apporter dans l'organisation ecclésiastique. Ce prélat, c'était le cardinal Charles de Lorraine, que Catherine de Médicis était bien aise d'éloigner de France, redoutant de le voir paraître de nouveau à la cour pour y exercer encore sa toute-puissante domination. En l'envoyant à Trente, elle lui dissimulait cet exil momentané sous les apparences d'une faveur bien faite pour flatter sa vanité.

Il fut, à son arrivée au concile, l'objet des marques du plus profond respect de la part de tous les prélats. Il arrivait escorté de quarante théologiens, et il avait eu soin de dicter lui-même au roi les instructions dont il s'était nanti.

Le pape et la plupart des évêques d'Italie, ainsi que les légats, redoutaient l'éloquence et l'esprit remuant du célèbre cardinal, qu'ils soupçonnaient de vouloir affaiblir l'autorité papale au bénéfice des évêques. Ils n'osaient point toutefois le heurter de front, ne voulant pas exposer l'Église à de nouvelles divisions, ce qui serait peut-être avenu si le cardinal de Lorraine avait quitté le concile, entraînant avec lui tous les évêques de France et une partie des évêques espagnols faisant profession de gallicanisme. Les discours qu'il prononça, bien qu'empreints de la plus grande douceur, et rédigés en termes les plus respectueux à l'égard du saint-siége, dénotaient cependant l'énergique volonté dans laquelle il était de n'abandonner aucun point de ses instructions, et le soin qu'il mit à se former immédiatement une cour de prélats prouva la volonté où il était d'agir, non comme un des membres les plus zélés du concile, mais comme s'il en eût été réellement le chef. Le pape l'appelait « l'oracle de la France et le bouclier de la foi ».

L'histoire du concile de Trente a été écrite avec trop de fidélité pour que nous nous permettions même de résumer les différents discours prononcés par le cardinal, ce qui nous entraînerait peut-être, malgré nous, à donner notre appréciation sur des points qui ne sont pas de notre compétence.

Lorsque la nouvelle de la bataille de Dreux arriva à Rome et à Trente, le pape et les prélats, croyant que le parti protestant avait été entièrement détruit et anéanti, rendirent à Dieu toutes sortes d'actions de grâces. La joie du cardinal de Lorraine fut immense, en apprenant que toute la gloire de cette journée revenait au duc de Guise son frère. François de Beaucaire, administrateur de l'évêché de Metz, prononça le 10 janvier un discours aux Pères du concile, au sujet de la victoire de l'armée de Charles IX, commandée par François de Lorraine et par le connétable Anne de Montmorency contre des rebelles qui couvraient leur révolte du voile de la religion [1].

Cependant les événements qui se passaient en France, bien

[1] De Thou.

que favorables aux catholiques, prouvaient trop, hélas! que les protestants n'étaient que défaits, mais non vaincus, et que la guerre allait reprendre plus farouche et plus acharnée.

Coligny, en quittant le champ de bataille de Dreux, avait reçu à Anet le titre de commandant général de l'armée en l'absence de Condé. Le 23 décembre, il était à Puisette, en Beauce ; le 24, à Patay ; et à la fin du mois, à Beaugency, où il établissait son quartier d'hiver, et se préparait, avec le secours de Dandelot, à défendre Orléans, pensant bien que Guise ne tarderait pas à venir l'y rejoindre. Mais les reîtres, qui formaient le principal corps d'infanterie de l'armée protestante, menaçaient de se soulever si on ne payait pas leur arriéré. Coligny, aidé du maréchal de Hesse, parvint à les calmer, en leur promettant de les payer aussitôt qu'il aurait reçu l'argent qu'il attendait de l'Angleterre, et résolut, en conséquence, de les emmener en Normandie, autant pour tenter une nouvelle jonction avec les troupes anglaises que pour forcer l'armée royale à faire diversion, car Guise venait d'arriver devant Orléans.

En quittant Dreux, Guise était venu trouver la cour à Rambouillet, afin d'obtenir de la reine et de son conseil la permission de faire le siége d'Orléans, et les subsides et les hommes dont il avait besoin pour cette entreprise. Là, devant le roi, la reine et toute la cour assemblée, il avait fait le récit de la bataille avec une verve et une modestie pleines de charmes. Parlant de ce haut fait d'armes comme s'il n'en avait été que le spectateur, il s'appliqua à faire ressortir la belle conduite du connétable et du maréchal de Saint-André. Avec le tact qui le caractérisait, il sut aussi vanter la bravoure de Condé et l'adresse de Coligny. Il alla même jusqu'à excuser ceux qui, pris de panique, avaient abandonné le champ de bataille, voulant ainsi les relever dans leur propre estime et les forcer à reconquérir leur ancienne réputation.

Cette narration produisit un effet immense. Ceux qui jalousaient le plus sa gloire et qui redoutaient le plus sa puissance, ne pouvaient s'empêcher d'admirer ce héros, qui, par grandeur d'âme et générosité, n'oubliait que lui pour faire briller même les plus obscurs.

Il obtint de la reine une déclaration par laquelle il était dit que jamais ni le roi ni elle n'avaient perdu leur liberté, ni n'avaient été contraints à faire quoi que ce fût contre leur volonté. Il était dit dans cette déclaration que tous les bruits répandus à ce sujet étaient faux, qu'elle n'avait point ordonné aux protestants de prendre les armes, ni sollicité des princes de l'Empire d'envoyer des troupes auxiliaires en France. La reine espérait qu'après cette déclaration les princes allemands observeraient les traités de paix signés entre la France et l'Empire germanique, et n'accorderaient plus de secours à des sujets révoltés contre leur souverain. Cette déclaration porta la signature et le sceau d'Alexandre, duc d'Orléans, frère du roi ; d'Henri, prince de Navarre ; de Charles de Bourbon, cardinal ; de Louis de Bourbon, prince de Montpensier, et de Charles de Bourbon, prince de la Roche-sur-Yon.

Un édit semblable à celui qui avait été lancé après la prise de Rouen, et par lequel le roi faisait grâce à tous ceux qui se remettraient en son obéissance, fut également envoyé à tous les parlements.

Pour entreprendre le siége d'Orléans, Guise n'avait qu'une artillerie insuffisante ; et quant à la pénurie de fonds, elle était si grande qu'il écrivait à Gonnor, surintendant des finances (4 février 1563), que « pour apaiser les Suisses il fallait qu'il empruntât six mille écus pour faire bailler cent livres par compagnies ». Quand il eut obtenu de la reine et du conseil la permission qu'il était venu chercher d'entreprendre le siége d'Orléans, il ne laissa ni à Catherine de Médicis, ni à ses secrétaires, un seul moment de repos, jusqu'à ce qu'il eût mis son armée sur le pied de guerre qu'il désirait. Quand il eut quitté la cour à la tête de ses troupes, il continua d'avoir avec Gonnor une correspondance active au sujet des finances de l'État et de toutes les affaires du royaume.

C'est dans une de ces lettres, datée de Messas (10 janvier 1563), qu'il parle au surintendant du dégât que font les Suisses, principalement de chausses et de souliers, et de l'emprunt qu'il va être obligé de faire pour les contenter. Dans une autre du 17, il lui annonce les mesures qu'il a prises à l'égard des capitaines et de ses compagnies pour éviter les abus, et lui donne la situation exacte de la dette contractée envers les Suisses. Elle s'élève à six vingt-neuf mille six cents livres ; « sur quoi, dit-il, je leur ai fait prêter seulement six mille et cinq cents livres ; et s'ils nous demandent un mois de la bataille, ce sera autant de recruté. » Plus loin, il lui dit encore : « Je suis bien aise que M. le maréchal de Brissac puisse être bientôt en Normandie, pour assurance que j'ai du bon ménage qu'il y fera faire. » Dans cette même lettre, il se plaint du mauvais temps, et dit que partout ce n'est qu'eau ; « sans cela, ajoutait-il, je serais plus avant... Nos pauvres soldats sont extrêmement pauvres, et si mal vêtus qu'ils ne pourraient porter deux de ces mauvaises journées, lesquelles je laisse un peu passer. »

En effet, les chroniques du temps nous apprennent que pendant cet hiver, qui fut des plus rigoureux, les pluies furent si abondantes que les armées ne pouvaient plus marcher sur les routes détrempées. Les éclairs et les tonnerres étaient effrayants; les esprits crédules assurèrent que, pendant une de ces nuits où le ciel était en feu, on vit clairement deux armées en bataille et s'entr'égorgeant avec furie. Cela fit penser que la guerre n'était pas près de finir.

Catherine de Médicis, qui n'avait pu refuser à Guise d'aller faire le siége d'Orléans, restait fidèle à sa politique en essayant avec Condé, par l'intermédiaire de l'évêque de Troyes, des négociations qui ne pouvaient aboutir, ce prince étant par sa situation dans l'impossibilité de garantir que les places occupées par les révoltés, et surtout par les étrangers, seraient rendues au roi. Après la bataille de Dreux, le prince avait été amené près de Chartres; mais là, ayant tenté de s'évader, il fut conduit à Loches par d'Anville, qui dès lors eut à le surveiller plus étroitement qu'il ne l'avait fait jusque-là.

Dans la lettre du roi par laquelle d'Anville reçoit la charge de garder le prince, il est dit : « Lui commandant et ordonnant très-expressément par ces présentes qu'il ait à le garder si soigneusement et seurement, avec ceulx qui lui seront par nous baillés pour ladite garde, qu'il n'en advienne aulcun inconvénient. » Vient après cette lettre la forme qui doit être observée pour le traitement de M. le prince de Condé[1].

Cependant Guise, sans s'arrêter aux intrigues de la reine, avait opéré sa marche en avant, et, après s'être emparé sur son chemin d'Étampes, et avoir traversé la Loire à Beaugency, il se présentait le jeudi 5 février 1563 devant Orléans, et dressait son camp entre les villages d'Olivet et de Saint-Aubin. Quatre jours auparavant, Coligny, qui le sentait approcher, était sorti de la ville, emmenant avec lui les reîtres; et, passant par Tréhon et Bernay, il vint camper à Saint-Pierre-sur-Dives, où il pilla les églises et commit de véritables actes d'iconoclastie. Favorisé par l'arrivée de la flotte anglaise, il s'empara de Caen, après avoir accordé au marquis d'Elbeuf, frère du duc de Guise, une capitulation honorable.

C'était à propos de cette marche rapide de Coligny dans la Normandie que Guise pressait M. de Gonnor et la reine d'en-

<hr>

[1] Mémoires de Condé.

voyer le maréchal de Brissac dans cette province. Mais le maréchal se plaignait, de son côté, de n'avoir pas de troupes suffisantes, et demandait des renforts. La reine, qui était à Chartres, vint à Blois pour surveiller Guise de plus près, et essayer d'obtenir qu'il abandonnât le siége d'Orléans et se jetât dans la Normandie. A cet effet, elle dépêcha auprès du duc Castelnau, son ambassadeur ordinaire dans ces sortes de missions. Castelnau rejoignit Guise (6 février) au moment où il allait, après son dîner, visiter son infanterie.

Mais d'abord, il convient d'esquisser la situation de la place et celle des assiégeants.

Dandelot, qui commandait la ville en l'absence de son frère, avait avec lui le comte de Duras, Bouchavanne, Georges de Clermont d'Amboise, et une foule d'autres gentilshommes. Bien que souffrant d'une fièvre quarte, il déploya une activité extraordinaire à défendre une place qui allait être attaquée par le premier capitaine de l'époque.

Le dessein de Guise, dès son arrivée, avait été de s'emparer d'un faubourg appelé le *Portereau*, faubourg entouré d'un fossé, et défendu du côté d'Olivet par les Français, et du côté de Cléry par les Allemands. Guise avait dirigé le maréchal de Sipierre du côté de ce faubourg, avec douze enseignes d'infanterie, quatre de cavalerie, et deux coulevrines.

Le lendemain, lorsque Castelnau arriva porteur des instructions de la reine, Guise dit à l'ambassadeur qu'il avait besoin de réfléchir, et, l'entraînant avec lui, il lui parla de sa magnifique infanterie, qui était forte de quinze cents hommes et soutenue par douze cents cuirassiers. Ces troupes étaient postées sur deux chemins qui conduisaient au faubourg du Portereau, et à fort peu de distance de la ville. Castelnau, à qui Guise avait fait prêter un de ses chevaux, croyait qu'il allait assister tout simplement à une revue. Mais, après que Guise eut donné quelques ordres à ses lieutenants, et qu'il se fut lui-même revêtu de ses armes, les troupes s'ébranlent en silence, et puis tout à coup quatre coulevrines sont braquées contre le faubourg, font feu contre les gabions, balaient en un clin d'œil tous les ouvrages de l'ennemi, et toute la colonne s'élance contre le Portereau, qui tombe en peu d'instants au pouvoir de l'armée catholique.

Deux mille hommes, tant Gascons qu'Allemands, défendaient le faubourg. Les Gascons soutinrent bravement le choc; mais, attaqués par derrière, ils furent obligés de se diriger du côté de la porte des Tournelles, et de repasser le pont pour se réfugier dans la ville. Les Allemands, embarrassés dans leurs bagages, s'étaient déjà engagés dans l'issue trop étroite, si bien que ce fut une indescriptible mêlée, où il se fit un carnage horrible de l'armée protestante. Dandelot était accouru à la porte des Tournelles à la tête de sa noblesse, et n'eut que le temps de faire hausser le pont-levis pour que les troupes de Guise ne s'emparassent pas de cette importante position, ainsi que des îles, de la rivière, et peut-être même de la ville. Gascons et Allemands, pour éviter d'être étouffés ou passés par le fil de l'épée, se jetèrent dans la Loire, où la plupart se noyèrent. « J'arrive jeudy en ce lieu, écrit Guise à M. de Gonnor ; et le lendemain, avec environ quinze centz arquebusiers françois et espagnols et douze centz corcelletz, je force le Portereau, où il y avoit deux mille hommes soubs douze enseignes ; desquelz je defictz ung bon nombre ; aucuns se voulans saulver se noyèrent, et le reste s'est retiré dans la ville ; et encore qu'ilz se fussent retranchez et fortifiez beaucoup mieulx que nous n'estions aux faulxbourgs de Paris, ilz ont esté assailliz si vivement que je les ay contrainctz d'abandonner leur fort. Et si j'eusse esté promptement secouru d'artillerie, j'eusse dès lors faict chose dont tout ce royaulme eust reçu ung grand bien. » Et plus loin, en forme de post-scriptum, il ajoute le lendemain : « Mon bon homme, je me mange les doigts de penser que si j'eusse heu six quanons, et pour en tirer deux mille coups, ceste ville estoit à nous. Il n'y avoit ung seul parapet qui vaille, et ne les ont garnis que de tonneaux. Ils n'ont pas quatre cens soldas bons, le démourant près de la ville, et cinq anseignes d'Allemans qui ont sortis jusques hors de la ville pour le venir randre ung effroy dézespéré parmi eux. Je ne puis faire mieux que de essaier de guagner le pont qu'ils couppent, ce qui m'est mallezé ; mais je amployeray le peuple à fortiffier le Portereau pour y laisser quinze centz hommes de garnison, rompant le pont de Perquan, il ne le velle de ce costé ; si l'on me donne loizir, je le feray, sinon je serai contrainct prendre aultre party : mandez-moi vostre oppinion, mon bon homme [1]. »

Le lendemain, 7 février, Castelnau étant revenu auprès de Guise pour chercher la réponse attendue par la reine, le prince, dont l'imagination était, paraît-il, fort paresseuse depuis quelques jours, lui fit recommencer une nouvelle promenade militaire pour inspecter le faubourg qui avait été pris la veille. Les troupes royales avaient peine à s'y maintenir, exposées qu'elles étaient aux feux du fort des Tournelles.

[1] Mémoires-Journaux du duc de Guise.

Guise fit dresser immédiatement des ouvrages de défense, et mit en ligne, pour battre le fort, les batteries qu'il venait enfin de recevoir de Nantes. Ce fut à la nuit seulement, et lorsque toutes ces dispositions furent prises, qu'il quitta le faubourg.

Il fallait pourtant répondre à la reine. Le 8, il rassembla son conseil de guerre et pria Castelnau d'exposer les résolutions de la reine. L'ambassadeur dépeignit la situation de Brissac dans Rouen, et la nécessité qu'il y avait de marcher contre Coligny, qui tenait toute la Normandie sous sa domination. Le conseil, un instant ébranlé, allait donner un avis favorable aux propositions de la reine, lorsque Guise, prenant la parole, fit ressortir les inconvénients qu'il y aurait à abandonner le siége d'une ville lorsque le plus fort de l'ouvrage était fait, et les difficultés qu'il y avait de courir à la rencontre de l'amiral. L'hiver était rude, les grandes pluies avaient rendu les communications impraticables, l'infanterie royale était sans chaussures et sans vêtements ; c'était l'exposer à une défaite certaine que de la lancer encore une fois dans les plaines de la Beauce, contre la cavalerie protestante si admirablement montée. Guise était donc d'avis qu'il fallait d'abord s'emparer d'Orléans, véritable repaire des huguenots, et se rendre maître de tout le bassin de la Loire. Ensuite le roi convoquerait son arrière-ban, toute sa noblesse, tous ses gendarmes ; il viendrait se mettre à la tête de ses troupes, où il serait plus en sûreté que dans Paris même ; et alors on ne dirait plus l'armée de Guise, mais bien l'armée du roi, et avant l'été tout le royaume serait pacifié.

Ce plan, exposé avec autant de simplicité que d'énergie, reçut de tous les officiers qui composaient le conseil de guerre une approbation enthousiaste, et la reine et son conseil furent obligés de le ratifier en donnant ordre à Guise de poursuivre les opérations du siége. Cet ordre, il ne l'avait, du reste, pas attendu. Le 9 février, le fort des Tournelles tombait en son pouvoir après un acte de témérité accompli par quelques soldats.

Deux soldats seulement, à l'aide d'échelles, ayant pu y pénétrer sans être aperçus, tombent, l'épée au poing, au milieu des gardes qui fuient épouvantés ; leurs camarades qui étaient en bas les suivent, et, après avoir chassé toute la garnison, s'ils ne s'emparent pas du pont et des îles, c'est qu'ils soupçonnent un artifice caché sous une retraite aussi subite [1].

______

[1] De Thou.

La ville est entourée de tous côtés par huit mille hommes d'infanterie et quatre mille chevaux ; des pionniers essaient même de faire rentrer la Loire dans son ancien lit. Les îles et les retranchements du pont sont battus en brèche par trente-deux pièces d'artillerie. Guise peut donc calculer avec certitude le jour où la ville tombera en son pouvoir, et Coligny ne peut plus arriver à temps pour la secourir.

Dans une lettre datée du camp d'Orléans, 16 février 1563, et adressée à Catherine de Médicis, Guise se plaint de ce que le clergé de Bourges, qui devait remettre une somme de quinze mille livres, n'ait donné que quatre mille huit cent treize livres huit sous sept deniers, gardant le reste comme indemnité permise par le roi, en considération des pertes qu'il a eues à souffrir. Guise comptait sur cette somme pour l'aider à la réparation et à la fortification du *Portereau*, et pour indemniser les pauvres vignerons, « lesquels, pour leurs nécessitez, il faut faire payer journellement. » Sa vigilance, toujours en éveil, se porte de tous les côtés à la fois. Les finances de l'État, le transport des sommes qui sont dans les mains des trésoriers, les dépenses extraordinaires pour les vivres, artillerie et voyages, et qui montent bien, dit-il, à trente mille livres par mois, la situation de Brissac en Normandie, l'occupent autant que les opérations du siége.

Si l'on veut bien se rappeler maintenant que Guise faisait toute sa correspondance lui-même, ce qui lui avait mérité souvent les railleries de Montluc, qu'il dirigeait toutes les opérations et qu'en toutes les circonstances il payait de sa personne, on comprendra de quelle activité vraiment extraordinaire était doué cet homme de génie.

C'était le 18 février au soir ; l'assaut devait avoir lieu le lendemain, et Guise, ne voulant pas que la ville fût livrée au pillage, venait d'adresser à ses troupes ses dernières recommandations, et au lieu de retourner à son camp de Saint-Hilaire, près Saint-Mesmin, au lieu dit les Vallins, il prit la route du château de Corney, où la duchesse sa femme venait d'arriver.

Guise n'avait pas voulu, pour économiser l'argent du roi, faire construire sur la Loire un pont qui eût coûté de quatre à cinq cents écus. Ce pont lui eût évité un immense détour toutes les fois qu'il revenait du Portereau pour rentrer en son camp. « Espargnons l'argent de notre roi, disait-il, il en a assez à faire ailleurs ; tout lui est bien de besoin ; car chascun le pille et le mange de tous côtés. Nous nous passerons bien de ce pont ; et moy, mais que j'aye mon petit bateau, c'est assés. » Ce fut dans le parcours du trajet que l'absence de ce pont l'obligeait de faire que le duc fut assassiné.

Sa femme, disons-nous, était à Corney, et venait, selon sa louable et sainte coutume, solliciter de son époux cette grâce, qui ne lui avait jamais été refusée, que la ville d'Orléans, une fois prise, fût préservée du pillage et les habitants de la fureur des soldats. Il avait envoyé devant lui un de ses pages, Villecomblain, pour prévenir la duchesse de son arrivée, et sans armure et sans escorte il suivait, au petit pas de son cheval, le sentier qui conduisait au château. A ses côtés, monté sur un mulet andalou, était un officier nommé de Rostaing, avec lequel il s'entretenait des moyens à employer pour pacifier le royaume. Il était arrivé à un carrefour, lorsque tout à coup Poltrot de Méré, qui depuis longtemps attendait l'heure favorable pour accomplir son lâche attentat, sort du taillis où il était caché, et, à quelques pas, lui décharge un coup de pistolet qui atteint le duc au bas de l'épaule, presque sous l'aisselle. L'assassin croyait que le duc avait son armure, et avait tiré au défaut de la cuirasse.

Sur la violence du coup, Guise chancelle et tombe sur la tête de son cheval. Il veut mettre une dernière fois l'épée à la main, mais la douleur est trop violente. Rostaing appelle au secours ; des soldats et des pages arrivent, et Anne d'Este et le prince de Joinville, qui attendaient un époux et un père triomphant, n'ont que la force de se précipiter sur lui pour l'embrasser avec des larmes de douleur et de désespoir. « Ah ! mon Dieu ! mon Dieu ! s'écrie la malheureuse épouse, c'est moi qui l'ai assassiné. — Il y a longtemps, dit le duc, qu'on me gardait ce coup-là, que je mérite pour ne pas m'être précautionné ; » et, se tournant vers sa femme, il ajouta, pour la consoler, qu'il lui portait une piteuse nouvelle, mais telle qu'elle était il fallait la recevoir de la main de Dieu et s'accorder à sa volonté ; qu'il n'avait nul regret de mourir, mais qu'un de sa nation eût commis un tel acte. Il dit au prince de Joinville, qui pleurait : « Dieu te fasse la grâce, mon fils, d'être homme de bien. »

Dans son désespoir, la duchesse avait dit qu'elle demanderait vengeance à Dieu. Guise l'arrêta, lui disant qu'il ne fallait point irriter Dieu, qui nous commandait de pardonner à nos malfaiteurs, et qu'il était, au contraire, très-heureux de mourir pour son honneur et pour le service du roi.

Ainsi, au milieu des douleurs que lui causait sa blessure, du désespoir de sa femme et de son enfant, il trouvait dans son âme grande et généreuse des paroles de consolation pour tous ceux qui l'entouraient, ne se « montrant marry de son inconvénient » que parce que le roi, la reine et l'État perdaient un serviteur qui ne leur avait jamais fait défaut; et il pardonnait à son assassin.

C'est à la plume blanche qu'il portait à sa toque que Guise s'était fait reconnaître par Poltrot de Méré. Celui-ci, après avoir fait feu sur le duc, tourna bride et s'enfuit au galop de son cheval [1]. Pendant toute cette nuit, l'assassin, sans prendre un moment de repos, courut à travers la forêt, croyant s'éloigner du camp de l'armée royale. Mais il semble que la justice divine le poursuivait déjà; car, lorsque le jour vint et que son cheval tremblant sur ses jarrets ne voulut plus le porter, il s'aperçut qu'il était au village d'Olivet, et que, dans son égarement, il n'avait fait que tourner sur lui-même. Il dut s'arrêter et demander l'hospitalité dans une grange. Mais quand il voulut fuir de nouveau, il attira les soupçons de quelques soldats lancés à sa poursuite et à qui bonne récompense avait été promise. Arrêté et conduit au camp de la reine, qui venait d'arriver, il fut interrogé par Jean Villars, maître des requêtes. Il avoua son crime, et dénonça comme complices l'amiral de Coligny et le ministre protestant Théodore de Bèze.

Jean Poltrot, sire de Méré, était né dans l'Angoumois, dans la seigneurie d'Aubeterre, et avait alors vingt-six ans. L'esprit sombre, inquiet, mais ardent et doué d'une grande intelligence, il avait été d'abord un catholique fanatique. Sous Henri II, il avait fait un long séjour en Espagne en qualité d'espion. Il était petit, il avait le teint cuivré et avait pris si bien les mœurs et les allures du pays où il avait séjourné, qu'on ne l'appelait plus que l'Espagnol. Il avait été, dit-on,

---

[1] « ... A l'instant qu'il l'eut frappé, il picqua son cheval d'Espagne sur lequel il estoit monté, et se saulva de vitesse, prenant par plusieurs bois et taillis; durant laquelle nuyct il feit environ dix lieues, pensant toujours s'esloigner d'Orléans; mais à l'obscurité, il se destourna de son chemin, et vint jusques au village d'Olivet, et picqua jusques au lendemain huit ou neuf heures du matin, qu'il cogneust son cheval estre las; pourquoy il se logea en une cense, où il reposa jusques au samedy XX, qu'il y fut trouvé fortuitement par aucuns soldats ne le cognoissant point, ny sachant qu'il eust commis ledit cas; mais par subçon, le voiant seul, et de contenance aucunement effrayée, espérant si c'étoit luy, en avoir bonne récompense, parce que le roy avoit faict crier par son camp que quiconques en trouveroit l'auteur et le représenteroit, il luy donneroit mille escus; qui fut cause de mettre plusieurs en besoigne. Ceulx donc qui le descouvrirent en ladite cense, le trouvant en une chambre où il acourtroit sa pistole, et reinezchant son cheval, l'adressèrent au camp vers la royne; auxquels par le chemin il déclara l'affaire, promettant un bon présent s'ils le vouloient sauver. »

page de la reine. A son retour en France, il embrassa le calvinisme, et son fanatisme ne fit que croître. Compromis dans la conjuration d'Amboise, ce fut à la généreuse intercession du duc de Guise qu'il dut la vie. Lorsque les guerres religieuses éclatèrent, il alla offrir ses services à Soubise, qui commandait les réformés de Lyon. Ce seigneur, frappé de son intelligence et de son activité, le dépêcha auprès de Coligny, après la bataille de Dreux, avec des lettres de recommandation. Ce fut en faisant le tableau de la situation des réformés dans le Dauphiné qu'il exprima, dit-on, à l'amiral le désir qu'il avait de tuer le duc de Guise, considérant que c'était le plus grand bien qui pût avenir pour les réformés. C'est pendant le siége de Celles qu'il avait été mis en rapport avec Coligny, et c'est avec l'amiral qu'il était retourné à Orléans, où il avait rencontré Théodore de Bèze et un autre ministre protestant. Dans les interrogatoires qu'on lui fit subir, avant même d'être soumis à la torture, il déclara que Coligny, Théodore de Bèze, un autre ministre protestant, dont il s'est refusé à dire le nom, et la Rochefoucauld, l'avaient excité à tuer le duc. C'est avec l'argent que lui avait donné Coligny qu'il avait acheté le cheval qu'il montait. Pour l'exciter à commettre ce crime, Théodore de Bèze et l'autre ministre protestant lui avaient demandé s'il ne serait pas bien heureux de porter sa croix en ce monde, comme le Seigneur l'avait portée pour nous, et « après plusieurs aultres discours et paroles lui dirent qu'il seroit le plus heureux de ce monde s'il vouloit exécuter l'entreprise dont M. l'amiral lui avoit tenu propos ; parce qu'il osteroit un tyran de ce monde, par lequel acte il gagneroit le paradis et s'en iroit avec les bienheureux, s'il mouroit pour une si juste querelle ».

Poltrot disculpa absolument Condé, Dandelot et Soubise, assurant que ces personnages n'avaient jamais connu ses desseins. Il alla jusqu'à engager la reine à prendre bien garde à elle, lui assurant que, depuis la bataille de Dreux, les protestants, l'accusant de les avoir trahis, étaient furieux contre elle. Il adressa les mêmes recommandations au prince de Montpensier et à Sansac.

Coligny, Théodore de Bèze et la Rochefoucauld se défendirent énergiquement de l'accusation qui pesait sur eux, par une déclaration collective adressée à la reine le 12 mars 1563. Théodore de Bèze déclare « en toute vérité de ce qui s'en suit, pour sa décharge devant toute la chrestienté, c'est à savoir que voyant plusieurs animez contre ledict sieur de Guyse, pour le crime perpétré à Vassy, il n'a toutefois jamais esté d'avis, pour lors, de procéder contre ledict sieur de Guyse que par voie de justice ordinaire ». Cependant il confesse « avoir infinies fois désiré et prié Dieu ou qu'il changeast le cœur dudict seigneur de Guyse, ou qu'il en délivrast ce royaume ». Théodore de Bèze dit « n'avoir jamais parlé audict Poltrot en personne, ny par autruy; qu'il n'a jamais eu affaire à luy pour une chose quelconque, et que, par conséquent, tant s'en faut qu'il l'ait induit à faire ce qu'il a fait. » Mais quant au crime par lui-même, ne l'absout-il pas et ne le préconise-t-il pas en reconnaissant que « c'est un juste jugement de Dieu, menaçant de semblables et de plus grandes punitions tous les ennemis jurés de son saint Évangile »?

La Rochefoucauld rejette également les accusations, ainsi que Châtillon. L'amiral reconnaît seulement qu'il avait cru pouvoir se servir de Poltrot de Méré « pour entendre certaines nouvelles dudict camp; et pour cest effect luy délivra les cent escus dont est question tant pour se mieux monter que pour faire les diligences requises en tels advertissements, et luy commanda de s'adresser, en son absence, audict seigneur Dandelot son frère. Davantage ledict seigneur admiral est bien recors maintenant que ledict Poltrot s'advança, luy faisant son rapport, jusques à lui dire qu'il seroit aisé de tuer ledict seigneur de Guyse; mais ledict seigneur admiral n'insista jamais sur ce propos, d'autant qu'il l'estimoit pour chose du tout frivole; et sur sa vie et son honneur n'ouvrit jamais la bouche pour l'exciter à l'entreprendre ».

Dans la lettre qui suit cette déclaration collective, et également adressée à la reine, Coligny la supplie très-humblement que ledit Poltrot soit bien soigneusement gardé afin qu'il puisse être confronté avec lui. « Cependant ne pensez pas, ajouta-t-il, que ce que j'en ai dit soit pour regret que j'aye de la mort de M. de Guyse; car j'estime que ce soit le plus grand bien qui pouvoit advenir à ce royaume et à l'Église de Dieu, et *particulièrement à moi et à toute ma maison.* » Coligny avait également rappelé, pour sa défense, les conversations qu'il avait eues avec le cardinal de Lorraine, avec la duchesse de Guise, et un avis que, peu de jours auparavant, il avait adressé au duc lui-même, « de se donner garde, car il y avait un homme attiré pour le tuer. »

Nous avons suivi Guise toute sa vie, nous avons vu de quels généreux sentiments son âme semblait déborder; on peut juger maintenant combien, par le caractère aussi bien que par les talents, il était supérieur à ses ennemis. Coligny,

qui, lui aussi, s'est fait une place à part dans ces guerres de
religion par la sévérité de ses mœurs, non-seulement n'é-
prouve aucun regret en apprenant que son ancien compagnon
d'armes, son ami d'enfance est tombé sous le coup d'un vulgaire assassin, mais il se félicite même de cet assassinat qui
le débarrasse d'un ennemi doué d'un si grand génie et de si
grandes vertus. Est-ce que, par ce langage, Coligny et Théodore de Bèze, en excitant au meurtre et à l'assassinat, n'au-
torisaient pas les sanglantes et terribles représailles que devaient commettre plus tard les vengeurs du duc de Guise?

Poltrot s'était présenté à Guise comme désabusé de la
religion protestante, et le duc, toujours clément et généreux,
l'avait accueilli avec bonté et lui avait même fait l'honneur
de le faire asseoir à sa table. On sait comment il en fut ré-
compensé.

Poltrot de Méré avait été arrêté le 20 février, et avait subi
son interrogatoire le 21, devant Catherine de Médicis et son
conseil privé. Ce furent les diverses déclarations qu'il fit
qu'on envoya à Coligny, à Théodore de Bèze et à la Rochefoucauld, et auxquelles ces trois personnages répondirent
dans les termes que nous avons rappelés plus haut.

Catherine de Médicis ne voulut pas accorder l'ajournement
de l'exécution du coupable, ainsi que Coligny le demandait.
Poltrot fut amené à Paris sous bonne escorte, dans une voi-
ture attelée de quatre chevaux, et fut renfermé dans la cour
carrée de la Conciergerie.

De nouveau interrogé, jugé et condamné par le parlement,
il subit, en place de Grève, le 18 mars, le supplice des ré-
gicides. Sa mort fut célébrée par les protestants comme celle
d'un martyr. Des chants victorieux furent composés en son
honneur. Voici deux de ces refrains que chantait l'armée
huguenote :

> Autant que sont de Guisards demeurés,
> Autant a-t-il en France de Mérés.
> . . . Tel que le soleil
> N'en veid de pareil.
>
> . . . . . . . . . . . . . . .
> L'exemple merveilleux
> D'une extresme vaillance,
> Le dixiesme des preux
> Libérateurs de France
> . . . . . Cet Angoumois.
>
> C'est unique Poltrot
> (Nostre parler françois

N'a pas de plus beau mot)
Sur qui tomba le lot
De retirer de presse
Le parti huguenot
Dans sa plus grande détresse.
            (*Chant victorieux en l'honneur de Poltrot.*)


Allons, jeunes et vieux,
Revisiter le lieu
Auquel ce furieux (le duc de Guise)
Fut *attrapé de Dieu*,
Attrapé au milieu
Des guets de son armée.
            (*Chanson d'aventuriers huguenots.*)


Lorsque l'attentat dont Guise venait d'être victime fut connu dans le camp de l'armée royale, ce fut une explosion indescriptible de douleur et de regret de la part de tous les officiers aussi bien que des simples soldats. Au même instant où il était frappé, d'Onelle, chevalier de l'ordre, l'évêque de Limoges et le secrétaire d'État l'Aubépine revenaient d'Orléans, où ils avaient entamé des négociations avec Dandelot et Condé. Ils furent les premiers à aller trouver le duc, qui, malgré sa souffrance, voulut qu'ils lui rendissent compte du résultat de leur mission. Dans cette conversation, comme dans toutes les autres qu'il eut avec la reine, il manifesta le désir que la paix fût promptement conclue. Mais, lorsqu'il apprit que parmi les otages réclamés par les protestants devait figurer son fils le jeune prince Henri de Joinville, il exprima la plus grande répugnance, doutant que sa femme et ses amis y consentissent, à cause du mauvais état où il était. Toutefois il dit que, si la reine le commandait, non-seulement il l'y voudrait envoyer, mais aussi tous ses autres enfants ensemble.

Le roi et la reine arrivèrent au camp le 20 février, et dans la soirée Catherine de Médicis vint le voir. Ce fut elle qui écrivit au cardinal de Guise, alors à Paris, où il négociait l'importante affaire de l'enregistrement d'un édit de l'aliénation du temporel du clergé jusqu'à concurrence de cent mille livres de rente, pour lui donner avis de la blessure de son frère; « .... meschanceté si exécrable, dit-elle, qu'elle a horreur d'y penser, et espère que Nostre-Seigneur fera la juste vengeance que ung cas si scellerat mérite. »

Les médecins Castellan et Vicence ne crurent pas, de prime abord, que la blessure fût mortelle, le coup ayant percé l'épaule, mais n'ayant point brisé les os et n'étant

point entré « dedans le coffre ». Mais la fièvre devenant chaque jour plus ardente, et le trou fait par les balles se rétré-
cissant à la sortie, on craignit que l'une d'elles ne fût restée
dans le corps, et l'on supposa aussi qu'elles avaient été em-
poisonnées.

Le lundi 22, les chirurgiens décidèrent qu'il fallait élargir
la blessure et faire une incision pour la sonder. Ils fendirent
la plaie en forme de croix, passèrent les doigts dedans pour
chercher la balle; mais ils ne la trouvèrent pas. Alors, pour
faire sortir le poison ou pour le combattre, ils brûlèrent la
plaie et établirent des sétons. Guise se crut un moment sou-
lagé après cette opération; mais la fièvre le reprit, et les
hommes de l'art déclarèrent qu'il ne restait plus d'espoir de
le sauver[1].

Ce fut le cardinal de Guise son frère à qui échut la douloureuse mission d'apprendre au duc que l'heure de la mort
était proche, et qu'il eût à s'y préparer. L'intrépide guerrier,
qui l'avait si souvent affrontée sur les champs de bataille,
reçut cette nouvelle avec un courage et un calme inaltéra-
bles : « Ah! mon frère, dit-il, je vous ai grandement aimé
pour le passé; mais je vous aime encore plus que je n'ai fait
oncques, vu le bon vouloir que vous me portez. Je cognois
maintenant que vous m'aimez, car me faites un vrai tour de
frère. Vous ne pouviez m'annoncer chose qui me fust plus
agréable que de m'exciter à prendre les remèdes ordonnés
de l'Église pour avoir vie et salut lassus (là-haut) avecques
Dieu, où j'aspire d'un désir parfait. »

Les derniers moments de Guise sont empreints d'une grandeur et d'une sérénité qui jettent un éclat extraordinaire sur
cette existence si noblement remplie. Quand il se fut con-
fessé à son aumônier et qu'il eut reçu le saint viatique des
mains de Lancelot de Cardes, évêque de Riez, il voulut déclarer
par une confession publique, « devant tous, ce qu'il pensoit
devoir venir à nostre connoissance, » dit l'évêque de Riez
dans la lettre adressée au roi, « contenant les actions et propos de M. de Guise depuis la blessure jusqu'à son trépas. »
S'adressant d'abord à la reine, il la remercia d'être venue le
visiter si souvent, de le consoler par ses sages propos, et
l'assura que dans le combat qu'il soutenait en ce moment,
s'il était vainqueur et que la vie lui fût conservée, il ne l'é-
pargnerait jamais en rien pour le très-humble service du roi

---

[1] On assure qu'un astrologue, Luc Gauric, qui avait annoncé la mort
de Henri II, avait annoncé à Guise qu'il serait tué par derrière, ce qui
l'avait fort irrité, faisant croire par là qu'il serait tué en fuyant.

et le sien. « Mais si Dieu veut que la force du mal ait la victoire sur moi..., je commande à mes enfants, de toute la
puissance que j'aye sur eulx, de succéder à mes volontez en
cet endroict..., de se dédier continuellement, eulx et leur vie,
pour vostre humble service. » Il supplie la reine de tenir
leur mère et eux en sa souvenance. Il quitte la vie, lui dit-il,
sans regret, puisque Dieu laisse auprès d'elle et auprès du
roi le cardinal de Bourbon, les princes du sang et plusieurs
autres seigneurs; mais il ajoute : « Je vous supplie très-
humblement, Madame, que vous pourchassiez une bonne
paix et mettiez fin au bon commencement que vous y aviez
donné. » Il exprime l'entière confiance qu'il a dans la miséricorde de Dieu, ayant espérance que l'abîme de la miséricorde surmontera l'abîme de ses péchés. « La grâce de Dieu,
dit-il en terminant, me fera participant de son royaume
céleste. »

S'adressant à la duchesse de Guise qui pleurait, il lui dit :
« Ma chère et bien-aimée compagne, puisque Dieu veut que
je m'en aille le premier, c'est bien raison. Cependant j'ai
encore le loisir qu'à vous la première j'adresse mon propos,
vous communiquant mes dernières affaires. » Il ne veut pas
nier que les conseils et les fragilités de la jeunesse ne l'aient
quelquefois conduit à des choses dont elle a pu être offensée.
Il la prie de l'en vouloir excuser et de les lui pardonner, et il
ajoute : « Mais depuis quelques années vous savez bien avec
quel respect j'ai conversé avec vous, vous ostant toutes occasions de recevoir le moindre mescontentement du monde.

« Dieu m'a donné des biens, je vous en laisse la part que
vous en voudrez prendre. Je vous laisse les enfants que Dieu
nous a donnez, qui sont assez bien heureusement nez et
nourriz jusques icy. Je vous prie, par l'inviolable amytié
d'entre nous deux, que vous leur soyez toujours bonne mère;
que vous leur rendiez les prudens et soigneux offices que
vous leur debvez, les nourrissant sur toutes choses en l'a-
mour et la crainte de Dieu, pour obéir à ses commandements
et suyvre le chemin de vertu; que vous les entreteniez en
l'obéissance du roy et de la royne ma bonne maîtresse, et de
messieurs ses enfants, que vous leur donniez de bons pré-
cepteurs qui les instituent aux bonnes lettres, j'entends les
lettres qui ne sont subjectes à aucune répréhension, et que
vous leur donniez de sages gouverneurs qui les puissent
dresser au chemin des gens de bien et d'honneur, pour estre
tels que je les désire. Les plus chers trésors que vous leur
puissiez faire acquérir sont les vertus qui leur feront une

seconde obligation envers vous, non moindre que la naissance. Je vous prie de tout mon cueur les avoir tous pour
recommandez, et principalement mon fils icy présent, qui,
estant le plus advancé d'aage, pourra servir de guyde et
d'exemple aux autres. Je vous donne la puissance de leur
faire le partage de mes biens, et d'oster à celuy qui vous
sera désobéissant la tierce partie des biens qui luy escherra,
et la donner à celuy de ses frères que vous vouldrez choisir;
en quoy je m'asseure que vous gouvernerez par l'advis et
conseil de madame ma mère, et de messieurs les cardinaulx
mes frères, et s'il advient que vous vous oubliiez en ce dont
je vous prie, vous rendant trop rigoureuse ou nonchalante à
vostre devoir envers eux, je prie mon Dieu qu'il vous en
donne une forte punition, pour vous faire cognoistre vostre
faulte. Je ne dis pas cecy, ma mye, pour aucune défiance
que j'aye de vous, car je vous tiens en trop bonne estime;
mais l'amour paternel et le grand désir que j'aye que vous
suyviez ma volonté, me faict parler en ceste sorte. Or, je
vous prie mettre si bien en vostre mémoire ce mien dernier
propos, qu'il n'en puisse jamais sortir. »

S'adressant ensuite au jeune prince de Joinville, célèbre
depuis sous le nom de *Balafré*, il s'exprima ainsi :

« Mon fils, tu as oy ce que j'ay dit à ta mère, que Dieu te
laisse pour tenir ma place et t'estre une bonne et sage conduicte, tant qu'elle demeurera en ce monde; je te recommande de luy estre obéissant et de luy rendre honneur et
révérence, suyvant les bons conseils et prudentes instructions qu'elle te donnera; aye, mon mignon, mon amy, l'a-
mour et la crainte de Dieu principalement devant tes yeulx
et dedans ton cueur; chemine, selon ses voyes, par le sentier
droict et étroict, laissant le large et oblique qui conduit à
perdition; garde ses saincts commandements tant qu'il te sera
possible; demande-luy-en la grâce, et il te la donnera; dresse
toutes tes actions et desseins au chemin de la vertu, pour
laquelle avoir il te fault enquérir que c'est que vertu, et
l'ayant aprins, t'enquérir où sont les hommes vertueux, et
après les avoir trouvez, hante-les, fréquentes-les, et te les
propose pour imiter, lors Dieu te fera la grâce de devenir
vertueux; ne te laisse aucunement attirer aux compagnies
vitieuses, car la fragilité de la jeunesse s'attache aysément à
l'exemple du mal, et pour petit commencement que tu en
ayes, tu ne te donneras garde que peu à peu te laissant vaincre au vice, tu y viendras jusques au plus haut degré; garde-
toy, mon fils, d'y entrer, pour n'obscurcir par tes coulpes

l'heur de ta naissance ; évite toutes les occasions qui t'y pourroient conduire ; ny mesme au jeu, ne commence à tromper pour quelque petite occasion que ce soit, car du peu tu viendrois au beaucoup, et acquerrois avec le temps une constance vitieuse ; mesprise la conversation des femmes mal sages, car il ne s'en peult acquérir que malheur et damnation ; ne cherche aucun avancement par voyes mauvaises, comme par une vaillance de court, une fortune vitieuse ou une faveur de femmes, car ce sont tous incertains appuiz sur lesquels ne se peut fonder aucune chose stable ; mais attens les honneurs de la libéralité de ton prince, par tes services et labeurs, et ne désire les grandes charges, car elles sont très-difficiles à exécuter ; mais celles où Dieu t'appellera, employe entièrement ton pouvoir et ta vie pour t'en acquitter selon ton devoir à l'honneur de Dieu et au contentement de ton roy, lequel tu dois recongnoistre (après Dieu) pour souverain maistre et seigneur, et la royne, ma bonne maistresse, pour ta souveraine dame, en tout leur dédiant tes services, et honorant Messieurs comme frères et enfans de tes roys ; et si la bonté de la royne te fait participer en mes estats, n'estime point que ce soit pour tes mérites, mais seulement en faveur de moy et de mes laborieux services, et regardes, quand tu seras venu à l'aage d'en pouvoir prendre le maniement, de t'y porter avec modération, faisant à un chacun tous les raisonnables plaisirs que tu pourras, sans jamais faire injuste desplaisir à personne. Les grandeurs ne sont rien si elles ne sont accompagnées de la vertu, et d'autant qu'eslevé en plus hault degré tu seras, d'autant seront tes faultes plus apparentes ; mais quelque bien qu'il te puisse advenir, garde-toy d'y mettre ta confiance, car ce monde est trompeur et n'y peult estre asseurance aucune ; ce que tu vois clairement en moy-mesme, qui, estant un grand capitaine, suis tué par un petit soldart. Je ne dis pas cecy pour ma louange, car je la rends du tout à Dieu, mais pour t'enseigner le mespris du monde ; estimant que grand capitaine se peut dire celuy qui est chef de tant de vaillants hommes combattans pour l'honneur de Dieu et pour le service de leur prince. Or, mon cher fils, pour la fin de mon propos je te recommande ta mère, que tu l'honores et la serves, ainsi que Dieu et nature te le commandent ; que tu ne luy desplaises ny ne la mécontentes jamais en rien ; que tu aymes tes frères comme tes enfants, estimant leur bien comme le tien propre ; que tu gardes l'union avec eux, car c'est le vouloir de Dieu et le nœud de ta force, et je prie mon Dieu qu'il te donne sa saincte bénédiction, comme je te donne présentement la mienne. »

Ne dirait-on pas, dans les suprêmes recommandations qu'il adressait à son fils, qu'il avait le secret pressentiment de l'avenir ?...

Le cardinal Charles de Lorraine était à Trente, de retour d'un voyage à Inspruck, où il avait eu une entrevue, avec l'empereur Ferdinand et plusieurs princes du saint-empire, au sujet du concile. Ce fut là qu'il apprit la mort de son frère.

François de Lorraine adressa en ces termes ses dernières recommandations à tous ses frères [1], présents ou absents :

« Et vous, Messieurs les cardinaulx mes frères, qui m'avez toujours tant aymé, j'ay receu de grands biens de vous, lesquels je désire que les miens puissent recongnoistre, en vous obéissant et vous faisant service ; je vous prie de les avoir en vostre recommandation, et leur estre pères, et vous rendre protecteurs de ma femme et de ma maison. Je m'asseure que mon frère, monsieur d'Aumalle, fera tousjours envers eulx office de bon oncle, et que mes aultres frères vous obéiront comme voz enfants. Vous, monsieur le cardinal, mon frère, qui estes éloigné pour une si bonne occasion, je vous prie, quand vous entendrez ceste nouvelle, prendre la consolation avecques Dieu, que vous sçauriez très-bien donner aux austres ; et vous, monsieur le cardinal, mon frère, que Dieu a voulu faire assister à ma fin, et qui avez prins la peine de me venir trouver à ce besoing nécessaire, vous m'avez grandement obligé de ce bien et de tant d'aultres que j'ay receuz de vous ; mais surtout de ce qu'en ceste extrémité vous m'avez advisé de penser à Dieu et à ma conscience, et de recevoir les sacrements selon la saincte et louable coutume de l'Église. »

Se tournant alors du côté des assistants qui tous avaient les yeux pleins de larmes, il leur dit :

« Et vous, Messieurs, qui estes icy présents, que Dieu m'a envoyez pour ma consolation, je vous prie, ne vous lassez point de continuer jusques à ma fin les bons et charitables offices que vous avez commencez. Je ne croyois pas estre si près de mon but, et sentois mes forces assez grandes pour

[1] Le grand prieur ne lui survécut que peu de jours. Il mourut le 7 mars, à la suite des fatigues qu'il avait essuyées à la bataille de Dreux. D'autres versions assurent qu'il fut empoisonné par les protestants. Ce fut aussi en vaillant guerrier qu'il se distingua, non-seulement en France, mais aussi contre les Turcs. Son corps fut inhumé dans la chapelle du grand maître l'Ile-Adam, au Temple, à Paris. Les statues en bronze de Moïse, de saint Jean-Baptiste et un grand aigle qui figuraient dans l'église de Malte, provenaient de ses dons. (René de Bouillé.)

aller plus oultre ; mais puisque mon heure est prochaine, il est temps que je pourvoye à mes dernières affaires. Je vous prie, Messieurs, quand Dieu m'aura appelé à l'autre vie, souviennez-vous d'avoir toute ma famille recommandée envers la royne, et lui ramentevoir mes longs et fidelles services, qui ont esté les meilleurs que j'ay peu envers les roys mes bons maistres et envers elle, et luy dire que s'il luy plaist départir à mon fils mes estats, j'espère qu'elle en sera bien et fidellement servie. Quant à messieurs les cardinaulx mes frères, je croy qu'ils se contentent des biens qu'ils ont. Il fault que je die de M. d'Aumalle mon frère, que c'est un bon et vaillant capitaine qui a bien et longuement servy, et qui mérite qu'on le recongnoisse. Quant à moy, vous voyez l'estat où je suis réduit par la blessure d'un homme qui ne sçavoit pas bien ce qu'il faisoit. Je vous prie faire très-humble requeste à la royne, qu'en l'honneur de Dieu et pour l'amour de moy, elle lui pardonne. S'il est trouvé avoir offensé le public, je n'y touche point ; mais en ce qui concerne l'intérest particulier de ma vie, suppliez-la affectueusement de ma part qu'il ne reçoive aucun dommage ; et vous qui en estes la cause, je vous suis grandement obligé : je serois bien ingrat si je ne vous remercioys, puisque, par vostre moyen, je suis voisin de l'heure où j'espère asseurément m'approcher de mon Dieu et jouyr de sa présence. Les roys ont de belles maisons, les princes en ont, j'en ay de belles, mais ce ne sont que ténébreuses prisons auprès de la saincte cité et de la haulte habitation où je m'advance. C'est le temps où je doibs penser aux offenses que j'ay faictes, et recueillir les faultes de ma vie. Vous sçavez que j'ay eu de grandes et difficiles charges, et ce a esté sans les chercher. J'ay esté lieutenant des roys en grandes armées, dedans et dehors ce royaume, ayant commandement sur les finances, dont je signois les roolles, et expédioys les acquits ; qui n'estoit soing de petite importance ; mais je ne les ay employeez que pour le service du roy, sans jamais en appliquer rien au proffit de moy ny des miens. J'ay esté quelquefois contraint d'user d'un peu de sévéritez, comme en Lombardie, de faire mourir des hommes pour peu d'occasion, pour avoir seulement prins un pain ou un morceau de lard, qui estoient rigueurs nécessaires pour la guerre, toutefois désagréables à Dieu, dont je sens un fort grand desplaisir, comme d'autres semblables offenses. J'ay esté aussi d'avis qu'on print des biens de l'Église, et qu'on vendist du temporel des bénéfices ; mais ce a esté à bonne intention

pour la nécessitez du temps et l'utilité publique, et ay toujours désiré une bonne réformation à l'Église, affin que Dieu
y fust mieulx honoré et servy. J'espère que ce bien advien-
dra en la chrestienté, lorsqu'on verra ceulx qui l'entrepren-
dront porter la marque de vrays et fidelles serviteurs de
Dieu. Quant aux dernières armes que j'ay prinses, j'invoque
la bonté divine en tesmoignage que je n'y ay esté conduit
par aucun intérest particulier, par ambition ny par vengeance, mais seulement pour le zèle et l'honneur de Dieu,
pour la vraye religion que j'ay tenue sans fléchir et le service
de mon prince, qui sont cause que je meurs présentement,
dont je me tiens heureux et remercie de très-bon cueur mon
Dieu de m'avoir faict tant de grâce. Je vous prie croire que
l'inconvénient advenu à ceux de Vassy est advenu contre ma
volonté, car je n'y allai oncques avecques intention de leur
faire aucune offense. J'ay esté deffendeur, non aggresseur, et
quand l'ardeur de ceux qui estoient avec moy, me voyant
blessé, leur fit prendre les armes, je fey tout ce que je peu
pour parer leurs coups et garder que ce peuple ne receust
aucun outrage. J'ay désiré et pourchassé, par tous les moyens
qu'il m'a esté possible, une bonne paix, et qui ne la désire
n'est point homme de bien ny amateur du service du roy, et
honny soit qui ne la veult. Je vous prie remonstrer à la
royne qu'elle la fasse pour la conservation de son royaume,
qui est tant affligé que, s'il demeure quelque temps en ce
misérable estat, l'enfant ne pourra hériter aux biens de son
père, ni le seigneur soutenir ce qui est sien. Il vaudroit
mieulx estre ailleurs beschant la terre, tellement que si Dieu
n'y remédie, j'ay pitié de ceulx qui demeurent après moy.
Il est vrai que le moyen de la paix est hors de la puissance
des hommes, pour les volontez exorbitantes et les cueurs
trop endurciz; de sorte qu'il fault que ce bien advienne à ce
pauvre royaume seulement par la bonté de Dieu. Il nous le
donnera quand il en sera temps, et quand nous aurons ap-
paisé son ire par nostre conversion de vie. Il est notre père, et
nous sommes ses enfants. Il sçait mieux que nous-mesmes
ce qui nous est proufitable. C'est luy de qui il fault attendre
toutes bonnes choses; car le monde n'est plein que de tout
mal, de misère et de calamité. Il luy plaist qu'il soit ainsi
pour exciter nostre foy, et nous garder de mestre icy nostre
fiance. Et vous, mes amys et serviteurs, qui avez prins pour
moy tant de peines, je n'ay pas faict beaucoup pour vous;
si ay-je fait ce que j'ay peu, et si mieulx je pouvois, je le
feroys volontiers. Je vous prie, si la colère m'a quelquefois

incité à vous dire ou faire chose qui vous ayt depleu, me le
vouloir pardonner ; et si à quelqu'un d'entre vous ou d'aultres je me trouvois redevable d'aucune debte dont il ne me
souvienne, j'entends que, à la première demande, il y soit
promptement satisfaict. »

Cela dit, il se recueillit un moment, ensuite il adressa à
Dieu sa dernière oraison :

« O mon Dieu, dit-il, que grande est ta clémence et béni-
gnité envers ta créature, envers ton pauvre serviteur ; tu
m'as desparty en ma vie plusieurs grands bienfaits, tant
d'honneurs et de prospéritez et tant de faveurs ; mais, mon
Dieu, toutes ne sont rien auprès de celle que tu me fais de
m'appeler à toy. O heureuse la playe qui, en si peu de temps,
me délivre de ceste prison terrestre, et me mène en la céleste habitation vers toy, mon Dieu, qui es le salut, le bien
seul et asseuré où nous debvons prétendre, où j'aspire de
tout mon cueur, et espère de parvenir, non point par mes
mérites ni par mes œuvres qui sont trop imparfaictes, car je
ne suis que péché, mais par ton infinie bonté et miséricorde,
par le mérite du sang espandu de ton Filz mon Saulveur.
Je mets tous mes peschez sur mes épaules et les jettes à tes
pieds, afin que tu les reçoyves et me laves dans le sang de
ton Filz Jésus-Christ. O Trinité divine et incompréhensible,
trois personnes en une déité, soyez-moy aujourd'huy secou-
rable : ne permettez point que pour mes faultes l'ennemy
use de sa puissance sur moy. Tu m'as promis, mon Dieu,
que tu recepvras la conversion du pécheur toutes les foys
qu'il se repentira de ses faultes ; regarde mon humilité, mon
desplaisir et ma ferme espérance, espérance qui n'abuse
point et ne confond jamais, car elle est appuyée sur la roche
de la vérité, sur tes sainctes promesses qui ne furent oncques vaines et ne peuveut faillir. N'entre point en jugement
avec ton serviteur. Je demande ta miséricorde, mon Dieu,
ta saincte miséricorde, qui est infinie, qui surmonte l'infi-
nité de mes peschez ; fais-moi participant de la mort de ton
Filz Jésus-Christ, qui a vaincu la mort et le péché du
monde ; confirme-moy de ton Sainct-Esprit ; mets dedans
mon cueur, avec ton doigt divin, la foy et confiance en ton
souverain ayde jusqu'au dernier soupir de ma vye ; embrase
mon esprit de ta charité, affin qu'il ne pense qu'en toy, qu'il
ne désire que toy, et ne permets que mes tentations soyent
par-dessus mes forces. Or, mon Dieu, je sens déjà ta promesse accomplie, je me sens estre au nombre de tes esleuz,
dont je te rends infinies grâces. Je voys tes saincts bras ou-

verts pour me recevoir aux félicitez éternelles, pour me faire vivre entre tes bienheureux. O mon Dieu ! je n'ay plus aucun doubte de mon salut ; il n'y a plus qu'un peu d'espace qui me garde d'aller à toy. Je suis venu au bout de mon voyage ; je n'ay que le travers d'une rue à passer ; abrége-moi, mon Dieu, ce passage, non point pour me délivrer de la peine, car je me contente de ce qu'il te plaît, sçachant bien qu'il n'y a tribulation qui soit digne de la future gloire ; mais je désire ce partement, pour bientost voir ta divine face. Or, mon rédempteur Jésus-Christ, je me voys présenter au sainct Sacrement de ton précieux corps, où tu es présent réalement et en essence, ainsi que tu l'as dit, pour le recevoir en toute humilité, et me nourrir de ceste divine pasture, pour me fortifier en l'imbécillité de ma chair par ta chair, et me conjoindre et unir inséparablement avecques toy ; combien que je soys du tout indigne d'une telle grâce. »

Nous avons voulu citer, sans en retrancher un seul mot, les dernières paroles de ce grand capitaine, car elles témoignent de la foi ardente de son âme. Ce n'est pas à son lit de mort, après avoir fait une confession si sincère de toute sa vie, qu'il aurait profané son agonie par un mensonge. Il est donc injuste que l'histoire puisse l'accuser d'avoir prémédité le massacre de Vassy, la seule tache que ses ennemis aient voulu imprimer à son nom. Il reste acquis, au contraire, non-seulement par les documents qui nous sont fournis, mais surtout par les derniers aveux arrachés à un mourant, qu'il s'employa de toutes ses forces à faire cesser le carnage.

Cependant le terme fatal approchait, et Guise le pressentait au redoublement de ses souffrances. Toujours calme et résigné, il dicta son testament, mit en ordre les dernières affaires qu'il avait en ce monde et ne songea plus qu'à Dieu. C'était le 24 février ; un autel était dressé dans sa chambre, tout proche de son lit, et il suivait, dans le recueillement le plus profond, les prières du prêtre et se préparait à recevoir la sainte communion. Lorsqu'il eut reçu le pain des justes et des forts, on voulut lui faire prendre quelques aliments ; mais il les repoussa en disant : « Ostez ! ostez ! car j'ai pris la viande céleste, la manne du ciel par laquelle je me sens si consolé qu'il m'est advis que je suis desjà en paradis. Ce corps n'a plus nécessité de nourriture. »

Après ces mots, dernier élan de sa foi, la parole l'abandonne, et le moribond fait de suprêmes efforts pour suivre la lecture des épîtres et des évangiles qui lui est faite par l'évêque de Riez. Le légat du pape, cardinal de Ferrare, lui administre enfin l'extrême-onction ; puis, vers onze heures du matin, l'âme du noble duc s'exhale dans un dernier soupir (25 février 1563).

François de Lorraine, duc de Guise, était né, on le sait, au château de Bar, en 1519. Il mourut donc à l'âge de quarante-trois ans. Il laissait quatre fils : Henri, prince de Joinville, né le 31 décembre 1550, connu plus tard sous le nom de Balafré, et qui hérita du titre et de presque toutes les grandes qualités de son père ; Charles, marquis, puis duc de Mayenne, né le 26 mars 1554 : ce fut celui-là qui força en quelque sorte Henri IV à rentrer dans le giron de la foi catholique ; Louis, cardinal de Guise, et François, qui, né en décembre 1558, mourut à Reims le 24 octobre 1575, et une fille, Catherine-Marie, née le 18 juillet 1552, et mariée, à l'âge de dix-huit ans, à Louis de Bourbon, duc de Montpensier. Elle mourut le 6 mars 1596. Il eut encore trois autres fils, mais qui moururent en bas âge. Par son testament, il laissait Anne d'Este, sa femme, tutrice de ses enfants, conjointement avec les cardinaux de Lorraine et de Guise.

D'après la relation des ambassadeurs vénitiens, les enfants du duc de Guise étaient beaux comme des anges.

La mort de François de Lorraine fut pour la France un deuil national. Les poëtes célébrèrent ses louanges, et dans la complainte faite sur son trépas, il est proclamé le *Lorrain Scipion*.

> Le premier guerrier de ce monde,
> Si bien qu'à la postérité,
> Il sera toujours comme en vie.

Dans son tombeau, on le représente comme un Hector, un César, un Roland, un Martel. Ce furent non-seulement Dorat et Ronsard qui célébrèrent, dans leurs vers, la vie du héros que la France venait de perdre : mais le chancelier de l'Hôpital lui consacra aussi des louanges en vers latins, dont Brantôme nous donne quelques traductions dans son ouvrage sur les grands capitaines. Voici un de ces passages :

> Celuy que la fureur des guerres plus cruelles,
> Ny le glaive ennemi aux dangers n'a osté,
> Par la débile main d'un traistre est emporté,
> Couronné justement de gloires immortelles.

Il serait trop long de citer les *Chants funèbres*, les *Élégies*, même le *De profundis* et une *Consolation à la France*, qui parurent à cette époque et devinrent populaires parmi tous les catholiques. En Italie, en Allemagne et en Espagne cette mort eut un même retentissement, et excita les mêmes regrets et une même admiration. On ne l'appelait que le *grand duc de Guise*, titre glorieux qui lui a été consacré par l'histoire. A Rome, son apologie fut faite en public par Jules Poggiano, et chaque fois que Pie IV prononçait son nom, il le comparait aux Machabées et ne l'appelait que le bienheureux martyr et le sauveur de la France.

Le cardinal Charles de Lorraine, en apprenant la mort du duc de Guise, écrivait au maréchal de Montmorency, « comme au principal amy qu'eust feu monsieur son frère, pour le supplier de porter la même volonté aux enfants comme au père. » Il disait aussi à Antoinette de Bourbon, dans une lettre où il exaltait l'honneur du martyre de son frère en termes remplis de fermeté et de résignation : « Je vous dye que jamais Dieu n'honorera tant mère, ne fit plus pour aultre sienne créature,—j'excepte toujours sa glorieuse mère,—qu'il a faict pour vous. » Dans ses entretiens familiers, le cardinal disait que, bien qu'ils eussent toujours été unis dans une parfaite amitié, il le regrette moins à cause de lui que pour le bien public, le service de Dieu et du roi auquel il était si grandement nécessaire.

Le concile fit célébrer, à la mémoire du duc de Guise, un service solennel et vraiment royal. Le roi Philippe II, le comte de Lima, le duc d'Albe, le cardinal d'Este, le cardinal de Ferrare et tous les personnages illustres de l'époque adressèrent à la duchesse de Guise ou aux princes lorrains des lettres de condoléance, exprimant l'admiration universelle qu'inspiraient les talents et le caractère du duc.

François de Lorraine laissa à peu près deux cent mille francs de dettes à sa mort. Plusieurs fois ses intendants avaient voulu, pour alléger ses dépenses, lui faire renvoyer quelques-uns de ses serviteurs : « Si je n'ai pas besoin d'eux, répondit le duc, eux ont besoin de moi. » On avait dit une fois devant lui que si Gaspard de Coligny recevait une blessure mortelle, ce serait un grand bienfait pour la France. Guise interrompit ces propos, qui n'étaient que des vœux antichrétiens, et répondit : « Si je n'eusse craint Dieu, ce seroit déjà arrivé ; mais je ne sais pas tendre de piége. Je ne désire pas le savoir et je ne fais pas faire par d'autres ce que je ne voudrois pas faire moi-même. » Paroles magnanimes qui contrastent singulièrement avec celles que Coligny fit entendre après le lâche attentat de Poltrot de Méré.

Le corps de Guise resta quelques jours exposé à la vénération des soldats. Toutes les troupes du camp vinrent défiler devant lui, et tous ces hommes, dont le cœur était durci par la guerre, versaient des larmes en contemplant les restes de ce chef qui les aimait comme un père.

Après que les honneurs funèbres lui eurent été rendus dans camp, son corps fut transporté à Blois, et puis enfin à Paris, où il arriva le 18 mars, et fut déposé au couvent des Chartreux, où des obsèques splendides lui furent faites aux frais de la ville. Le 19 au matin, des crieurs publics parcoururent tous les quartiers de Paris en faisant entendre ces graves paroles : « Priez Dieu pour l'âme de très-haut, très-puissant, très-magnanime et belliqueux prince François de Lorraine. »

Toute la ville voulut assister à ses funérailles. Tous les ordres religieux, le clergé de toutes les paroisses, la milice urbaine, formée de cent vingt-trois enseignes, d'arquebusiers, de piquiers, d'arbalétriers, d'archers portant les cent vingt torches armoriées de l'hôtel de ville, des chanoines, chantres et chapelains, les officiers de la ville en robe mi-partie de rouge et de violet, ayant le vaisseau d'argent brodé sur la manche ; le prévôt des marchands, les échevins montés sur leurs mules caparaçonnées de noir, les membres du parlement, les quarteniers, cinquanteniers, dizeniers, de simples habitants, à cheval, en habit de « fin drap noir », de nombreux gentilshommes « tous fort bien montez et revestuz seigneurialement en deuil », composaient le cortége très-régulièrement ordonné et s'avançant dans le plus profond recueillement. La basilique était magnifiquement tendue ; toutes les cloches sonnaient, et les vêpres des Morts furent chantées avec solennité. Le samedi 20 mars, après un pompeux service pendant lequel le père le Hougre, jacobin, docteur en théologie, prononça une oraison funèbre, où l'éloge le plus absolu remplaçait toute trace de prières ; « car, selon l'expression de l'orateur, faict injure au martyr qui prie pour le martyr, » le cercueil, accompagné de même que lors de son arrivée, fut conduit par la porte Saint-Antoine jusqu'à une demi-lieue hors de la ville, sur la route de Champagne.

Les offices des Morts, ordonnés par l'université de Paris, se prolongèrent encore durant plusieurs jours, et les douze enseignes, les douze guidons de « fin taffetas noir richement peints d'un côté aux armoiries de Lorraine, de l'autre à celles de la ville, ainsi que la cornette de taffetas rouge, la croix blanche par le travers », qui avaient figuré dans les cérémonies, restèrent suspendus à la voûte de la cathédrale, en souvenir de l'illustre prince défunt [1].

Le corps du duc de Guise, après avoir été embaumé, fut enseveli à Joinville, près celui de son père.

L'historien de Thou dit que, « de l'aveu même de ses enne-

---

[1] René de Bouillé.

mis, Guise fut le plus grand homme de son siècle, digne de toutes sortes de louanges, de quelque côté qu'on l'envisage. Son habileté consommée dans la guerre, jointe à un extrême bonheur, l'aurait fait regarder comme un homme né pour le bonheur et l'ornement de la France s'il eût vécu dans des temps moins orageux et des conjonctures où l'État aurait été mieux gouverné. »

Anquetil, après s'être demandé si Guise aima à dominer pour faire régner la religion, ou s'il aima la religion pour triompher par elle, ajoute : « Mais sur quoi l'on ne peut se tromper, c'est sur ses vertus militaires et civiles; sur son courage, son intrépidité, son affabilité, sa douceur; sur sa sagesse à projeter et sa promptitude à exécuter; sur l'étendue de son génie aussi propre aux manéges de la cour qu'aux expéditions guerrières. Il connaissait le faible de la reine, que les coups de vigueur déconcertaient; il la surprenait par sa hardiesse, et lui arrachait ce qu'il voulait, avant qu'elle se fût mise en garde contre ses désirs. »

Lacretelle, souvent très-sévère envers Guise, ne peut cependant s'empêcher de s'écrier : « Après avoir montré, durant la plus grande partie de sa vie, la magnanimité d'un chevalier, il mourut en montrant la patience et la douceur d'un chrétien.

La mort du duc de Guise a inspiré à M. Guizot une des plus belles pages de son *Histoire de France*. Après avoir rapporté les derniers moments du duc, il écrit ces lignes empreintes d'une impartialité et d'une remarquable élévation de pensée, bien dignes de cet austère huguenot : « Je me fais un devoir, dit M. Guizot, de retracer fidèlement cette mort pieuse et sincère d'un grand homme au terme d'une vie forte et glorieuse, mêlée de bien et de mal sans que le mal y eût étouffé le bien. Ce puissant et consolant mélange est le caractère des hommes éminents du xvi$^e$ siècle, catholiques ou protestants, guerriers ou magistrats; et c'est un spectacle bon à offrir dans des temps où le doute et l'affaiblissement moral est la maladie commune, même des bons esprits et des honnêtes gens. »

Malheureusement M. Guizot eût été fort en peine de trouver, parmi les protestants du xvi$^e$ siècle, un seul qui fût digne d'être comparé à ce héros.

Après la mort de Guise, Catherine de Médicis, privée du seul général capable de diriger l'armée royale et de chasser l'étranger de France, s'empressa de faire la paix en mettant en présence le prince de Condé et le connétable de Montmorency. Condé exigeait l'application entière de l'édit de janvier.

Montmorency jurait qu'il ne souscrirait jamais à une loi qui portait une si grave atteinte à la foi catholique. Comme transition, on mit en avant l'édit de juillet 1562, qui permettait aux protestants d'exercer leur religion dans le royaume, mais en dehors des villes. L'édit qui fut signé à Amboise le 19 mars, permettait aux protestants l'exercice de leur religion dans les villes dont ils étaient maîtres le 17 du même mois, mais n'accordait plus cet exercice dans les campagnes, ainsi que le portait l'édit de juillet. Seulement les seigneurs protestants, hauts justiciers, pouvaient faire célébrer leur culte dans toute l'étendue de leurs domaines, à l'exception des villes. Coligny, qui n'avait pas pris part au traité, adressa de vifs reproches au prince de Condé pour s'être laissé imposer des conditions, lorsque la mort du duc de Guise les rendait maîtres absolus de la situation. L'édit d'Amboise était cependant très-favorable aux huguenots ; aussi un grand nombre de parlements se refusèrent-ils d'abord de l'enregistrer. Mais la paix était trop vivement désirée par tous, la France était trop appauvrie en hommes et en argent pour que chacun n'y mît pas un peu du sien. Lorsque les Allemands furent payés et munis de leur sauf-conduit pour regagner leur patrie, la reine, toujours fourbe, avait donné ordre à Tavannes de se poster sur leur chemin et de les massacrer en route ; mais le maréchal refusa d'obéir à cet ordre. Quant aux Anglais, ils furent contraints à quitter le Havre-de-Grâce.

Les princes de Guise et leurs alliés adressèrent au roi une requête par laquelle ils demandaient justice du meurtre commis sur la personne du feu duc de Guise. Cette requête est signée : Charles, cardinal de Bourbon ; François de Bourbon ; Louis de Bourbon, duc de Montpensier ; Anne d'Este ; Léonard d'Orléans, duc de Longueville ; Henri de Lorraine, duc de Guise ; Louis, cardinal de Guise ; Claude de Lorraine, duc d'Aumale ; Jacques de Savoie, duc de Nemours ; et René de Lorraine, marquis d'Elbeuf.

Mais un mémoire fut présenté à la reine pour empêcher que les princes de la maison de Guise n'allassent demander justice au parlement de Paris de l'assassinat du chef de la famille. Un arrêt du conseil du roi, s'appuyant sur les considérations de tranquillité publique, met en suspens pendant trois ans le procès que les Guises veulent intenter aux Châtillon. Le jeune Henri de Guise accusa toute sa vie l'amiral Coligny de la mort de son père, et jura de le venger. Il devait, malheureusement, tenir son serment avec trop de fidélité.

# TABLE

—

## CHAPITRE III



## CHAPITRE IV



## CHAPITRE V

## CHAPITRE VI




## CHAPITRE VII

## CHAPITRE VIII



## CHAPITRE IX

## CHAPITRE X



## CHAPITRE XI

# CHAPITRE XII




7854. — TOURS, IMPR. MAME

9 782013 099219